国家社科基金重点项目资助（项目编号：17ASH006）

虚拟整合

互联网时代社会结合方式的革命性变化

张兆曙 ◎ 著

中国社会科学出版社

图书在版编目(CIP)数据

虚拟整合：互联网时代社会结合方式的革命性变化 / 张兆曙著. -- 北京：中国社会科学出版社，2024.9.
ISBN 978-7-5227-3939-7

Ⅰ. C913；TP393.4
中国国家版本馆 CIP 数据核字第 2024JW9018 号

出 版 人	赵剑英
责任编辑	田　文
特约编辑	冯春凤
责任校对	张爱华
责任印制	张雪娇

出　　版	中国社会科学出版社
社　　址	北京鼓楼西大街甲 158 号
邮　　编	100720
网　　址	http://www.csspw.cn
发 行 部	010-84083685
门 市 部	010-84029450
经　　销	新华书店及其他书店

印刷装订	北京君升印刷有限公司
版　　次	2024 年 9 月第 1 版
印　　次	2024 年 9 月第 1 次印刷

开　　本	710×1000　1/16
印　　张	19.25
插　　页	2
字　　数	242 千字
定　　价	118.00 元

凡购买中国社会科学出版社图书，如有质量问题请与本社营销中心联系调换
电话：010-84083683
版权所有　侵权必究

序

卡斯特于 20 世纪 90 年代所洞见的"网络社会的崛起",在当时中国人的观念世界中,或许更多带有一种未来学的味道。然而今天,互联网已经全面卷入了我们的社会生活,网络社会已经从一种关于未来的技术想象转变为一种现实的日常体验。在此过程中,互联网技术对社会的影响并不是工业化逻辑上的一种技术升级或技术更新所带来的经济社会后果,而是完全重塑社会的组织方式,并构造出新的人和新的世界。相对于 20 世纪工业资本主义和工业化国家,网络社会中的政治表达、市场结构、社会交往、文化形态以及群体生活等各个层面都已经呈现出全新的面相,而且在社会生活领域引发了诸多意外后果。正如卡斯特所言,它撼动了各种制度,转化了各种文化,创造了财富又引发了贫困,激发出了贪婪、创新和希望,同时又强加了苦难,输入了绝望。

然而,面对互联网技术对工业化秩序的再结构化过程,我们的认识和理解却不足以触及互联网技术所带来的深刻变革。当我们简单地将互联网理解为物质层面的新媒体和新技术环境,将互联网所带来的变化限定在技术层面的时候,意味着我们的思维方式仍然没有脱离工业化的轨道。果真如此的话,我们不仅无法充分理解网络社会的运行机制，无法把握网络社会的变化趋势，而且在对待和处理这个新世界的时候，由于仍然秉持工业化的逻辑而错失了机遇，或者由于固守传统的观念而失去了方寸。

互联网技术不仅为社会生活的每一个方面带来了深刻的变化，同时也对人类关于社会的知识库存和认知图式提出了挑战。从知识社会学的角度看，伴随着工业革命而兴起的社会学，实际上是对全面支配社会生活的工业化逻辑进行揭示和反省的产物。同理，伴随着信息技术革命而兴起的网络社会学，则是对全面卷入社会生活的互联网逻辑进行揭示和反省的结果。因此，我们甚至不能简单地将网络社会学视为社会学的分支和局部研究，而是针对人类社会组织方式的变化（从工业化逻辑向互联网逻辑）所引发的知识层面的整体反应。

本书的核心思想可概括为两个方面：一是针对互联网技术对社会生活的重构，通过虚拟整合的概念，发展了经典社会学关于社会整合的理论，并以虚拟整合为分析工具系统解释了网络失范、网络焦虑、网络事件和网络舆论的"反转"；二是将平台视为虚拟整合的组织形式，提出了平台型社会生产结构的概念和分析框架，并对平台经济的市场地位、平台经济的"技术—市场悖论"提供了新的解释。全书围绕虚拟整合这一基础性概念的提出、论证和应用展开，共包括六章十二节，各章主要内容如下：

第一章是虚拟整合理论的认知基础，即互联网技术对时空结构的重塑与互联网技术的社会向度。互联网技术重新定义了空间和时间，人类社会赖以存在的时空结构发生了革命性的变化，从而形成一种以信息技术范式为基础、按照互联网逻辑组织起来的社会形态。作为一种再结构化的力量，互联网技术最重大的意义在于彻底改变了时空事项的搭配方式，在社会层面塑造了一种全新的社会组织方式；在经济层面产生了源源不断的技术红利。时空结构上的变化也使社会生活陷入了虚拟时空与现实时空的结构性矛盾，同时导致传统市场的萎缩、传统行业的凋敝和传统商业模式的衰退等一系列非预期后果。

相对于一般意义上的应用技术，互联网具有一种超强的结合能力，并从根本上改变了工业化逻辑和工业化秩序。因此，社会学对互联网的理解不能局限于互联网的技术向度，而应该立足于互联网的社会向度，即在技术与社会相互结合的后果中理解互联网。就网络社会的革命性变化而言，虚拟时空集中体现了互联网的社会向度，并为社会生活的再结构、再组织过程提供了新的框架和逻辑。空间维度上的虚拟整合和时间维度上的进程压缩，共同勾画出一幅网络社会的整体画面，即社会生活的网络化过程往往通常伴随着一种瞬时的结构性优势和相对于工业化逻辑的倍增效应。

第二章是虚拟整合的概念和理论框架，即提出并系统辨析了虚拟整合的概念及其建构性特征，并对虚拟整合的社会组织方式（平台）进行了多层次的剖析，以平台型社会生产结构的理论框架统领了对平台企业、平台市场和平台社会的认识，并在此基础上揭示了平台社会的来临及其基本矛盾。网络社会最根本的变化在于，人类社会从在场整合进入到以非面对面接触为基本特征的虚拟整合。相比较而言，在场整合主要表现为一种规范性力量，并构成社会秩序的源泉；虚拟整合主要表现为一种建构性力量。由于在场维持机制的缺乏，虚拟整合本身不会产生规范，也不会产生维持规范的集体意识。只有发生威胁到本体性安全的重大网络事件时，虚拟社会中的集体意识才被激发出来。从这个意义上讲，网络社会集体意识最重要的特征是事件性，也就是以事件为中心、以网络为媒介进行情感聚集和情感表达。

作为虚拟整合的组织形式，互联网平台通过对外和对内的技术赋权，实现了从平台企业向平台市场和平台社会的升级和蜕变。平台社会不仅将虚拟整合潜在的建构性兑现为现实的建构力，而且通过平台型社会生产结构改变了工业化以来的社会生产方式。平台社会的到来最深刻的危机在于，虚拟整合未能如在场整合一样发展出相应的道德修饰，缺乏抑制技术作恶的内生力量。在技术赋权和资本加持的双重作用中，缺乏道德修饰的建构力释放出巨大的侵略性，并打破了技术向善和技术作恶之间的"道德天平"，威胁到人们的生存状态和基本安全。这一深刻危机决定了平台社会面临着两个基本矛盾，即实体社会"脱实向虚"的边界问题和平台对个人的操控问题。从这个意义上讲，平台社会的到来本身就意味着一系列的挑战，而挑战的核心则是以化解和平衡平台社会基本矛盾为重点的网络治理。

第三章是对虚拟整合理论的应用。首先是基于平台双重属性，对平台市场上网络信任的"技术—市场悖论"以及普遍的网络失信进行解释。研究发现，刷单所表征的网络失信是平台自我妥协和变通的结果，其根源在于平台双重属性之间的内在张力。新市场、新秩序对合法性的强烈需求，促使平台构建了"以用户体验为中心"的控制体系，将内部市场的信任生产纳入强制度范式的轨道。强制度范式保证了内部市场的实际活动与信任生产的控制体系保持高度一致，相互耦合。但是，平台还是一个私利性的企业。为了赢得同业市场上的规模竞争，平台采取了一系列促进快速扩张的技术性策略。效率取向的技术性策略动摇了合法性机制对内部市场的控制，导致信任生产的实际活动与控制体系之间的技术性脱耦，使平台市场脱离强制度范式下的信任生产逻辑，进入弱制度范式下"好评数据"的生产逻辑，从而为各种层出不穷的"刷单炒信"事件提供了可乘之机。

其次是应用平台型社会生产结构的框架，考察互联网平台如何在市场和社会层面生发出巨大的影响力，进而改变了网约车的命运。

在平台型社会生产结构的运行中，强大的信息处理能力和开放的交易结构使平台在自我缔造过程中演化为一个有组织的复杂系统，并在对外和自我技术赋权的推动下发生双重涌现：（1）在平台企业的基础上涌现出庞大的市场。平台市场的涌现使出租车市场分裂为两个相互博弈的平行市场，其本质是平台市场对传统市场规制体系的挑战；（2）在平台市场的基础上涌现出强大的社会。平台社会通过技术性团结构建了一个分享技术红利的共同体，通过算法支配"制造"出平台改造生活的"社会同意"。网约车市场地位的获得正是平台系统涌现出的市场力量和社会力量所推动的。

第四章是虚拟整合的意外后果——网络失范与网络焦虑。首先是网络失范，虚拟整合的建构性与虚实交织的场景转换，共同塑造了以依赖性失范、适应性失范、侵权性失范和工具性失范为基本类型的理论图式。所有的网络失范皆因虚拟整合的技术建构而发生，因违背现实规范或破坏现实生活秩序而失范。相对工业化秩序的时空场景来说，互联网的技术建构不仅塑造了虚拟时空的行为场景，使个体同时置身于技术设置和社会规范的双重影响中，而且成就了个体在两种时空相互转换中的行为能力。虚实交织的时空场景导致了网络失范在治理结构上的困境：一是当网络失范危及现实的生活秩序与安全系统时，却无法以传统的方式廓清责任边界和作出即时性的治理反应。二是作为虚拟整合建构性的产物，网络失范很少以孤案的形式发生，通常表现为以技术平台为依托，大面积、跨时空地发生于虚拟整合所及的时空范围。这意味着以案件为抓手的传统治理模式无法匹配跨时空失范的治理要求，单个案件治理往往收效甚微。因此，必须改变以案件为抓手和属地分割管辖的治理模式，围绕虚拟整合的技术建构及其基本组织形式，从发生机制上消除网络失范的技术根源，构建互联网平台的技术责任体系和合规控制体系。

其次是网络焦虑。在互联网时代，网络事件的发生往往伴随着各种带有批判性的网络刷屏，其本质在虚拟空间临时聚集起来的集体情感，也就是由异常事件的网络传播而引发的群体性焦虑，包括对本体性安全和社会秩序的普遍焦虑。然而，异常事件本身所暴露的个体安全危机和社会秩序危机都是一种有限危机，网络刷屏则是一种指数级别的群体性焦虑和大众心理。因此，网络刷屏所表达的群体性焦虑并不是一种原生心理，而是由虚拟整合"制造"出来的群体心理，其生成根源在于虚拟整合跨时空的建构性。在异常事件的网络传播中，虚拟整合的建构性表现为个体社交网络的融合和跨平台传播。网络刷屏动辄指数级别的传播和参与行动正是这种传播结构的产物。它使异常事件的网络传播，表现出充分传播和密集涌现的时空特征，并突破了异常事件有限危机的时空界限，进而将其传递和转化为自媒体用户或网络受众的自我焦虑。进一步而论，作为一种由被"制造"出来的大众心理，群体性焦虑实际上是平台型社会生产结构的产物。在平台型社会生产结构中，平台的双向技术赋权，形成了以正向反馈和循环性积累为基本特征的自我增强机制。平台型社会生产结构的自我增强机制，在传播领域则表现为强大的传播动能和惊人的传播力。因此，以充分传播和密集涌现为基本特征的网络刷屏，是平台的自我增强机制所释放出来的一种传播效果。针对网络刷屏的舆情治理，必须立足于群体性焦虑这一基本认知，进行以消除焦虑为基本取向的情感治理、内容治理和过程治理。

第五章关注虚拟空间中的社会性建构——网络事件与反转的舆论。首先是网络事件的社会性建构。尽管虚拟世界的网络事件与现实世界的原始事件相对应，但网络事件并不是对原始事件的简单复制和再现，而是以原始事件为基础所发生的一种社会建构。因此，转化性是网络事件最重要的特征。从原始事件向网络事件的转化是一个网络议题的建构过程，也就是网络定义者和网络参与者基于原始事件的可辨特征所进行的一种归因想象。原始事件的信息越不充分，越容易激发建构者的想象力和议题建构的空间。议题框架的建构、框架动员与认同、议题的展开构成原始事件向网络事件转化的基本序列。网络事件就是在这个过程中被建构出来的。

其次是网络舆论反转的社会性建构。从发生结构的角度讲，与网络事件相伴而行的"舆论反转"则是由信息控制主体和舆情推动主体共同建构出来的一种社会事实。两者表现出不同的行动逻辑，前者是在垄断核心事实的基础上进行选择性发布；后者则是试图借助舆论的力量倒逼事实真相。网络舆论的"反转"就是在双方相互对峙、博弈的结构性过程中发生的。信息控制主体的选择性发布破坏和肢解了公共事件的完整脉络，导致比较明显的逻辑漏洞和信息缺口。但是，在舆情推进主体多视角的审视中，任何逻辑漏洞和信息缺口所形成的假象都容易被揭穿和颠覆。每次揭穿假象的过程都会带来一次网络舆论"反转"。

第六章讨论网络社会的风险治理——数据使用权与平息事件。平台经济的快速扩张尽管创造了巨大的技术红利，但平台发展也是一个乱象丛生的风险过程，主要表现为平台对个人隐私的僭越、平台对内部市场的过度整合与操控以及平台对地方政府市场治理能力的削弱等三个层面，其根源在于平台双重属性之间的冲突。无论是平台自治还是政府治理或政府委托治理，均无法克服平台双重属性的内在紧张，并找到市场公共利益与企业私人利益之间的平衡方案。平台治理所要解决的实质问题就是数据资源权益分配，只能围绕其使用权进行创新，即建立一种基于网络公民权基础上的数据资源权益共享机制。

网络事件治理的重点是改进"以事件为中心"的治理模式。从冲突论的理论模型来看，中国网络事件高频率、高烈度的特征使其失去了"社会安全阀"的作用，导致社会信任体系的撕裂。就治理效果而言，目前的网络治理存在一种治理结构上的错位，即"以平息事态为标志"的形式绩效无法解决社会信任体系的撕裂问题。因此，"以事件为中心"的治理模式需要进行两个方面的变革：在治理理念及其目标定位上，用"以避免社会撕裂为核心"的实质绩效取代"以平息事态为标志"的形式绩效；在治理措施上，从侧重于技术手段的信息阻断干预机制转变为侧重于制度化建设的信息披露干预机制。

本书的附录检验了互联网时代信息接触的结构性变化对政府信任和公共参与的影响。在信任维度上，只接触官媒体能够显著提升网民的政府信任，只接触自媒体能够显著削弱网民的政府信任。官媒体对政府信任的提升效应和自媒体对政府信任的削弱效应，不仅存在世代差异，而且在中央政府和基层政府两个层次上也各不相同。相对而言，以正能量为主要特征的官媒体信息对政府信任的提升存在一定的边界效度，而以批判性和负面新闻为主要特征的自媒体信息对政府信任的削弱则是普遍存在的。因此，旨在提高网民政府信任和引导网民政治态度的网络治理，必须立足于这一基本特征。在参与维度上，官媒体具有抑制效应，自媒体具有激发效应。组织属性对网络公共参与表现出明显的调节作用，体制内的工作组织能够同时削弱官媒体和自媒体的影响；体制外的工作组织则对自媒体的影响无能为力。就网络事件的治理而言，工作组织和官媒体的作用在以控制网络公共参与为重要手段的网络治理中具有重要的工具性作用。

本书是笔者主持的国家社科基金重点项目"网络事件的发生机制与分类治理研究"（17ASH006）的核心成果。内容安排主要围绕虚拟整合的理论主线（包括认知基础、概念与理论框架、理论应用、意外后果、社会性建构以及网络社会的风险治理）展开，并借此初步构建出虚拟整合的理论体系。由于水平有限，本书仅仅是笔者所作出的一种理论尝试和初步探索，希望能够抛砖引玉，引起更多学者关注互联网时代人类社会结合方式的变化及其社会后果，生产出更多的理论产品。同时需要说明的是，本书的绝大部分章节曾以论文形式在学术期刊上发表。在写作过程中，虚拟整合及其建构性特征、平台型社会生产结构、平台的二重性等重要的概念工具和理论框架，不同的论文均需要进行必要的阐述。这样一来，结集出版就不可避免存在一定程度的重复。为了保证章节阅读的完整性，全书保留了这种必要的重复性。希望读者能够谅解。

是为序。

张兆曙

2024 年 3 月 16 日于杭州

目 录

第一章 互联网技术的时空重塑与社会向度 ……………（1）
  第一节 互联网技术与虚拟时空 ………………………（1）
  第二节 互联网技术的社会向度 ………………………（17）

第二章 虚拟整合与平台社会的来临 ……………………（35）
  第一节 虚拟整合中的个体行动与集体意识 …………（35）
  第二节 平台社会的来临及其基本矛盾 ………………（55）

第三章 虚拟整合与平台市场 ……………………………（77）
  第一节 平台市场的"技术—市场悖论" ………………（77）
  第二节 平台经济的市场地位获得 ……………………（101）

第四章 虚拟整合的意外后果：网络失范与网络焦虑 ………（135）
  第一节 时空交织与网络失范 …………………………（135）
  第二节 虚拟整合与网络焦虑 …………………………（152）

第五章 虚拟空间中的社会性建构：网络事件与网络舆论 ……………………………………………………（171）
  第一节 议题建构与网络事件的转化 …………………（171）

第二节　信息博弈与网络舆论的反转 ………………（187）

第六章　网络社会的风险治理：数据使用权与平息事件 ……（205）
　　第一节　基于网络公民权的数据使用权创新 ………（205）
　　第二节　以事件为中心的网络治理及其变革 ………（224）

附录　互联网时代的信息接触及其影响 ………………（243）
　　第一节　信息接触与政府信任 ………………………（243）
　　第二节　信息接触与网络公共参与 …………………（261）

参考文献 …………………………………………………（279）

第一章

互联网技术的时空重塑与社会向度

第一节 互联网技术与虚拟时空*

随着互联网技术在市场领域的广泛应用,以电子商务和共享经济为代表的新经济逐渐展现出巨大的市场潜力,并深刻地影响了新世纪以来的中国社会。人们的日常生活对互联网技术产生了全面的依赖,各种基于互联网技术的商业模式为我们的消费带来了前所未有的快捷与便利。毫不夸张地说,互联网技术已经在事实上引领和推动着中国市场结构和交易秩序的变革。不仅如此,互联网技术还被赋予了更高的使命。中国政府甚至希望借助互联网的技术红利促使传统产业的转型升级、推动创新创业和消化过剩产能,进而将"互联网+"上升到国家战略的高度,并试图借此改变中国在工业革命以来尾随者的地位。因此,互联网技术在市场领域得到了前所未有的拥抱,市场主体普遍因担心错失了互联网技术的快速列车和技术红利而纷纷加入新经济的行列。然而,谨慎的社会观察者则担心互联网所代表的信息技术革命是否会像工业革命一样,蕴含着类似经典社会

---

* 本节曾以《"互联网+"的技术红利与非预期后果》为题发表于《天津社会科学》2017年第5期。

学家反复批判的"现代性危机"。来自市场领域的批评者还担心既定的生产体系和市场秩序一旦按照互联网的方式进行重组，将会彻底摧毁基于工业化逻辑而建立起来的市场结构，并威胁到特定行业和群体的安全系统。从这个意义上说，"互联网+"是一个经济问题，"互联网+"的非预期后果是一个社会问题。围绕互联网的技术红利与非预期后果之间的纠结心态，则为我们提供了一个认知上的契机，即立足于互联网的技术特征，从互联网与市场的结合方式出发对互联网的技术红利与非预期后果进行一种学理上的清理。

一 信息技术革命与社会组织方式的流变

网络社会学的奠基者卡斯特认为，信息技术革命至少和18世纪的工业革命一样，是个重大历史事件，导致了经济、社会和文化等物质基础的不连续模式。[1] 在这里，卡斯特所说的不连续模式，相当于吉登斯所说的存在于现代世界与传统世界之间的"断裂"[2]，强调的是社会组织方式的根本性差异。也就是说，网络社会相对于工业社会如同工业社会相对于农业社会一样，其社会组织方式并不是后者的延续，而是另起炉灶或者断裂性的变迁，网络社会的兴起意味着基于工业化逻辑的社会组织方式将会被基于互联网逻辑的社会组织方式所取代。本节所讲的社会组织方式，是指安排社会生活（包括政治、经济和日常交往）的程序和路径。体现在社会行动上，就是行动者在什么时间什么地点做什么事情。简言之，社会组织方式就是时间、空间和事项的搭配[3]，本质上表现为行动者完成具体事项的时空

---

[1] ［美］曼纽尔·卡斯特:《网络社会的崛起》，夏铸九、王志弘等译，社会科学文献出版社2006年版，第26页。

[2] ［英］吉登斯:《现代性的后果》，田禾译，译林出版社2000年版，第4页。

[3] 张兆曙:《非常规行动与社会变迁：一个社会学的新概念和新论题》，《社会学研究》2008年第3期。

关系。

  1. 前互联网时代的时空结构与市场组织方式。农业社会是一种以面对面为基础的感性社会，农耕时代的市场交易通常是在身体的直接接触和互动情景中完成的。吉登斯将"以身体在感知和沟通方面的各种模态"①定义为"共同在场"，"共同在场"并不是简单的情景勾画，而是一种时空关系的约束和特定的社会组织方式。如果以时空事项的搭配机制来看，"共同在场"首先要求行动者在身体可及的空间范围内完成市场交易。超出了身体可及的空间范围，任何人都无能为力。同时，身体可及的空间范围还意味着必要的时间消耗。为了实现"共同在场"并最终完成市场交易，行动者还必须满足克服空间限制的时间要求。总之，在农业社会中，"身体可及的空间范围"和"克服空间限制的时间要求"构成市场交易的时空要件。其中，空间表现为位置关系，是农业社会中市场交易的决定性条件；时间则是从属性条件。位置关系不仅直接制约着市场交易，同时还提出了时间要求从而间接制约着市场交易。因此，从时空条件来看，农业社会中市场交易的典型组织方式是以乡村集市为代表的地方性市场。

  工业社会是一种无地域局限、以社会分工为基础的抽象社会。抽象社会的重要特征是不同职业群体在空间上相互分离，但功能上相互依赖。所以工业社会是一个没有空间障碍的沟通体系，市场交易不再局限于身体可及的空间范围以及面对面的互动情景，相距遥远的人们可以实现"在场可得性"。其中，由象征标志和专家系统构成的"抽离化机制"②发挥着关键的作用。抽离化机制在工业化的世界里建立起跨越空间的普遍信任。对全球化体系中的贸易和市场交易来

---

① [英]吉登斯：《社会的构成》，李康、李猛译，生活·读书·新知三联书店1998年版，第142页。
② [英]吉登斯：《现代性与自我认同》，赵旭东、方文、王铭铭译，生活·读书·新知三联书店1998年版，第2页。

说，最重要的因素不是位置关系和空间距离，而是货币结算体系和信用制度。因此，工业化时代的市场交易是一个不受空间局限、"去情景化"的抽象过程。工业化组织方式的另一个特点是时间与空间的分离。随着机械钟表的发明和推广以及全球统一时间标准和体系的建立，社会生活中的时间安排开始从一种服从于位置关系的地域时间转变为一种全球统一体系的世界时间。在市场交易中，时间不再是空间的从属性条件。时间开始成为一个独立发生作用的因素，跨越不在场（空间）的时间协作成为工业化条件下市场交易的组织方式。总之，从时空关系来看，工业社会中市场交易的典型组织方式是工业贸易体系所建构的全球化市场。

2. 信息技术范式与时空结构的革命性变化。网络社会是一种以"信息技术范式"为基础、按照"互联网逻辑"[1]组织起来的新社会形态。这里的信息技术范式和互联网逻辑是相对于工业社会的组织基础和运行逻辑而言的，其核心是时空结构的变化。

尽管工业社会的分工体系和抽离化机制极大地拓展了社会活动的空间范围，但是工业化逻辑并没有改变空间的样貌与形态。卡斯特指出，空间是社会的表现，并由整体社会结构的动态所塑造。[2]因此，工业社会的空间结构与工业社会的分工体系及其市场秩序是一致的，展现的是一种工业化的实践结构。也就是说，尽管工业社会实现了空间拓展，但社会生活仍然无法突破被社会分工体系和抽离化机制所"结构化"的工业秩序与空间结构。不过，网络社会的空间形式与过程则呈现出另一番景象。网络社会不仅继承了工业化逻辑在全球范围内空间拓展的实践遗产，而且彻底改变了空间的

---

[1] ［美］曼纽尔·卡斯特：《网络社会的崛起》，夏铸九、王志弘等译，社会科学文献出版社2006年版，第64页。
[2] ［美］曼纽尔·卡斯特：《网络社会的崛起》，夏铸九、王志弘等译，社会科学文献出版社2006年版，第382页。

第一章 互联网技术的时空重塑与社会向度

结构形态。新技术范式构造的独到之处便在于其重新构造的能力[1]，这种能力首先作用于空间，也就是将原本按照工业化逻辑组织起来的空间结构重新按照互联网逻辑进行重组（简称空间重组）。信息技术范式的神奇之处并不在于空间的无限延展，而在于能够借助互联网技术将物理上并不邻近的地方或位置联结起来，并且这种联结愈益显示出一种虚拟的情景化趋势。正因为如此，卡斯特将网络社会的空间定义为流动空间。他认为，在互联网的世界，没有任何地方是自在存在的，因为位置是由网络中的流动交换界定的。因此地方并未消失，但是地方的逻辑和意义已被吸纳进网络。建构网络的技术性基础设施界定了新空间，就如同工业经济里铁路界定了经济区域和国内市场一样。[2]

在前互联网时代，作为一种与空间形态相匹配的存在形式，时间始终代表着事项的先后次序或脉络。但是流动空间改变了时间的存在方式，"正在浮现的新社会结构逻辑，目标在于毫不留情地取代那种有秩序之事件序列的时间"[3]。网络社会的时间不再保持着事项固有的次序，导致原有事项推展的序列和秩序发生了"系统性的紊乱"，呈现为一种"非序列化时间"。也就是说，在信息技术范式和互联网逻辑的作用下，事项推展的完整序列和脉络可以被分割为一系列"时间—事项"碎片，并根据某种支配性功能对这些"时间—事项"的碎片进行重组，进而建构出新的时间形式，以匹配网络社会中的流动空间。简言之，网络社会的时间是一种"时间—事项"的碎片经重组而形成的"非序列化时间"。在这个重组的过程中，事

---

[1] ［美］曼纽尔·卡斯特：《网络社会的崛起》，夏铸九、王志弘等译，社会科学文献出版社2006年版，第65页。

[2] ［美］曼纽尔·卡斯特：《网络社会的崛起》，夏铸九、王志弘等译，社会科学文献出版社2006年版，第384页。

[3] ［美］曼纽尔·卡斯特：《网络社会的崛起》，夏铸九、王志弘等译，社会科学文献出版社2006年版，第432页。

项的脉络可以分割，推展的次序可以打乱，不同的事项可以相互交织，也可以齐头并进。

二 互联网的技术红利及其生产逻辑

技术红利是指由于新技术应用所产生的相对于原有技术效应的新增利润或溢出效应。在农业、工业和服务业等所有的社会生产领域，追逐技术红利构成技术更新的持久动力。对各种竞争性的市场主体或发展主体来说，掌握了新技术往往就意味着掌握了发展的主动权甚至主导权；而错失了新技术不仅意味着与技术红利失之交臂，而且有可能被科技理性的高速列车所抛弃。从某种意义上说，技术已经成为一种发展的隐喻，并因此被赋予了一种特殊的地位和象征意义。这就是科学技术被定义为"第一生产力"[①]的内在逻辑。很显然，新技术应用意味着社会生产过程的某种变化，而技术红利的产生则与这种变化有关。

1. 技术中介与技术红利的生产结构。人与世界（包括自然世界和社会世界）的关系构成社会的基本秩序，而技术则充当着人与世界的联系中介。也就是说，人是通过技术来感知和处置外部世界的。因此，技术通常表现为人们感知和处置外部世界的方法和手段。作为一种联系中介，技术具有两方面的关系属性：一是选择性，人需要借助特定的技术才能与外部世界发生联系，所以技术首先是人们选择的结果；二是匹配性，即技术选择必须与外部世界的存在方式相匹配，才能更清晰地感知和更有效地处置外部世界。很显然，技术红利的产生，取决于技术选择是否匹配行动者所要感知和处置的外部世界的存在方式。

---

① ［德］哈贝马斯：《作为"意识形态"的技术与科学》，郭官义、李黎译，学林出版社1999年版，第62页；《邓小平文选》第3卷，人民出版社1993年版，第274页。

世界的存在方式分为两种,即空间和时间。我们对世界的感知是从空间及时间的差异开始的,如果不能区分空间的差异和时间的差异,就无法认识这个世界,更无法与外部世界发生联系。因此,作为感知世界的原始中介,技术的第一要务是如何对空间和时间进行区分,进而奠定社会生活的组织根基。吉登斯所揭示的"时空区域化"① 机制就是分别对空间和时间进行区分的结果。然而,如果要同外部世界发生进一步的联系,则需要将联系世界的具体事项置于特定的空间区域(即"场所""地点")和时间区域(即"时段")中展开,也就是"在什么时间什么地方做什么事情"。因此,技术的本质就是如何对时空事项进行搭配,从农业耕作技术、工业生产技术到互联网技术,莫不如此。

至此我们发现,就展开程序和路径而言,技术与社会生活的组织方式是"一体两面"的关系,两者在本质上均表现为时空事项的组合。每一次技术变迁所导致的时空事项的重新组合,都会在社会层面引起社会组织方式的变革,在经济层面带来源源不断的技术红利。从这个意义上说,时空事项的组合方式构成技术红利的生产结构。由于所有的技术红利最终都必须通过市场才能实现,因此,在技术红利的生产结构中,最核心的事项就是市场交易。简言之,技术红利就是围绕市场交易这一核心事项进行时空重组的结果。那么,"互联网+"的技术红利也就是借助互联网技术为市场交易构建一种新的时空结构所产生的新增效益。这个过程的根本变化在于"虚拟时空"替代"工业时空"。

2. 工业时空:中介化的空间拓展和功能化的时间安排。尽管工业化逻辑突破了地方性市场的时空限制,并借助抽离化机制和分

---

① [英]吉登斯:《社会的构成》,李康、李猛译,生活·读书·新知三联书店1998年版,第210、211、238页。

虚拟整合：互联网时代社会结合方式的革命性变化

工体系的相互依赖性建构了全球化的市场，但是按照工业化逻辑展开的时空结构（简称"工业时空"）仍然属于"现实时空"的范畴。表面上看，工业时空在空间维度上是无限延伸的，在时间维度上又实现了时空分离；然而，工业化逻辑对空间的拓展，实际上是依靠不同职业群体之间的相互链接实现的，正是环环相扣的市场链，才实现了空间上的无限延展；但这种空间上的延展只是一个中介化的空间拓展。任何处于市场链中间位置的职业群体或市场主体在资源流动中都充当着市场中介的作用。也就是说，工业化逻辑的空间拓展并不依靠行动者的"亲身所及"，而是以其他职业群体为中介，由近及远地渐次推展。在此过程中，消费者与遥远世界的市场交易是借助一系列市场中介的传递交易实现的。一旦不同职业群体或市场主体之间的市场链发生了断裂或者中介缺失，也就意味着空间拓展的边界所致。总之，中介性的市场链构成工业化逻辑的空间形式，无论生产者与消费者在空间上相距多远，市场链总能将其衔接起来。

在工业化的时空结构中，时间已经与空间发生了分离。时空分离改变了时间的存在方式，时间不再表现为一段由空间距离或位置关系所决定的发生序列或物理上的间隔，而是一种对工业化生产和全球性社会分工的协调体系和制度安排。从"时间间隔"到"制度时间"的转变，意味着时间对市场交易的意义从一种约束条件转变为一种协调机制。也就是说，工业化逻辑的市场交易完全不受"身体可及的空间范围"的限制，市场交易的链条可以延伸到世界的任何一个角落，但是市场链的延伸需要借助时间制度的协调与行动次序上的合理安排才能取得实效。在工业化生产和全球性社会分工体系中，每个时间区域的安排都是功能性的或专门化的，也就是说，在特定的时间区域或时段，只能从事社会分工所赋予的特定事项。科层化的组织形式和麦当劳化的流水线作业构成了这种时间安排的典型形象。概言之，工业化的时空结构具体表现为中介化的空间拓展和功能化的时间安排。这种时空结构与市场交易的结合，意味着空间上更大范围的资源流动和时间上更有效率的功能统筹，工业化的技术红利就是在这种特定的时空结构中产生的。

3. 虚拟时空与互联网的技术红利。互联网技术塑造了一种全新的时空结构——虚拟时空。虚拟时空的首要变化表现为空间上的"去中介化"。如同工业社会一样，网络社会的空间同样是无限延伸的，但是，互联网逻辑对空间的拓展，并不是依靠职业群体的中介作用由近及远地推展实现的，而是通过互联网将任意的两个位置或场所直接连接起来所构造的"虚拟空间"实现的。在网络空间的虚拟情景中，不需要一系列职业群体充当市场中介和市场链，即能实现远距离的市场交易。也就是说，工业化逻辑中的市场交易，依赖于空间上邻近的市场中介及其递推式链接，从而间接获得遥远世界的消费品（比如，通过生活空间范围内的市场中介，我们可以获得世界上任何产地的商品）；但互联网逻辑的市场交易则不需要邻近中介的递推与链接，可以直接与遥远世界的商品提供者进行交易。简单地说，互联网逻辑的空间拓展彻底摆脱了对空间近邻的依赖性，进而建构了一种没有中介的市场，市场结构变得极为简单。正因为如此，按照互联网逻辑呈现的空间才具有一种流动性，互联网的技术特征能够围绕产品与服务的市场关系，对供给与需求进行空间上的"粘合"，从而实现了市场交易的"去中介化"。

虚拟时空的另一个变化表现为时间上的"弹性化"。工业化逻辑在时间维度上表现为一种结构化的序列，在社会分工高度发达的工业体系中，社会生活的时间与事项的搭配是高度程序化和功能化的，

虚拟整合：互联网时代社会结合方式的革命性变化

即"在固定的时间完成固定事项"的时间分配制度。吉登斯和福柯曾对社会生活中广泛使用的"时间表"进行过精辟的分析。[①] 现代社会中几乎所有的职业机构都采用同学校和监狱类似的"时间表"，对工作时间和工作事项进行严格的控制。一旦固定的时间没有完成固定的事项，系统运转就有可能陷入阻塞和紊乱。[②] 尽管工业社会的市场交易是一个开放的系统，但任何市场交易都必须遵循时间分配制度和制度时间的统筹。从日常购物到股票交易，从期货市场到跨国贸易，都表现出功能化的时间结构。但是，由于互联网技术（特别是移动互联网技术）彻底摆脱了空间对市场交易的限制，使得互联网时代的市场交易不再需要专门的时间安排，随时随地可以完成。比如，我们可以在乘坐地铁上下班的途中完成购物，可以在工作间隙完成证券交易，可以通过在线方式参加远程视频会议，等等。也就是说，在信息技术范式和互联网逻辑的作用下，高度程序化的时间脉络变得富有弹性和机动，高度体系化的时间结构变成了时间碎片并且能够及时组合。

毫无疑问，虚拟时空的"去中介化"和"弹性时间"从根本上改变了工业化逻辑中时空事项的组织方式，但同时也重构了一种全新的时空事项结构，并成为"互联网+"的技术红利的结构性源头。具体而言，"互联网+"的技术红利主要来自虚拟时空作用于市场的技术效应（简称"虚拟时空"的市场效应）。第一个效应是"去中介化"显著促进了市场规模的技术性扩展。"去中介化"意味着市场交易彻底摆脱了空间的障碍和对空间近邻的依赖性。在虚拟的时空结

[①] [英] 吉登斯：《社会的构成》，李康、李猛译，生活·读书·新知三联书店1998年版；[美] 福柯：《规训与惩罚》，刘北成、杨远婴译，生活·读书·新知三联书店2003年版。

[②] 相应地，私人领域的事项也只能在工作之余的时间完成。尽管个人的生活世界相对灵活，但时间与事项的搭配也是相当固定的。一个人什么时间起床、什么时间就餐、什么时间睡眠、什么时间购物和休闲都有规律可循。

构中，市场关系可以无限延伸，只要存在互补性的供给和需求，不管供求双方身居何处，互联网都能够通过技术性撮合，将受空间限制的潜在交易对象变为现实的交易伙伴。因此，"去中介化"不仅重构了市场关系的空间特征，而且实现了市场规模的技术性扩张。第二个效应是"去中介化"和"弹性时间"有效改善了市场交易的成本结构。一方面，虚拟时空的"去中介化"直接缩短了市场链的跨度，从而降低了资源流动过程中由于市场中介"雁过拔毛"式的利益实现而不断向下游转嫁、累加所形成的市场成本。① 工业化逻辑下的市场交易虽然也延伸到世界的每一个角落，但是过度延伸的市场链和复杂的市场结构却不可避免地抬高了资源流动的成本。另一方面，虚拟时空的"弹性时间"以及相应的"弹性工作"，导致时间与事项的搭配更为机动灵活。在互联网条件下，人们不仅能够利用碎片时间创造价值；还可以对时间进行重新分割，实现时间与事项的最佳组合。因此，虚拟时空中的市场交易随时随地都能够完成，而不需要功能化的时间安排和制度时间的协调，从而有效降低市场交易的机会成本和时间成本。

三 互联网技术的非预期后果

从技术红利产生的时空结构来看，信息技术范式毫无疑问是一种再结构化的机制。因此，以电子商务和共享经济为代表的网络经济，本质上是对建基于工业化逻辑的时空结构进行再结构化的过程，进而再造一种建立在虚拟时空结构之上的市场关系和交易秩序。对于市场交易来说，虚拟时空意味着互联网技术对市场空间的任意勾连和重组，能够快速实现市场范围的扩张和实现市场交易主体之间

---

① 这里的市场成本主要是市场中介的利益实现对资源流动所产生的成本；而不是市场交易的物流成本。

的黏合，并以虚拟的方式完成现实的交易；同时，虚拟空间还颠覆了工业化逻辑中僵硬的"时间区域化"机制，弹性时间和弹性工作不仅意味着时间利用方式的变化，而且意味着更有效地利用时间和降低市场交易的时间成本。总之，互联网技术和信息技术范式造就了一种相对于工业时空的比较优势，空前提高了人们对市场空间、市场关系和交易方式的想象力和建构力。"互联网+"的技术红利就是在这种时空结构的比较优势中不断生产出来的。

然而，互联网与市场的结合也是一把双刃剑，人们在追逐技术红利的过程中，一方面源源不断地创造出新的市场、新的行业、新的商业模式和新的财富；另一方面也直接导致了传统市场的萎缩、传统行业的凋敝和传统商业模式的衰退，甚至冲击了国家与市场的关系。也就是说，互联网经济的发展是有代价的。这种代价使互联网经济总会遭遇到某种力量的质疑和抵制。比如最近几年常常发生的对某知名电商平台的抨击、对网络约车的打压和对互联网金融的限制等等。作为一种发展的代价，互联网对传统的市场、行业和商业模式的冲击，确实导致相关行业及特定群体遭受严重的生存危机。比如，电子商务的发展确实导致许多实体商铺的存续危机乃至破产，网络约车的发展确实对传统出租车行业及其从业者构成严重威胁，共享单车的发展则直接摧毁了自行车的零售行业，等等。简单地讲，互联网技术带来了巨大的技术红利，但同时也产生了相当严重的非预期后果。

1. "去中介化"与市场领域的传统危机。实际上，"互联网+"对传统市场、行业和商业模式的首要冲击来自虚拟时空的"去中介化"。为了适应以社会分工为基础的工业化逻辑，现代社会形成了由一系列市场主体和流通环节所构成的市场链和市场结构。除了位于市场结构两端的生产者与消费者之外，任何一个市场主体都充当着勾连上游主体和下游主体的中介。这些中介性的市场主体凭借对上下游市场的"信息垄断"、资源流动的"路径依赖"和对市场经验的"空间隔离"① 而获得了一种市场地位的优势。在工业化的社会分工体系中,离开了这些中介性的市场主体,资源流动与资源获取都难以实现,人们不太可能绕开市场中介直接进行市场交易。从某种意义上说,市场中介本质上是工业化逻辑的产物,资源流动与资源获取只能依靠市场中介环环相扣地进行交易传递。但是,网络社会的崛起彻底改变了工业化逻辑的市场结构和交易秩序。实际上,目前受"互联网+"冲击比较严重的市场、行业和商业模式,无一例外地属于信息技术范式和互联网逻辑"去中介化"的牺牲品。当互联网技术将市场结构中被空间和市场中介隔离起来的市场主体直接勾连起来,通过虚拟空间直接进行市场交易的时候,那些在工业化逻辑下围绕市场中介所固有的地位优势而建立起来的市场、行业和商业模式也就不可避免地走向边缘,成为互联网时代的弃儿。

　　经验观察表明,互联网技术潜力的发挥越充分,传统中介的市场前景将会越暗淡,市场领域的传统危机就会越严重。特别是随着移动互联网技术和智能手机的发展,无线信息服务已经帮助网络终端彻底摆脱了固定设施和固定位置的限制。凡是网络信息覆盖的地方都能够完成市场交易,Wi-Fi 甚至被戏谑为人类的第一生存需要。这表明没有任何力量能够阻挡互联网技术在市场领域的"去中介化"过程。从某种程度上讲,"去中介化"已经构成信息技术范式和互联网逻辑的一种隐喻,它代表着虚拟空间对市场交易程序的极度简化。伴随着这个简化过程,作为工业化产物的抽离化机制,也在适应互联网逻辑的过程中再一次地发生抽离,货币进一步抽离为数字,网络(移动)支付替代了现金交易。这种基于互联网技术的抽离,实际上

---

① 张兆曙:《中国城乡关系的"中间地带"及其"双重扩差机制"——一种"空间—过程"的分析策略》,《兰州大学学报》(社会科学版)2016 年第 5 期。

虚拟整合：互联网时代社会结合方式的革命性变化

是金融领域的"去中介化"，它有可能推动更为广泛的"去中介化"，从而进一步加深市场领域的传统危机。

2. 弹性时间与市场交易的注意力转移。在没有互联网的工业化时代，由于社会分工体系的分割，人们完成任何一个事项都需要功能化的时间安排或者专门的时间安排。从企业流水线上的生产流程到科层组织中的仪式性活动，从系统到生活世界，从社会生产到市场交易，概莫能外。即使是维持日常生活所必需的采购、票务以及货币存取等市场交易活动，也必须安排专门的时段并且到特定的场所才能完成。由于每一个时间区间都是有价值的，因此当人们用专门的"时间区域"来完成既定事项的时候，那就意味着失去了利用这个时段去完成其他事项和创造其他价值的机会。[①] 简言之，"时间区域化"的组织方式是有机会成本的。或者说，人们在完成市场交易中所消耗的时间是排他性的。在工业化逻辑的条件下，任何人的日常生活都离不开这个专门的时间安排，也无法利用这个专门的时间获得其他价值。

实际上，上述市场交易所需要的功能化时间安排，是工业化逻辑的空间拓展对市场中介和空间近邻的依赖性所致。然而，信息技术范式和互联网逻辑的"去中介化"过程则彻底将人们从市场交易所需的功能化时间中解放出来，人们不再需要专门时间安排就能完成日常生活所需要的市场交易。那些传统上被视为不能创造价值的剩余时间、临时空闲、机动时间和可置换时间等时间碎片，均可及时借助互联网与市场结合起来，在虚拟空间中完成市场交易。更为重要的是，这种去功能化的时间（弹性时间）与事项（市场交易）的重新组合，日益受到人们的青睐并在网络社会的注意力分配中显示出占据优势和引领发展的趋势。这种市场交易（特别是日常消费）中的

---

① 王水雄：《"过程分化"在改变社会》，《中国社会科学报》2012 年 5 月 21 日。

注意力转移表明,"弹性时间"已经在事实上改变了网络社会的时间结构,除了在基本的生产结构方面还保持着必需的"时间区域化"要求之外,整个社会生活中的市场交易和社会交往在时间安排上已经变得十分机动。互联网与市场的结合将人们用于市场交易的专门时间释放出来,充分利用弹性时间的组织方式降低了交易时间的机会成本。相比较而言,那些仍然需要功能化时间安排的传统市场、行业和商业模式,在网络社会的注意力分配中受到冷落是一件不可避免的事情。

总体来看,互联网技术通过"去中介化"和"弹性时间"彻底改变了人们对空间和时间的体验。新的时空结构不仅源源不断地创造出"互联网+"的技术红利,而且为消费者带来了前所未有的快捷与便利。人们一旦接受了借助虚拟时空完成现实交易的行为方式,即产生了新的路径依赖。伴随着人们日常消费对虚拟时空的依赖,基于工业时空而组织起来的传统市场、行业和商业模式,自然失去了其不可替代的中介优势。同时,以"去中介化"和"弹性时间"为特征的虚拟时空,作为后工业社会技术红利的结构性源头,其近乎无限的市场空间和无可匹敌的时间效率,自然会受到寡头资本的青睐和竞相追逐,从而在极短的时间内走向垄断。很显然,这种"互联网+"的技术优势与资本的联姻,将会进一步加速工业化逻辑下的传统市场、行业和商业模式的式微和衰败。从这个意义上讲,"互联网+"的非预期后果实际上也是一种网络社会的必然趋势。

四 小结

由于互联网技术重新定义了空间和时间,人类社会赖以存在的时空结构发生了革命性的变化,从而形成一种以信息技术范式为基础、按照互联网逻辑组织起来的社会形态。作为一种再结构化的力量，互联网技术最重大的意义在于彻底改变了时空事项的搭配方式，在社会和经济两个层面上产生了深刻影响。在社会层面，互联网改变了人类生活的空间格局和时间结构，通过时空事项的重新搭配塑造了一种全新的社会组织方式；在经济层面，互联网改变了市场交易的传统结构，新的时空结构与市场交易的结合产生了源源不断的技术红利。

工业化逻辑突破了地方性市场的时空限制，但工业化的时空结构仍然属于现实时空的范畴。工业时空表现出两个基本特点：一是中介化的空间拓展，即通过市场中介的传递交易实现空间拓展；二是功能化的时间安排，即时间与事项的固定搭配。尽管工业化的时空结构将人类社会带入一个前所未有的发展阶段，但是仍然被互联网技术的发展所解构。在网络社会，信息技术范式和互联网逻辑塑造了一种全新的时空结构，即"虚拟时空"。虚拟时空也有两个基本特征：一是"去中介化"，即互联网技术使市场交易摆脱了对空间上的邻近中介及其传递交易的依赖性，可以直接将任意的两个位置或场所连接起来建构一种虚拟交易情景；二是"弹性时间"，互联网技术使时间与事项的搭配更为机动灵活，人们能够更有效率地利用时间。总体上看，以"去中介化"和"弹性时间"为特征的虚拟空间，显著促进了市场规模的技术性扩张和有效改善了市场交易的成本结构，从而构成"互联网+"的技术红利的结构性源头。然而，虚拟时空的上述两个特征也直接导致了传统市场的萎缩、传统行业的凋敝和传统商业模式的衰退等一系列非预期后果。特别是"互联网+"与资本的联姻，将会进一步加剧市场领域的传统危机和强化市场交易的注意力转移。

综上所述，"互联网+"的技术红利及其非预期后果均源自于互联网技术所造就的虚拟时空。从这个意义上说，新时空结构的出现构成网络社会最根本的变化，互联网与市场的结合所产生的诸多后果实际上都跟时空结构的变化有关。值得注意的是，时空结构的变化并不意味着人类社会已经全然按照虚拟时空的方式存在和运行。实际上，虚拟时空仅仅出现于按照互联网逻辑运作的那一部分社会存在，除此之外的绝大部分仍然是按照工业时空的逻辑运行的。具体而言，虚拟时空主要存在于以社会交往为基础的市场、管理和服务等领域，而作为人类社会活动根基的基础设施建设和物质生产过程仍然是以工业时空的方式存在的。

因此，虚拟时空仅仅是在工业时空的框架中所发生的一种技术建构。这种技术建构具有惊人的能量，但是仍然不能彻底摆脱工业时空对人类活动的基础功能和限制作用。比如，人们可以通过虚拟的方式同世界上任何地方的商品提供者进行市场交易，但仍然需要工业化的物流支持才能转变为现实的消费，而且这种"虚拟交易＋物流支持"的模式必须比单纯工业化逻辑中"市场中介＋传递交易"的模式更为有效，否则虚拟交易就没有存在的价值。也就是说，虚拟时空中的市场交易仍然需要相匹配的工业时空提供支持，在工业化逻辑的时空结构不能匹配互联网逻辑的要求时，极有可能由于结构上的不适而衍生出无法预料的间接后果。这在共享单车的快速发展中已经十分明显地表现出两种时空结构之间的不适。

第二节 互联网技术的社会向度[*]

在世纪之交的前夜，曼纽尔·卡斯特针对20世纪70年代以来互联网的快速发展及其深刻影响提出了一个重要的论断，即网络社会

---

[*] 本节曾以《互联网的社会向度与网络社会的核心逻辑——兼论社会学如何理解互联网》为题发表于《学术研究》2018年第3期。

虚拟整合：互联网时代社会结合方式的革命性变化

的崛起。如同工业革命时代的电力技术和蒸汽机技术一样，互联网技术的广泛使用极大地改变了人类社会的组织方式，人类社会的每一个方面，正在或已经按照互联网的方式组织起来。相对于工业资本主义和工业化国家，网络社会中的政治表达、市场结构、社会交往、文化形态以及群体生活等各个层面，都已经呈现出全新的面相，社会生活的各领域也充斥着互联网技术的诸多意外后果。正如卡斯特所言，"它撼动了各种制度，转化了各种文化，创造了财富又引发了贫困，激发出了贪婪、创新和希望，同时又强加了苦难，输入了绝望"[①]。互联网技术不仅为人们的日常生活带来了全新的体验和全方位的变革，同时也对人类关于"社会"的知识库存和认知图式提出了挑战。从知识生产的角度看，伴随着工业革命而兴起的社会学，实际上是对全面支配社会生活的工业化逻辑进行揭示和反省的产物。同样的道理，伴随着信息技术革命而兴起的网络社会学，则是对全面融入社会生活的互联网逻辑进行揭示和反省的结果。因此，网络社会学不能简单地理解为社会学的特定分支和局部研究，而应该理解为人类社会组织方式的变化所引发的知识层面的整体反应，以及对工业革命所滋养的社会理论进行重新审视的结果。

  作为一种信息化时代的学术使命，对互联网逻辑的揭示和理论反省，对社会生活网络化的知识回应，其首要的任务在于"如何理解互联网"。如果缺乏对互联网的恰当理解，不仅无法充分认识、把握网络社会的运行机制及其变化趋势，而且在面对和处置这个新世界的时候，将会由于仍然秉持工业化的逻辑或固守传统的观念而显得无所适从：要么"抵制"新力量的冲击，要么"放任"新市场的扩张，而无视互联网技术对体制的"倒逼"和自我革新的机遇；要

[①] ［美］曼纽尔·卡斯特：《认同的力量》，曹荣湘译，社会科学文献出版社2006年版，第1—2页。

么"妖魔化"网络世界的行动特征,从而陷入对网络舆论和网络群体性事件的恐慌。特别是中国剧烈的社会转型同网络社会的相遇叠加,许多社会转型所暴露的危机和矛盾经由互联网的呈现和传播,而被不适当地归责于技术上的"原罪"。因此,对于网络社会学来说,"如何理解互联网"不仅是一个意义重大的基础理论问题,也是一个现实感十分强烈的中国问题。

一 互联网的技术特征与社会向度

相对于一般意义上的应用技术,互联网最重要的特点在于其超强的结合能力。互联网技术的应用并不局限于某一特定的社会生活领域,凡是能够通过数字呈现和转换的对象,凡是存在信息存储和传递的需要,都能够与互联网技术结合起来。从某种意义上说,"互联网+"这一特殊的表达结构本身就代表着互联网技术如影随形般的结合能力。正是由于互联网技术与社会生活的广泛结合,从1969年美国国防部赞助加州大学、犹他大学和斯坦福研究院建成的第一个电脑网络开始[1],仅仅经过几十年的时间,工业革命以来历经几百年塑造成形的工业化秩序,即被重新按照互联网的技术逻辑组织起来,快速进入一个由信息技术主导的新社会和新的文明形态。在工业文明的潜力尚未充分释放,追赶工业文明的脚步尚未停歇的历史当口,人们突然发现已经置身于一个无法逃逸的网络社会。

因此,对互联网的理解不能局限于物理技术层面,也不能简单地以工业化语境中的生产效率和技术红利来衡量互联网技术的应用价值。网络社会实际上是互联网技术与社会生活全面结合的产物。从这个意义上讲,互联网技术超强的结合能力所产生的社会后果,构成网络社会学最重要的理论视域。简言之,对互联网的理解不能局限于互

---

[1] 郭良:《网络创世纪——从阿帕网到互联网》,中国人民大学出版社1998年版,第2页。

虚拟整合：互联网时代社会结合方式的革命性变化

联网的技术向度，而应该立足于互联网的社会向度，在互联网技术与社会生活相互结合的后果中理解互联网。毫无疑问，从互联网的社会向度出发的理解方式，是一种反思性理解。这种反思性理解方式恰恰体现了社会学的思维品质。因此，只有从社会向度出发的反思性理解，才能对全面融入社会生活的互联网逻辑进行揭示和反省，并以此为基础对工业化逻辑所滋养的社会理论进行重新审视，进而实现社会学的理论升级，形成一种由互联网逻辑所滋养的社会理论。倘若仅仅从技术向度理解互联网，在很大程度上意味着将互联网简单地视为一种可资利用的技术工具，从而低估和窄化了互联网的社会效应，忽视了互联网技术与社会相互结合、相互作用的复杂过程及其内在机制，导致网络社会学的肤浅化。

互联网的社会向度与技术向度的根本区别在于，互联网技术与社会生活的结合不仅带来了量变意义上的技术红利，而且使按照工业化逻辑展开的社会生活方式发生了根本性变化。从日常交往到市场交易，从社会生产到国家治理，莫不如此。因此，要把握互联网的社会向度，需要从互联网技术与社会生活相结合所导致的变化入手。相对于工业社会而言，网络社会最革命性的变化表现为，互联网技术对作为社会生活展开基础的时空结构进行了重塑，进而产生了一种全新的时空结构——即虚拟时空①，并从根本上改变了人类社会的存在和运行方式。

网络社会的首要变化表现为空间的变化。互联网技术能够将按照工业化逻辑呈现出来的空间结构进行重组。信息技术范式的神奇之处在于，能够借助互联网将物理上并不邻近的地方或位置联结起来，并且愈益显示出一种虚拟的情景化趋势。人们可以借助虚拟空间

---

① 张兆曙：《"互联网+"的技术红利与非预期后果》，《天津社会科学》2017年第5期。

展开缺场交往、共享传递经验和制造新的认同。[1] 相对于工业化逻辑的空间结构而言，网络化空间结构的基本特征是"去中介化"。现代性的一个重要特征是空间的无限拓展，但是工业化逻辑和网络化逻辑拓展空间的方式不同：工业化逻辑对空间的拓展，是依靠不同职业群体之间相互（由于社会分工和相互依赖性）充当的中介作用，由近及远地不断递推而实现的；而网络化逻辑对空间的拓展，则是通过互联网技术将任意的两个位置或场所直接连接起来，构造虚拟空间实现的。比如，工业化逻辑中的市场交易，依赖于空间上邻近的市场中介及其递推式交易，从而间接获得遥远世界的消费品；但互联网逻辑的市场交易则不需要市场中介的不断递推，即可直接与遥远世界的商品提供者进行交易。[2] 正因为如此，在互联网的逻辑下，空间具有一种流动性，互联网的技术特征能够将潜在的互动关系进行空间上的黏合。

在传统意义上，时间代表着事项的先后次序或推进脉络，但互联网技术改变了时间的存在方式。卡斯特指出："在网络社会，在格外具有重要历史意义的转移里，这种线性、不可逆转、可以量度、可以预测的时间正遭到挫折。"[3] "正在浮现的新社会结构逻辑，想要毫不留情地取代那种有秩序之事件序列的时间。"[4]

网络社会不再保持"时间—事项"的固有次序和功能化安排（即工业化秩序中"在固定的时间完成固定事项"的时间分配制度），社会生活出现了相对于工业化逻辑的"系统性紊乱"。在互联网技术的作用下，事项推展的完整序列可以被分割为一系列时间碎片和事

---

[1] 刘少杰：《网络化时代的社会结构变迁》，《学术月刊》2012年第10期。
[2] 张兆曙：《"互联网+"的技术红利与非预期后果》，《天津社会科学》2017年第5期。
[3] [美] 曼纽尔·卡斯特：《网络社会的崛起》，夏铸九、王志弘等译，社会科学文献出版社2006年版，第403页。
[4] [美] 曼纽尔·卡斯特：《网络社会的崛起》，夏铸九、王志弘等译，社会科学文献出版社2006年版，第432页。

虚拟整合：互联网时代社会结合方式的革命性变化

项碎片，并根据环境和需要对这些时间碎片和事项碎片进行重组，进而建构出新的时间方式，以匹配和适应网络社会"去中介化"的空间结构。也就是说，网络社会的时间结构是一种"非序列化时间"。在"时间—事项"的重组过程中，事项的脉络可以分割，推展的次序可以打乱，不同的事项可以相互交织，也可以齐头并进。互联网时代的弹性时间、弹性工作以及弹性工作者实际上都是"非序列化时间"以及"时间—事项"重组的产物。总之，在虚拟时空的时间维度上，互联网逻辑的时间结构取代了工业化逻辑的时间结构，高度程序化的时间脉络变得富有弹性和机动，高度功能化的时间制度变成了能够即时重组的"时间—事项"的搭配机制。在吉登斯和福柯笔下充分体现工业化秩序的"时间表"① 受到互联网逻辑的强烈冲击。

由"去中介化空间"和"非序列化时间"构成的虚拟时空，不仅体现了互联网的技术特征，而且意味着社会生活的革命性变化。虚拟时空改变了工业化秩序中"时间、空间和事项"的固定搭配，代表一种全新的社会生活结构与社会组织方式。在网络社会中，人们可以按照互联网的逻辑（而不是机械的工业化秩序）决定"在什么时间什么地点干什么事情"。在卡斯特的著作中，这种以虚拟时空为基础的社会组织方式被冠以"信息技术范式"，并认为"新技术范式的独特之处便在于其重新构造的能力"②。正因为如此，互联网技术与社会生活的结合普遍被定义为一种"再结构""再组织"的过程。虚拟时空则为社会生活的"再结构""再组织"过程提供了基础性的框架和具体方式。因此，虚拟时空集中体现了互联网的社会向度。社会

---

① ［英］吉登斯：《社会的构成》，李康、李猛译，生活·读书·新知三联书店1998年版，第227—228页；［美］福柯：《规训与惩罚》，刘北成、杨远婴译，生活·读书·新知三联书店2003年版，第6—7页。
② ［美］曼纽尔·卡斯特：《网络社会的崛起》，夏铸九、王志弘等译，社会科学文献出版社2006年版，第65页。

生活的每一个方面、社会生产的每一个领域和社会结构的每一个部分，一旦与互联网结合起来，并通过（且习惯于借助）虚拟时空的方式实现既定目标，即意味着人们已经进入并接纳了互联网的时空逻辑。此时，以虚拟时空为基础的信息技术范式，不仅日益显示出其再结构的强大力量，同时也为整个网络社会的运行提供了基本逻辑。

二 互联网的技术黏性与网络社会的虚拟整合

互联网的技术黏性是指，基于互联网特定的技术特征（比如数字化特征）而建构的网络工具（比如信息传播平台等），能够在原本缺乏联系的不同用户（个体、群体和组织）之间建立起持久的联系，进而打通不同社会世界之间的藩篱。简言之，就是借助互联网技术将处于分散、隔离状态的用户有效地连接起来。因此，技术黏性是互联网的根基，缺乏技术黏性，就没有用户，也就没有日益壮大的网络社会。正是在这个意义上，技术黏性这一概念被用于描述网站吸引与保留访问者的能力，提高技术黏性也因此而成为公司在线营销、网络编辑、社交媒体、网络平台、信息入口、虚拟社区和网络游戏社群等网络生产领域最重要的工作目标之一。互联网对社会生活的"再结构""再组织"过程乃至对整个网络社会的建构，均是依赖于互联网的技术黏性而实现的。因此，互联网的技术黏性是我们理解网络社会的基本逻辑和运行规律最重要的技术窗口。

但是，作为一种非强制性的结合方式，互联网的技术黏性只能通过用户选择才能得到检验。因此，以用户体验为中心的网络生产体制决定了互联网的技术黏性。说到底，用户体验就是满足用户需求的方式与程度。所以，互联网的技术黏性及其社会后果，需要从工业化以来人们满足需求的方式说起。工业社会是一个丰裕的社会，人们的需求在相对意义上能够得到充分满足，但是满足需求的方式只能按照

【虚拟整合】：互联网时代社会结合方式的革命性变化

工业化逻辑和工业化秩序进行。工业化的满足方式是一种依赖于中介的满足方式。在社会分工高度发达的工业社会，不同职业群体在功能上是相互依赖的，但在空间上又是相互分离的。空间分离意味着来自远距离的资源和信息必须借助一系列的中介传递过程，才能满足人们的需求。因此，工业化的满足方式往往意味着比较复杂的中介链、营销体系和服务结构。

互联网技术（特别是移动互联网技术）的应用和普及，彻底解构了工业化逻辑中受制于中介的需求满足方式。其中，最重要的变化在于互联网的技术黏性导致空间结构上的"去中介化"，将空间上相互分离的供给与需求黏合在一起。人们不需要中介的传递，就能直接与相距遥远的对象建立临时或持久的联系，进而满足资源与信息的需求。简言之，互联网的技术黏性克服了工业化秩序中，空间对于人们的资源和信息需求所产生的障碍，以及中介体制内在的成本结构。正是由于互联网（及其移动终端）克服空间障碍和"去中介化"的技术特征，能够将所有潜在的缺场用户黏合起来，互联网才能显示出"再结构""再组织"的强大力量，进而形成一种不同于工业化逻辑的互联网逻辑和网络社会。更为重要的是，互联网技术的黏合并不仅仅是一种用户之间基于资源和信息的交流与互动，这个满足需求的过程同时也会带来观念、行为和态度的变化，甚至形成新的认同和文化。

按照涂尔干的社会学主义，个体一旦结合起来，就会突生出某种超越个体层面的社会事实。相对于工业化秩序而言，互联网的技术黏性在原本互不相干的用户或者被空间所隔离的用户之间建立持久的联系，实际上是一个社会成员重新结合的过程。互联网对社会生活的"再结构""再组织"，就是这个重新结合的过程。网络社会之所以不同于工业社会，不仅在于实现了缺场用户的重新结合，更在于这种重新结合产生了一种新的社会整合的方式。笔者将互联网的技术黏性所产生的整合方式定义为网络社会的虚拟整合。也就是指，针对人们社会生活的不同需求①，网络供应商能够围绕供给与需求开发出不同的应用模式②，将缺场用户黏合起来，从而以互联网的方式满足需求，并在满足需求的过程中形成一种新的整合方式。③ 相对而言，涂尔干意义上的机械整合和有机整合所产生的超越性社会事实，主要表现为一种规范的力量。比如，强烈的集体意识对同质性个体的规范；职业道德对职业群体的规范。但是，虚拟整合所产生的超越性社会事实，则表现为一种建构的力量，突出表现为一种跨时空的建构力。

也就是说，在现实世界中，无论是通过"相似性吸引"而简单叠加（机械整合），还是通过"功能性互补"而相互依赖（有机整合），人们相互结合的后果都是一种规范性的社会事实；但是，对于通过互联网的技术黏性所形成的虚拟整合而言，人们相互结合的后果则是一种建构性的社会事实。当然，这并不意味着在网络社会的虚拟空间中不存在相应的社会规范。但是，虚拟空间的社会规范要么来自现实世界的道德、习俗和法律在网络空间的投射；要么属于网络空间的一种技术设定（比如在电子商务中，用户注册、登录验证、信用支付、银行卡绑定、信用评级等技术设定均发挥着规范用户行为的功能），即"内嵌于'代码'的网络技术规则"④。换言之，存在于网络世界的规范，并不是人们在虚拟空间中相互结合的产物。

---

① 比如信息需求、交易需求、交流需求、娱乐需求和办公需求等等。
② 比如网络信息获取应用模式、电子商务应用模式、网络交流互动应用模式、网络娱乐应用模式和电子政务应用模式等等。
③ 机械整合与有机整合本质上是在满足需求的过程中形成的两种团结方式，因此，机械整合与有机整合同时也是两种不同的满足需求的方式。机械整合是通过共同防御、共同劳动的方式满足需求，有机整合是通过不同职业群体之间的功能互补而满足需求。
④ 何明升：《中国网络治理的定位及现实路径》，《中国社会科学》2016 年第 6 期。

虚拟整合：互联网时代社会结合方式的革命性变化

由于互联网的技术黏性清除了空间障碍并瓦解了工业化的中介体制，网络世界的虚拟整合表现出惊人的建构性，甚至反过来对工业化秩序以及相应的制度形成一种威胁。毫无疑问，这种惊人的建构力来自潜在用户群体被聚合起来的规模效应，在市场领域，互联网技术能够围绕人们日常生活中的购物、出行、订餐等需求（通常表现为日常生活中存在一定空间阻碍的"小麻烦"），通过互联网的技术平台，建构出一个庞大的商业体系（比如淘宝、滴滴打车、美团等）。在社会运动领域，互联网的技术黏性能够将被空间隔离起来的"嬉笑怒骂、喜怒哀乐等情感形式和内容"聚合起来，通过情感动员的方式建构"抗拒当代中国大转型的反向运动"[①]。相对于传统的社会舆论，体现互联网技术黏性的交互式传播结构，不仅实现了信息的充分传播，而且能够克服空间限制、阶级区隔和文化差异对传播过程的阻隔，从而建构出一个没有"信息孤岛"的网络空间。这种互联网时代的信息传播和舆论产生的新特点，对于现实生活中公共事件的危机处理来说，构成了一个重大的挑战。一旦相关部门和事件责任主体对公共事件处理不当（比如隐瞒事实真相或推卸责任等），极容易造成批评性意见的充分传播和快速聚合，从而建构出强大的网络舆论和网络热浪，并倒逼现实层面的反应。

此外，网络空间的虚拟整合还"唤醒了社会成员的自主自觉意识"和"主动的具有建构意义的社会认同"。"自主自觉的个体在网络交流和意义沟通中，能够更加清楚地认识相似个体的共同处境和共同利益，并进而对周围的事实形成共识、结成（虚拟）群体。"[②] 对于这个日益个体化的世界来说，互联网的技术黏性所形成的虚拟

[①] 杨国斌：《悲情与戏谑：网络事件中的情感动员》，《传播与社会学刊》2009年第9期。
[②] 刘少杰：《网络化时代的社会结构变迁》，《学术月刊》2012年第10期。

整合，具有一种特殊的魔力和建构性。它能够使人们在网络空间的交往中实现从个体认同向集体认同的联结，或者强化特定维度的社会认同。一如卡斯特在《认同的力量》开篇标题（"共同体的天堂：网络社会中的认同与意义"）[①]所表明的那样，网络空间的虚拟世界对于世界各地的人们抗拒世纪之交的全球化等系列威胁来说，事实上充当了宗教激进主义、民族主义以及地方共同体兴起的"天堂"。从这个意义上看，网络世界的虚拟整合彰显社会认同和重构共同体的基本逻辑是，"当（现实）世界变得太大让人无法控制时，社会行动者便会把它压缩到适合于掌握和触及的大小（网络世界）"[②]。

从另一个面相看，网络世界的虚拟整合作为一种建构性的力量，当其作用于现实世界之工业化秩序的时候，则表现出一种颠覆性和解构的力量。虚拟整合的颠覆性具体表现为三个方面，即组织、认知和规范。在组织层面，当人们通过互联网的技术黏性在虚拟空间结合起来，必然会改变、动摇和削弱现实空间中原有的结合方式。这一点突出地表现在市场交易和劳动过程领域，比如阿里巴巴、京东等电子商务对实体店铺的冲击等等。在认知的社会建构层面，互联网改变了信息接触的方式、内容和范围，这一变化必然影响到个体对周遭世界的看法和态度。同样，互联网的交互式传播结构在事实上解构了单项发布、路径可控的传统信息传播结构，从而改变了集体认知（社会舆论）的发生逻辑。在规范层面，网络空间中的虚拟整合实际上是借助技术黏性重塑人们在市场交易、社会交往等方面的行为习惯，一旦由技术规则所决定的行为方式被固定下来，即有可能出现与现实世界制度规范的矛盾与冲突。在网络约车等共享经济的快速发展中，

---

① ［美］曼纽尔·卡斯特：《认同的力量》，曹荣湘译，社会科学文献出版社2006年版，第4页。

② ［美］曼纽尔·卡斯特：《认同的力量》，曹荣湘译，社会科学文献出版社2006年版，第71—72页。

虚拟整合：互联网时代社会结合方式的革命性变化

可以明显地观察到这种网络与现实的冲突和重构。总体上看，互联网的技术黏性所导致的虚拟整合，在造就一个新世界的同时，客观上也在破坏一个旧世界。

三 互联网的进程压缩与网络社会的倍增机制

作为世界存在的两个基本维度，时间与空间的存在形式是相互匹配的。因此，互联网的技术黏性在改变工业化逻辑所支配的空间秩序的同时，也革命性地改变了按照工业化逻辑展开的时间形式。正如本节第一部分所述，工业化逻辑在时间维度上表现为一种结构化的序列，社会生活的时间与事项的搭配是高度程序化和功能化的。[①] 然而，随着互联网逻辑日益成为日常生活的支配性逻辑，功能化的时间结构正在逐渐地被新的信息技术范式所解构。为了匹配"去中介化"或"流动空间"等空间结构的变化，网络社会的时间结构开始从一种表现事项推展进程的序列结构逐渐转变为一种"非序列化时间"或"弹性时间"。从社会生活的展开过程来看，"非序列化时间"意味着人们可以在时间与事项的固定搭配中，把时间抽取出来与其他事项进行结合。也即，原本用来完成某一特定事项的时间，可以"挪用"完成其他事项。卡斯特对此曾进行过精辟的论断，他指出，网络社会的时间"利用技术以逃脱其存在脉络，并且选择性地挪用每个脉络迄今可以提供的价值"[②]。

网络交易、社交媒体、网络游戏和电子政务等所有应用模式的运行，都是以信息传递为基础的。相对于工业化秩序内在的中介体制，互联网技术以难以置信的方式加快了信息传递的速度。特别是进入

---

① 张兆曙：《"互联网+"的技术红利与非预期后果》，《天津社会科学》2017年第5期。
② [美]曼纽尔·卡斯特：《网络社会的崛起》，夏铸九、王志弘等译，社会科学文献出版社2006年版，第403页。

移动互联网时代之后，在无线互联网信号覆盖范围内，人们只需要一个接入端口、一个链接和一个应用平台，即可瞬时获取来自世界上任何地方的信息，瞬时了解世界上任何地方发生的重大事件，也可以瞬时和世界上任何地方的人建立联系。同时，随着全面数字化进程的加速推进，互联网传递的信息在内容上达到了前所未有的程度。只要是能够在技术上实现数字化的事物，均可以在网络空间呈现、传播以及按照互联网的逻辑进行处置。总体而言，互联网信息的快速传递和全面数字化进程，实现了社会生活在网络空间的全景呈现和全面展开，或者说，实现了社会生活的全面网络化。从这个意义上说，我们卷入其中的网络社会，也已经不是一种仅存于虚拟空间、被"创造"出来的一种社会存在形式，即"赛博社会"（cybersociety），而是一种真实的、作为"新社会结构形态的网络社会"（network society）。[1]

"非序列化时间"作用于"社会生活的全面网络化"的结果，使整个世界开始表现出不同于工业化逻辑及其空间秩序的新特征。我们可以从社会生活展开的进程中清晰地感受这种新的特征：由于虚拟整合瓦解了空间上的障碍及工业化的中介体制，导致网络化的社会生活不再按照工业化逻辑的固有节奏在空间上渐次推进和逐步拓展；相反，虚拟整合与"非序列化时间"的共同作用，使社会生活可以在不同的空间位置上同时展开。简单地说，网络化的社会生活不再表现为一个序列化的进程，而是表现为在时间维度上的"集中涌现"和"遍地开花"。笔者将这种变化定义为互联网对社会生活的进程压缩，以区别于工业化逻辑中的序列化进程和推进脉络。互联网技术造就的进程压缩改变了人们对时间的感觉，卡斯特借用詹姆斯·格列克的描述指出，"我们社会里'每件事物'的加速，无情地压缩一切人类活动领域中的时间。压缩时间直到极限，形同造成时间序列

---

[1] 郑中玉、何明升：《网络社会的概念辨析》，《社会学研究》2004年第1期。

虚拟整合：互联网时代社会结合方式的革命性变化

以及时间本身的消失"①。据此，卡斯特给网络社会的时间贴上了一个奇怪的标签，即"无时间的时间"（timeless time）。他指出，无时间之时间产生于某个既定脉络——亦即信息化范式和网络社会——的特征，导致在该脉络里运作之现象的序列秩序发生系统性扰乱。这种扰乱可能采取的形式有：压缩各种现象的发生，指向立即的瞬间，或者在序列中引入随机的不连续性。序列的消除创造了未分化的时间，而这形同永恒。……比秒还短暂的资本交易、弹性时间企业、可变的生涯工作时间、生命周期的模糊化，通过否定死亡而寻找永恒、瞬间的战争，以及虚拟时间的文化，这些都是基本现象，是网络社会的特征，在其发生之际系统地混合了各种时态。②

卡斯特笔下的"无时间之时间"实际上是一种缺乏"传统时间特征"的时间。这里的"传统时间特征"，即社会生活展开或事件推展的序列感。因此，"无时间之时间"就是失去了"序列感"的时间，本质上是"非序列化时间"所形成的一种表象及个体感知。这种时间感的变化是"网络化导致的社会生活节奏加快而发生的新的时间压缩"③的结果。质言之，互联网技术可以对原本表现为一个序列的时间结构，进行拆解、抽取、挪用和重组，并将其压缩在一个特定的互联网技术与社会生活的结合点上，集中展演网络化的社会生活。在此，"集中展演"一词所表达的含义充分体现了网络化社会生活的时间特征，即"进程压缩"。比如，互联网改变了传统媒体时代单向传播、过程可控的信息传播路径，而以一种交互式结构快速完成信息的传播和集中展演。这一变化就是互联网技术对信息传播的

---

① ［美］曼纽尔·卡斯特：《网络社会的崛起》，夏铸九、王志弘等译，社会科学文献出版社2006年版，第403页。
② ［美］曼纽尔·卡斯特：《网络社会的崛起》，夏铸九、王志弘等译，社会科学文献出版社2006年版，第429—430页。
③ 刘少杰、王春锦：《网络外卖的时空压缩与时空扩展》，《学术界》2017年第3期。

"进程压缩"。

互联网技术在时间维度上的"进程压缩"和空间维度上的"虚拟整合",共同建构了一幅网络化社会生活的整体画面:一旦社会生活的具体事项与互联网的技术载体有效地结合起来,社会生活的展开过程便显示出互联网逻辑和虚拟时空的神奇之处和惊人的能量,即在空间上得以最大程度的拓展,在时间上得以最大程度的压缩。简单地说,就是在最短的时间内实现最大程度的扩展。在新世纪以来中国互联网的快速发展中,无论是互联网交易模式的普及,还是网络舆论的传播,抑或是应用模式的推广,几乎毫无例外地发生过"最短时间+最大空间"的扩张阶段。比如,以共享单车为代表的共享经济模式几乎是在"一夜之间"遍及全国的大街小巷,许多人们共同关切的公共议题和网络舆论往往能够在极短的时间实现"刷屏",等等。① 这在工业化逻辑中是难以想象的。因为在中介化的空间秩序中,空间的扩展一定需要相应的时间保障,没有足够的时间是很难实现空间快速扩展的。

网络社会的快速发展业已证明,社会生活的特定需求与互联网载体的恰当结合,将会得到互联网技术的"虚拟整合"与"进程压缩"的双重助推,从而产生一种"瞬时的结构性优势"②。这种"瞬时的结构性优势",不仅爆发性地推进了社会生活的网络化,使人们在不经意间已经习惯并依赖于网络化秩序;而且取得了相对于工业

---

① 当然,并不是所有用户社会生活的网络化,都是在"最短时间+最大空间"的快速扩张阶段实现的,也有相当部分用户(比如老年人、对各种互联网应用模式较为陌生的农民等),是在某种技术载体或应用模式已经普及之后,才慢慢接纳和加入社会生活网络化的进程。但是,社会生活网络化的主要过程是在"最短时间+最大空间"的快速扩张阶段完成,没有这个过程,社会生活的网络化是很难依靠缓慢积累完成的。因此,社会生活网络化的核心动力仍然是空间上的"虚拟整合"和时间上的"进程压缩"。

② 这里用"瞬时"一词表达"虚拟整合"和"进程压缩"推进社会生活网络化的快速效果,只是一种相对意义上的表达(相对于工业化逻辑),而不是绝对意义的时间概念。

化逻辑的"倍增效应"。比如最近几年兴起的"双十一购物节"即是这种"倍增效应"的经典案例。2017年"双十一购物节"仅用11秒的时间，全网交易额就达到1亿元的规模。网络社会的"倍增效应"体现在社会生活的每一个方面，凡是互联网的技术载体（或应用模式）与社会需求的结合处，要么已经借助"倍增效应"实现了普遍的需求满足，要么存在潜在的"倍增效应"，等待互联网技术的发掘。我们不仅在淘宝、共享经济等市场交易领域感受到网络社会的"倍增效应"；而且在网络舆论和网络群体性事件、社交媒体和数字社区、网络游戏和虚拟社群中也能够充分体验到"倍增效应"对社会生活的深刻影响；甚至"人肉搜索"所产生的网络暴力也是一种网络社会"倍增效应"的结果。

当然，网络社会的"倍增效应"也存在不同的层次和尺度。这取决于两个因素：一是互联网技术载体或应用模式所针对的生活需求本身，即存在特定需求的群体构成和范围。互联网造就的"倍增效应"总是与潜在用户的规模联系在一起的。二是资本的参与程度。网络社会"倍增效应"确实是借助"虚拟整合"与"进程压缩"两种核心机制实现的，但是如果缺乏资本的参与（包括应用模式的开发与维护、核心资源和基础设施的投入、组织架构的运营和技术环境的融合等），则有可能停留于一种技术上的想象。因此，资本的参与程度在很大程度上决定了网络社会"倍增效应"的规模和尺度。许多同类应用模式的失败，并不在于其与生活需求的结合本身出了问题，而在于资本的持续参与能力不足。

网络社会的"倍增效应"构成网络化社会生活的一个重要特征。"倍增效应"的释放过程往往伴随着巨大的信息流量和庞大的用户规模。于是，流量和用户就成为社会生活网络化的重要标准，并构成网络社会最基本的两个控制基点和运行要素。其中，流量代表着信息以及关注度；用户代表着需求、规模或者参与程度。无论是互联网时代的市场、国家还是社会，流量与用户均具有重要的意义。对于市场来说，占据流量优势和垄断用户资源，意味着掌握了社会生活网络化的控制权，并具有围绕流量和用户进行进一步开发和搭载的市场空间，从而衍生出许多新的机会和资源。对于政府而言，可以借助大数据、云计算等分析技术，发掘流量和用户信息中的生活逻辑，获取人们行为、习惯、态度和价值倾向，进而实现以大数据为基础的社会治理，推进社会治理现代化。对于社会来说，流量与用户规模在某种程度上则代表着一种社会表达的程度，是通过虚拟世界体现人们对现实世界的反应。

四 小结

在互联网技术的社会向度，互联网技术与社会生活相结合塑造了网络社会运行或社会生活网络化的基本逻辑。第一，由于互联网的技术黏性瓦解了工业化秩序的中介体制，从而形成一种新的社会整合方式，即虚拟整合。作为一种超越个体的社会事实，虚拟整合在市场交易、社会运动、网络舆论以及社会认同等方面表现出惊人的建构性，并对整个工业化秩序产生强烈的冲击。第二，非序列时间改变了工业化秩序的固有节奏和推进脉络，导致社会生活网络化的进程压缩。原本按照工业化逻辑展开的社会生活（比如市场交易、社会交往、信息传播和生活娱乐等等），一旦按照互联网的逻辑进行重组，并通过虚拟空间加以实现，即表现出"集中涌现"和"遍地开花"的节奏，从而快速推进社会生活的网络化。总之，空间维度上的虚拟整合和时间维度上的进程压缩，构成网络社会的两个基本逻辑和运行机制。在虚拟整合与进程压缩的双重助推下，社会生活的展开过程充分显示出互联网逻辑和虚拟时空的神奇之处和惊人的能量，即在

虚拟整合：互联网时代社会结合方式的革命性变化

空间上得以最大程度的拓展，在时间上得以最大程度的压缩。在这个过程中，通常伴随着一种瞬时的结构性优势和倍增效应。这种瞬时的结构性优势和倍增效应，对于理解许多爆发性应用模式的普及、网络舆论的反转、网络动员和网络群体性事件、人肉搜索和网络暴力等网络事件和网络现象的发生机制具有重要的意义。

第二章

虚拟整合与平台社会的来临

第一节 虚拟整合中的个体行动与集体意识*

随着早期通信技术和信息技术的应用，人类社会自工业化开始逐渐萌发出一种非面对面接触的生活方式。吉登斯在论及现代社会的构成时，使用了"脱域""空间的虚化""空间与地点的分离""跨越空间的协作"① 等一系列概念来表达人类社会的这一变化。在传统社会学的理论视野中，非面对面接触的生活方式仅仅被视为现代社会在空间拓展上所表现出来的一种面相，它并没有改变整个工业社会的结构形态和组织方式。现代社会的非面对面接触以及对这种生活方式的理论认知，一直到互联网技术的普及之前，都没有发生明显的改变。然而，随着互联网技术在世纪之交的迅猛发展和日益普及，非面对面接触开始快速从一种萌生状态不可思议地扩展为一种社会生活的常态。在卡斯特关于网络社会崛起的宣言中，社会学豁然

---

* 本节曾以《从在场整合到虚拟整合——兼论网络社会中的个体行动与集体意识》为题发表于《天津社会科学》2021年第1期。

① [英]吉登斯：《社会的构成》，李康、李猛译，生活·读书·新知三联书店1998年版；[英]吉登斯：《社会理论与现代社会学》，文军译，社会科学文献出版社2003年版；[英]吉登斯：《现代性的后果》，田禾译，译林出版社2000年版。

虚拟整合：互联网时代社会结合方式的革命性变化

发现，互联网技术造就的不仅是一种非面对面接触的生活方式，而且在此基础上形成了一种全新的社会形态（即网络社会），整个建基于工业化逻辑的结构形态和组织方式也因此经历了一个强烈的再结构和再组织过程。毫不夸张地说，因电子信息技术所生发出来的非面对面接触，在社会生活各领域的扩展，竟然使工业化所型构的社会变得面目全非。所谓网络社会学，就是要对这个过程进行一种整体上的知识回应。

一 经典回顾：涂尔干的社会整合论

从奥古斯特·孔德创立社会学以来，社会学家始终在反复追问"社会何以可能"这一经典议题。毫无疑问，涂尔干对这个问题的解答是其中最有影响力的一个。在他看来，"社会何以可能"这一宏观和抽象的秩序命题，其答案实际上存在于"社会如何实现整合"或"个体如何结合起来"的具体方式中。正是基于这种理解，形成了涂尔干著名的社会整合论，也就是基于机械整合与有机整合这对经典概念所建构的社会理论。

在涂尔干的视野里，未分化的初民社会和分工不发达的传统社会在物质形态上表现出两个重要特征：一是社会成员高度的同质性以及以此为基础的相似性吸引；[①] 二是传统社会是一个日常生活所及的感性社会。[②] 其中，第一个特征决定了传统社会无机物的分子类聚一样的整合方式，即机械整合；第二个特征则意味着传统社会的维系，依赖于日常生活可及范围内的交往和互动。也就是说，传统社会的机械整合在空间上是有界限的。离开了日常生活所及的范围，机械

[①] [法] 埃米尔·涂尔干：《社会分工论》，渠东译，生活·读书·新知三联书店 2000 年版。

[②] 渠敬东：《涂尔干的遗产：现代社会及其可能》，《社会学研究》1999 年第 1 期。

整合将会失去作用。同时，从观念形态上讲，机械整合的社会具有一种共同的社会心理类型并表现出强烈的集体意识和共同情感，几乎所有的个体对集体都具有强烈的归属感和相互认同，集体意识完全吸纳个体人格，每一个成员的个性都被湮没在对集体的遵从之中，并且具有一致的宗教和道德倾向。① 传统社会正是依靠这种共同的社会心理类型和集体情感，驾驭着个体的思想乃至行动。②

分工发达的现代社会在物质形态上同样表现出两个相对应的特征：一是劳动分工导致社会成员具有高度的异质性并分属于不同的职业群体，不同的职业群体具有不同的功能；二是劳动分工使现代社会变为一种无地域局限的抽象社会。③ 前者意味着，现代社会并不像无机物的分子类聚那样简单地叠加，而是像高级有机体的不同功能系统一样相互协调、相互依赖、相互支持、相互制约，共同结合为一个有机整体。这种基于不同职业群体之间因功能性互补而相互依赖的整合方式，即有机整合。正如涂尔干所言："一旦劳动产生分化，社会就会发生翻天覆地的变化，群体的各个部分都具有了各自的功能，相互已经难以分割。"④ 后者则意味着，有机整合超出了日常生活所及的感性世界，不同职业群体之间的互补和依赖关系主要依靠抽象的制度和法则，因而是一种在空间上无限延伸的社会整合方式，即便是相距遥远的陌生人之间也能相互依赖。不仅如此，社会分工还使现代社会在观念形态上分化为两个层次：一是宏观层次上共享最

---

① 周晓虹：《西方社会学历史与体系》，上海人民出版社2002年版，第251页。
② 张兆曙：《非常规行动及其后果——一种社会变迁理论的新视域》，中国人民大学出版社2009年版，第42页。
③ 渠敬东：《涂尔干的遗产：现代社会及其可能》，《社会学研究》1999年第1期。
④ [法]埃米尔·涂尔干：《社会分工论》，渠东译，生活·读书·新知三联书店2000年版，第110页。

虚拟整合：互联网时代社会结合方式的革命性变化

基本、抽象的价值一致性[①]，它并不调节具体行为，仅为不同职业群体之间的有机整合提供相互信任的价值基础；二是伴随着社会分工，原有的集体意识演化为不同职业群体内部的共同价值观念（即职业道德），具体调节和规范从业者的职业行为，维持不同职业群体之间的团结状态。

在涂尔干的社会学体系中，社会整合构成社会秩序的理论基石。总体上讲，涂尔干的社会整合理论包含着两个基本命题：第一，个体之间不同的结合方式塑造了不同的社会整合方式，即机械整合与有机整合；第二，个体之间结合方式的变化形成了新的社会形态，即从传统的农业社会转向现代的工业社会。

如果从最纯粹的角度来看，人类社会存在着两种基本的结合方式：一种是直接结合，即同质性个体以面对面接触为基础的交往与互动，主要是指未分化和无分工状态下的小型社会和地域群体中，所有成员共同生活（比如同田劳动、同锅吃饭、共同狩猎、共同防御等）的一种结合方式，机械整合就是这种共同生活的产物；另一种是间接结合，即不同职业群体（或异质性个体）之间基于功能互补而形成的相互支持，主要是指工业化的社会分工体系中社会成员独立生活的逻辑，有机整合体现的就是这种独立生活的逻辑与结合方式。在涂尔干看来，共同生活与独立生活是两种完全不同的生活逻辑与结合方式，并在此基础上进一步生发出两种迥然有别的社会形态。然而，共同生活与独立生活却存在一个看似相异、实则相同之处。其中，看似相异是指基于共同生活的机械整合存在空间上的边界，而基于独立生活的有机整合在空间上则是无限延伸的。但实际上并非如此。无论是共同生活还是独立生活，作为生活主体的个

---

① 郑杭生、洪大用：《现代化进程中的中国国家与社会》，《云南社会科学》1997年第5期。

体，其相互之间的关涉、接触与结合都不能脱离特定的空间，都必须具备面对面接触的基础。就这一点而言，两者又是相同的。

这对于直接结合的共同生活与机械团结来说，是很容易理解的。因为，感性社会本身就是通过"身体可及的空间范围"[①]来定义和感知的。吉登斯将"以身体在感知和沟通方面的各种模态"[②]定义为共同在场。共同在场为社会生活的展开提供了面对面接触的基础。比如，农耕时代的生产劳动、市场交易和社会交往都是在共同在场的前提下实现的。

直观地看，作为间接结合方式的独立生活与有机整合，在空间上可以无限延伸，似乎摆脱了"身体可及的空间范围"和面对面接触的局限。但事实并非如此。独立生活和有机整合仍然是以共同在场和面对面接触为基础的结合方式。原因在于，工业化在空间维度上确实是无限延伸的，但工业化逻辑对空间的拓展，实际上是依靠不同职业群体之间的相互链接实现的。比如，正是环环相扣的市场链，才实现了市场空间的无限延展。从本质上看，这种空间上的延展是一个中介化的空间拓展。任何处于职业链中的职业群体都充当一种传递中介。也就是说，工业化逻辑的空间拓展并不依靠个体"身体所及"，而是以其他职业群体为中介，由近及远地渐次推展。消费者与遥远世界的市场交易是借助一系列市场中介的传递交易实现的。中介性的职业链构成工业化逻辑的空间形式。无论生产者与消费者在空间上相距多远，市场链总能将其衔接起来，而每一个市场链接和每一次传递交易都包含着一个面对面接触的过程。

概言之，基于独立生活的有机整合，作为一种抽象社会的理论逻

---

① 张兆曙：《"互联网+"的技术红利与非预期后果》，《天津社会科学》2017年第5期。
② [英]吉登斯：《社会的构成》，李康、李猛译，生活·读书·新知三联书店1998年版，第142页。

辑，在空间上是无限延展的。但是，从具体生活的角度看，它仍然需要面对面接触的微观基础。空间上相距遥远的个体之间的依赖性和相互支持，本质上是一种间接结合。对于一个北京的消费者来说，来自纽约的商品必须经由市场链依次传递到邻近中介（比如居住区周边的超市等商业机构），才真正实现生产者与消费者的结合。此时，作为消费者的个体与邻近中介便具备了共同在场或身体可及的条件，从而形成面对面接触的基础。因此，工业化逻辑突破了地方性市场的时空限制，并借助抽离化机制和分工体系的相互依赖性建构了全球化的市场，但是在按照工业化逻辑展开的空间结构中，仍然离不开面对面接触的微观基础以及市场中介对面对面接触的传递。

从这个意义上说，基于共同生活的机械整合和基于独立生活的有机整合，本质上都是一种以面对面接触为基础的在场整合。其中的差别在于，机械整合的面对面基础局限于身体可及范围内的面对面接触；有机整合的面对面基础表现为不断传递的面对面接触。尽管机械整合和有机整合塑造了两种完全不同的社会形态，但无论是传统的农业社会还是现代的工业社会，它们在"个体结合为社会"的空间基础都是共同在场。在人类进入互联网时代之前，共同在场之所以重要，是因为在场不仅是一种个体结合的空间形式，而且也是一种作用于个体的社会机制。

二 非面对面接触与虚拟整合

在涂尔干的理论图式中，劳动分工带来的革命性变化，就是摧毁了同质性个体共同生活的逻辑与结合方式，建立起一种异质性个体独立生活的逻辑与结合方式。然而，尽管这种被涂尔干以"高级有机体"相类比的结合方式，造就了伟大的工业文明和全球市场体系，但是随着互联网技术的发明、应用和快速普及，一种更具革命性的生活逻辑与结合方式被创造出来，这就是虚拟生活。因此，劳动分工和互联网技术堪称人类生活方式变迁的两次革命，经由这两次革命，人类社会逐渐从农业文明中的共同生活走进工业文明的独立生活，再走向信息文明的虚拟生活。

虚拟生活即"社会生活的网络化"[①]，也就是通过虚拟的数字技术为不在场的个体提供一种非面对面接触的可能与实践，并依靠非面对面接触创造出来的机遇，重新构造社会生活（比如社会交往、市场交易和政治参与等等）的逻辑和结合方式。卡斯特所定义的"信息技术范式"的神奇之处在于，能够借助互联网将物理上并不临近的地方或位置联结起来，并且愈益显示出一种虚拟的情景化趋势。[②] 人们可以借助虚拟空间展开缺场交往、共享传递经验和制造新的认同。[③] 在这里，虚拟生活之所以能够成为一种革命性的生活逻辑与结合方式，关键在于互联网技术瓦解了人类共同生活以来的面对面基础。或者说，相较于共同生活与独立生活，虚拟生活最大的变化在于互联网技术对人类生活始终依赖的面对面基础进行了"釜底抽薪"。

从某种意义上讲，虚拟生活就是以非面对面接触为基本特征的社会生活。网络社会的去中介化特征，其微观基础就是非面对面接触。互联网技术不仅创造出非面对面接触的新奇方式和全新体验，而且，随着互联网技术（特别是移动互联网）的快速发展和应用，社会生活的每一个方面、社会生产的每一个领域和社会结构的每一个部分，均快速适应和普及非面对面接触这种全新的生活逻辑和结合方式，甚至人们越来越离不开非面对面接触。从新世纪之后的社会变

[①] 刘少杰：《网络化时代的社会结构变迁》，《学术月刊》2012年第10期。
[②] 张兆曙：《互联网技术的社会向度与网络社会的核心逻辑》，《学术研究》2018年第3期。
[③] 刘少杰：《网络化时代的社会结构变迁》，《学术月刊》2012年第10期。

虚拟整合：互联网时代社会结合方式的革命性变化

迁来看，人们不仅通过非面对面的方式进行信息传递、社交和购物，而且人们也越来越通过非面对面接触的方式进行社会生产和国家治理。在社会生活的许多领域，人们正在大规模地压缩甚至彻底抛弃面对面接触的规模。许多建立在面对面接触基础上的行业和相应的生产生活方式（比如巡游出租车、各种小型商业实体、固定通信设施、门店式中介、信息咨询和收费服务等等）普遍遭遇到被取代的挑战和危机。工业化体制下的许多关键和重要的行业与相应的生产劳动，因为非面对面接触的兴起而迅速成为互联网时代的"弃儿"。

就更深刻的社会变迁而言，互联网创造出来的非面对面接触不仅仅形成虚拟生活的逻辑和结合方式，而且从根本上改变了社会整合状态。从宏观秩序的角度看，网络社会最根本的变化在于，人类社会从由机械整合和有机整合构成的在场整合，进入到以缺场为基本特征的虚拟整合。相对于基于相似性吸引和功能性依赖的在场整合而言，虚拟整合就是通过互联网的技术黏性或数字化机制，使虚拟空间中基于特定需求而发生的非面对面接触，形成一种稳定联系和团结状态。我们可以从两个方面来理解虚拟整合。

第一，在虚拟整合中，基于特定需求而发生的非面对面接触具有广泛性，凡是现实生活中存在的需求（诸如社交、购物、管理和服务等），都有可能转移到更加便利的虚拟空间。而且，一旦在技术上具备了实现的条件，互联网特有的"进程压缩"和"倍增机制"[1]将会极大地改变需求满足的过程和方式。因此，网络社会只不过将个体接触的需求从现实空间转移到虚拟空间，并没有改变需求的内容。总体上看，人们通过互联网实现的需求包括两类：一是基于共同性的需求；二是基于互补性的需求。前者诸如共同的志趣、爱好、价值观、信仰和生活方式而形成的虚拟社群或网络亚文化群体；后者则包括

---

[1] 张兆曙：《互联网技术的社会向度与网络社会的核心逻辑》，《学术研究》2018年第3期。

针对人们的供求、管理和服务等双边关系而建构的各种技术平台（比如商业平台、政务平台和服务平台等）和应用程序。基于共同性而发生的接触需求，在本质上属于相似性吸引和机械整合的范畴。尽管人类早已进入工业化和信息化时代，但是传统社会中基于相似性吸引的机械整合并没有完全被彻底摧毁，许多亚文化群体和行业共同体仍然是依靠相似性吸引和机械整合保持稳定的联系与团结状态。同样的道理，基于互补性而发生的非面对面接触需求，在本质上是属于功能性互补和有机整合的范畴，只不过通过互联网实现的互补性需求已经超出了工业化逻辑中不同职业群体的地理和空间界限。从这个意义上讲，虚拟整合就是将作为传统社会遗留的机械整合和工业化时代的有机整合，技术性地转换为非面对面接触而形成的一种新的整合状态。

第二，虚拟整合的稳定联系和团结状态主要是依靠互联网的技术黏性和数字化机制所建构的用户体验和关系沉淀实现的。在由机械整合和有机整合构成的在场整合中，"在场"不仅提供了面对面接触的基础，而且"在场"本身也构成一种维持机制。从某种意义上说，集体意识和职业道德等规范性力量均来源于一种共同在场所形成的内在结构。在现实的时空关系中，个体在情感和行动上对共同在场的关注和维持，实现了对个体日常接触和互动的控制。这首先是因为，共同在场不仅为日常接触和互动提供了一种情境，而且也是个人融入社会生活的基本桥梁和个人感知社会的基本场所。离开了共同在场，个体也就离开了社会。同时，共同在场的维持，为参与者提供了人与人之间的信任和亲密性、本体性安全以及日常接触和互动的连续性。[①] 由于共同在场的破裂将会威胁到行动者的本体性安全，共同在场的参与者势必会自主地以传统、

[①] 张兆曙：《非常规行动及其后果——一种社会变迁理论的新视域》，中国人民大学出版社2009年版。

习俗或习惯等常规手段来处理双方的关系。很显然，网络社会并不存在这样一种"在场"维持机制和规范性力量。虚拟整合的稳定联系和团结状态是依靠另一套机制实现的，即互联网的技术黏性和数字化机制对个体需求（包括基于共同性的需求和基于互补性的需求）的满足程度和方式，也就是用户体验。毫无疑问，优质的用户体验能够激励持续性的非面对面接触，进而强化虚拟空间的共同性或互补性，使缺场交往的关系沉淀下来，进入稳定联系和团结状态。这个过程同时也会带来观念、行为和态度的变化，甚至形成新的认同和文化。简言之，用户体验和关系沉淀实际上充当了虚拟整合的实现机制。

在场维持机制的缺失，使虚拟整合无法像在场整合那样，因个体之间的结合而形成一种内生性规范。按照涂尔干的社会学定义，个体一旦结合起来，就会突生出某种超越个体层面的社会事实。在场整合所产生的超越性社会事实，就是一种内生性规范。在观念形态上，内生性规范表现为集体意识或集体情感对个体行为的规范；在物质形态上，内生性规范表现为一种结构性或组织性的力量。但是，个体在虚拟空间中的结合，却无法产生内生性规范。虚拟空间的规范要么来自现实世界的道德、习俗和法律在网络空间的投射；要么属于网络空间的一种技术设定，即内嵌于代码的网络技术规则。[①] 换言之，存在于网络世界的规范，并不是人们在虚拟空间中相互结合的产物。按照涂尔干的理论推演，虚拟整合同样会产生一种超越性社会事实，但这种超越性社会事实并不表现为一种规范性力量，而是一种建构性力量，一种跨越时空的建构性力量。

在场整合主要表现为一种规范性力量，并构成社会秩序的源泉；而虚拟整合则主要表现为一种建构性力量，并构成社会生活网络化的基本条件。这就是虚拟整合与在场整合的根本区别，也是我们理解

---

① 张兆曙：《互联网技术的社会向度与网络社会的核心逻辑》，《学术研究》2018年第3期。

虚拟生活与网络社会乃至重新构造互联网时代社会学的基本概念和理论体系的出发点。

三 虚拟整合中的个体：框架化的自由人

从机械整合到有机整合再到虚拟整合，不仅意味着人类生活逻辑与结合方式的演化（从共同生活经独立生活到虚拟生活），而且意味着个体行动空间的变化。我们可以据此判断不同整合状态下的个体是一种什么样的个体。

机械整合是一种强有力的刚性整合，主要通过至高无上的集体情感或集体意识穿透所有成员的内心世界。强烈的集体意识一旦形成，它就根本不可能容忍任何对立面的存在。倘若出现了触犯集体意识的行为，所有耳闻目睹的人都会油然而生一种愤恨之情，并挺身而出，迎头痛击。因为，在他们看来，任何触犯集体意识的行为实际上是对所有人的伤害和对公共利益的损害，同时也是对集体情感和社会凝聚力的动摇。因此，任何不愿意脱离共同体的人，都会自觉地接受、内化和顺应集体主义价值观的要求。[1] 从这个意义上说，机械团结中的个体是一种"被支配的集体人"，即个体完全被集体情感所支配，没有任何行动自由和自我选择的空间。而现代社会的有机整合是一种功能性整合，不需要通过压制性制裁维持和强化根深蒂固的集体意识。在有机整合中，个体人格已经摆脱了集体意识的完全覆盖和吸纳，有了自由行动的空间和地盘。但是，分工导致的有机整合并没有彻底消灭和瓦解集体意识。集体意识在分化社会中仅仅是减弱了对日常生活具体细节的调节，从而为个人的自主性留下余地，并不意味着个体行动可以脱离宏观层次的价值一致性。同时，现代社会的集

---

[1] 张兆曙：《非常规行动及其后果——一种社会变迁理论的新视域》，中国人民大学出版社2009年版。

体意识在具体的社会生活中化身为不同职业群体的职业道德，并对职业群体的成员进行规范和调节。个体只需在职业道德的指引下，做一个"有道德的专业人"，即能够借助不同职业群体在功能性上的依赖性和互补性实现独立生活。

相对而言，从虚拟整合的交往基础来看，网络世界中的个体显然具有更大的选择空间。个体在网络世界中的结合不仅不受物理空间的限制，而且对时间的统一性要求也大为降低。在虚拟世界里，人们既可以像在场空间一样进行即时性交往，也可以进行延时性交往。互联网既可以成为熟人之间的交往媒介，也可以充当陌生人之间的交往媒介，还可以充当隐匿真实身份的交往媒介。虚拟空间中的非面对面接触，既可以是情感性的，也可以是工具性的；既可以是合作性的，也可以是对抗性的。总之，互联网技术使个体之间的结合摆脱了空间、时间和对象的局限，只要个体之间存在共同性或互补性的需求，无论何时、何地与何种人，都能够在虚拟空间中结合起来，并具备进入稳定联系与团结状态的可能性。这就是虚拟整合惊人的建构性，它不仅建构出全新的社交、购物和政治参与模式，而且意味着个体前所未有的行动空间，大大突破了劳动分工和工业化逻辑为现代人界定的互动空间和行动地盘。

另外，虚拟整合对于个体意味着更弱的规范约束。由于虚拟整合缺乏在场维持机制的作用，因此无法产生超越个体的内生性规范。也就是说，对于网络世界中被结合起来的个体来说，虚拟整合只是建构了一种基于个体体验（而不是基于集体情感或集体意识）的稳定联系和团结状态，但是这种稳定联系和团结状态并不具有强制性。比如，个体随时可以根据自己的体验退出虚拟社群和商业平台。在社会生活的网络化过程中，人们携带着来自现实世界的规范（即在场规范）进入虚拟世界，但是在场规范缺乏虚拟世界的情感支撑，其调节能力大为降低。个体在虚拟空间中的表现主要取决于行动自觉。如果个体真正实现了对在场规范"内化于心",那么其在虚拟世界就能够展现"外化于行"的行动自觉。如果个体仅仅受在场维持机制的约束而遵守规范,并未达到对在场规范"内化于心"的状态,那么当个体进入虚拟世界之后,反而意味着对在场规范的摆脱,并从一种在场约束状态进入一种缺场释放状态。

更大的选择空间和更弱的规范约束意味着,虚拟整合是一种比机械整合和有机整合更自由的结合方式与更低度的整合状态。虚拟整合所形成的稳定联系与团结,并不依赖于外在和结构性的规范,而是依靠内在的体验。因此,虚拟整合中的个体是一种更加"自由"的人。但虚拟世界中的"自由"并不是绝对的自由。这种自由既来源于互联网技术的赋权,又受互联网技术的操控、引导、塑造和监视。从这个意义上讲,虚拟整合中的个体的确是自由的,但这种自由是一种受限于技术框架内的自由。笔者将其定义为"框架化的自由人"。

"框架"是一个用于理解人类有限的、清晰的心理认知与无限的、混沌的社会世界之间关系的概念工具。或者说,人类面对的社会世界是无法穷尽的、混沌的,但是人类对社会世界形成的认知则是简化的或类型化的、清晰化的,之所以能够达此成就,是因为人类的心理认知发展和掌握了"框架"这种认知方式或认知工具。如果不借助"框架"的作用,人类不足以认识这个世界。"框架"一词源于人类学家贝特森,他在《一个关于游戏和幻想的理论》中将"框架"理解为"个人组织事件的心理原则和主观过程"[1]。社会学家戈夫曼在《框架分析》中则进一步发展了"框架"理论,他认为"框架"是"人们将社会真实转换为主观思想的重要凭据",并据此"定位、

---

[1] G. Bateson, "A Theory of Play and Fantasy", *Psychiatric Research Reports*, Vol. 39, No2 (1955), pp. 39–51.

虚拟整合：互联网时代社会结合方式的革命性变化

感知、辨识和标签化那些看似无穷多的具体事实"。[①] 综合贝特森和戈夫曼的概念，可以将"框架"理解为一种认知结构或分析工具，它能够使人类对世界的认识从混沌走向清晰，化无法穷尽为简明镜像。因此，作为认知结构，"框架"首先意味着一种区分差异的边界，人类在面对无限和混沌世界的时候，可以借此选取和强调世界的某些方面，同时排除和淡化世界的其他方面；同时，"框架"还意味着一种简化过程，人类可以借此抽离出共性并加以类型化，忽略差异。在人类的认知过程中，经过"框架"的分辨和简化，并予以标签化之后将会形成一种共享的心理图式。这种共享的心理图式将会为人们提供行动的意义、行动依据乃至行动路径和程序。

由于"框架"的共享效应保证了行动者之间的默会成为可能，使得"框架"在人类学、心理学、社会学、新闻传播学、政治学等关乎"人际"的学科中得到广泛的应用。比如，"框架"已经成为新闻传播和社会运动领域最重要的理论资源之一。原因很简单，没有框架，就无法传播；没有框架，就无法动员。正是在这个意义上，"框架"也是理解虚拟整合中的个体及其行动的重要概念工具。当互联网技术使非面对面接触的个体走向整合状态时，也为个体设置了虚拟世界中的行动框架。

虚拟整合中的行动框架首先表现为一种边界。尽管网络世界在理论上有无限的可能性，但每一种可能性都是技术建构的结果，都有清晰的技术路径。也就是说，非面对面接触乃至虚拟整合的确实现了彻底解除物理空间的障碍以及任何人与任何人的结合，但所有这些变化都是技术设定的结果。当个体带着特定目的进入网络空间时，各种网站、平台、论坛、社群等各种应用场景的功能设置，即为个体设

[①] E. Goffman, *Frame Analysis: An Essay on the Organization of Experience*, Cambridge: Harvard University Press, 1974. pp. 10–11.

置了一个行动边界。毫无疑问,这个边界是跨时空的,行动对象是无限的,但是个体的行动却受制于功能设置。当各种应用场景的功能设置与个体需求相互投契,即产生了沉浸式的用户体验,这将导致对特定应用场景的依赖,从而建构和固化了个体的网络行动(包括阅读、游戏、购物和人际交往等等)。此时,应用场景的功能设置既充当了虚拟空间的整合机制,又构成个体行动的框架。在这种场景中,个体的确是自由的,但这种自由是有边界的,是一种受框架约束的自由。在一些特定的应用场景中,针对个体需求的特定算法和投其所好式的推送,甚至会窄化个体行动的空间。如果应用场景的功能设置未能产生满意的用户体验,个体将会寻求新的应用场景,追求更好的用户体验。很显然,个体在应用场景的选择上是自由的。不过,一旦应用场景为个体带来了满意的用户体验,也就意味着个体接受了应用场景所设定的行动框架。

虚拟空间中的"框架"同样意味着一个对行动的简化过程。各种应用场景在功能设置上为了提供更好的用户体验,通过更加便利和流畅的网络生活发挥应用场景的"技术黏性",往往为用户提供简化的、类型化的和选择式的参与流程。人们的购物、游戏、社交和政治参与均表现为一系列菜单选择和组合流程,即便是网络生活中的情感表达也日益简化为一系列可供选择的表情包。因此,个体在虚拟空间中的行动,不再是一种情境激发的过程与产物,而是沿着社会化生产出来的轨道和框架展开的一种程序。虚拟世界中的社会生活因此表现为一种互联网技术支持下的菜单与流程、选择与组合。在此过程中,个体的生命体验窄化为对便利和流畅的技术感受,并在一定程度上失去了亲历社会实践的主体性和丰富感。对于虚拟整合中的个体来说,作为人的价值感悟和意义发现,已经让位于互联网的技术建构和替代决策。个体的虚拟生活越投入,也就越受制于由菜单和流程构成的技术框架。虚拟整合中的个体既能感受到各种技术上的新奇体验，又不可避免地让人陷入单调、空虚和无聊。在互联网的技术框架内，个体生活变成了一种没有意外后果、没有创造性的菜单组合，应用场景的功能设置决定了个体选择的范围，甚至建构个体的选择。虚拟整合看似建构出无限的可能性和空前的选择自由，但同时也日益被搜索引擎的技术逻辑所控制。

四 虚拟社会的集体意识

不同的社会整合方式不仅意味着个体结合的纽带发生了根本性的变化，而且按不同方式整合起来的社会也是完全不同的社会。机械整合的社会是一种感性社会/传统的农业社会，有机整合的社会是一种抽象社会/现代的工业社会，虚拟整合的社会则是一种虚拟社会/数字化的网络社会。然而，"感性社会—抽象社会—虚拟社会"的变迁过程，并不是一种绝对的继替关系。在抽象社会的特定部位，可能还保留着感性社会的运行逻辑；而虚拟社会的物质基础则是现代的工业社会。从这个意义上说，我们所处的互联网时代，既代表着一种从在场整合到虚拟整合的变迁趋势，又存在着互联网逻辑与工业化逻辑的并行。这种继替和并行同时存在的特征决定了网络社会的双重面相：一个面相是线上的虚拟面相，代表一种全新的整合方式和运行逻辑；另一个面相则是线下的实体面相，表明网络社会无法彻底摆脱在场逻辑（比如社会分工及不同职业群体之间的依赖性）而完全虚拟存在。在网络社会的双重面相中，线下的实体面相构成线上的虚拟面相的基础，虚拟面相不脱离实体面相。由线上与线下构成的双重面相，是我们理解网络社会必须考虑的一种基本格局，虚拟整合所建构出来的重要社会事实都与网络社会的双重面相有直接关系。

如果沿着涂尔干的逻辑引申开来，从在场整合到虚拟整合的变迁不仅伴随着社会在物质形态上的再结构和再组织过程（比如，商业领域的虚拟整合要求按照互联网的逻辑重构市场结构和配送体系），而且社会的观念形态（即集体意识或集体表象）也会发生重要的变化。

不同的整合方式将会产生不同的集体意识或集体表象。机械整合所产生的集体意识，表现为至高无上的集体主义价值观和强烈的集体情感。在传统的生活共同体中，正是依靠这种集体至上的集体意识维护共同生活的准则。因此，在机械整合的社会，集体意识最重要的特征是"集体性"，它意味着个体在共同体生活中的无私乃至牺牲。而在有机整合的社会中，最重要的集体意识则是职业道德。高度分化的社会正是依靠职业道德来保证不同职业群体之间的依赖性以及个体独立生活的条件。因此，在现代工业社会，集体意识最重要的特征是"职业性"，其在日常生活中表现为敬业主义和职业精神。

互联网时代的集体意识是一个异常复杂的议题，它涉及网络社会的双重面相。如果仅就虚拟面相来看，以非面对面为基础的虚拟整合是不会产生集体意识的。原因很简单，前文已经论及，虚拟整合是一种建构性力量，而不是一种规范性力量。也就是说，由于缺乏在场机制的作用，虚拟整合本身不会产生规范，自然也就不会产生维持规范的集体意识。虚拟空间中的规范要么是一种技术设置，要么是现实规范向虚拟空间的投射。个体在虚拟状况下的结合，不会像在场整合一样产生内生性的规范和彼此之间的约束性。比如，个体在社交媒体上通过搜索工具添加的陌生人好友，双方的结合是没有约束力的，随时可以解体。

集体意识与社会规范是一个硬币的两面。虚拟世界中的个体通过非面对面接触建立稳定联系和团结状态时，其在现实世界中所内化的行为规范将会被个体带入虚拟空间，相对应的集体意识也会投射到虚拟社会中去。因此，尽管虚拟整合这种方式本身不会产生集体意识，但是虚拟社会或网络社会并不缺乏集体意识或集体表象。虚拟社会的集体意识来自线下的实体面相，是现实生活中的个体携带进入虚拟空间的。也就是说，虚拟社会中的集体意识并不是虚拟整合的产物，而是现实世界的集体意识向虚拟世界的投射。由于虚拟社会的集体意识来自现实世界，因此它既有可能侧重于"集体性"，也有可能侧重于"职业性"，主要取决于个体是以何种结合方式进入虚拟空间的。

后工业化时代的虚拟生活，在本质上就是个体按照互联网的技术设置和内化于心的世俗规范而展开的线上购物、社交、游戏和政治参与等。具有集体意识的个体在虚拟生活中，由于集体的虚化，从而使集体意识处于一种隐性状态。只有发生威胁到本体性安全的重大网络事件时，虚拟社会中的集体意识才被激发出来，并以愤怒、抗议、焦虑、支持、反转等方式进行各种群体性的表达。比如，"转基因争论"所导致的社会撕裂、"魏则西事件"所引发的网络舆情、"雷洋案"中的舆论反转、"驱逐低端人口事件"所引发的网络抗议、"民营经济退场论"所引发的网络焦虑以及贯穿在各种网络抗争、网络围观、网络暴力和人肉搜索中的情感表达，都属于被网络事件所激发出来的集体意识。这里的网络事件是指互联网介入的公共事件，或者发生于虚实交织地带的公共事件。因此，在虚拟社会中，集体意识最重要的特征是"事件性"，也就是以事件为中心、以网络为媒介进行情感聚集和情感表达。从这个意义上说，网络社会中的集体意识是通过网络事件聚集起来的，而不是贯穿在组织、群体和社区等线下实体中的归属感和认同感。

通过网络事件聚集起来的集体意识并不是一种稳定和平均状态的社会心理类型，而是一种情境性的和由个体对公共事件的态度与关注度决定的非持续性情感状态。受"空间维度上的虚拟整合和时间维度上的进程压缩"①的影响，网络社会集体意识的形成表现为大规模的快速聚集，即在极短的时间内通过互联网媒介进行强烈的情感释放。从我们的日常感知来看，"刷屏"是网络集体意识快速聚集的基本表现。因此，相对常规状态的网络生活来说，网络集体意识代表一种异常状态。这种大规模和快速聚集起来的集体意识往往会产生强烈的冲击性。然而，网络社会中集体意识的冲击性并不能简单地加以定性。通过网络事件聚集起来的集体意识和释放出来的集体情感，既有可能是一场潜在的针对政府和市场的抗争和维权，也有可能是一种"正能量"的集中表达；既有可能是一场集体狂欢的商业盛宴，也有可能是一种群魔乱舞和"娱乐至死"的文化体验。从后果来看，网络集体意识的冲击性，既有可能针对某种秩序或关系格局，也有可能针对某种集体认知；既有可能导致社会性的撕裂，也有可能是一种创造性的破坏。

同时，网络事件所聚集起来的集体意识和集中释放的集体情感又是一种容易消退的群体表象。从理论上说，虚拟整合能够将整个数字化的大千世界集合于方寸之间，人们只要一个信息端口即可获知全世界的政治、经济、社会和文化动态，从而导致各种形态的网络事件在个体信息端口的集中涌现。这将造成一个后果，即个体对网络事件的关注极容易随着新事件的涌现而发生转移。随着个体关注点的转移，已经聚集起来的集体意识将会自动消散，并围绕新的网络事件重新聚集。

五 小结

如果从"个体如何结合为社会"或"社会何以可能"的角度看，

---

① 张兆曙：《互联网技术的社会向度与网络社会的核心逻辑》，《学术研究》2018年第3期。

虚拟整合：互联网时代社会结合方式的革命性变化

涂尔干定义的机械团结是一种感性社会中共同生活的逻辑与结合方式，有机整合则是抽象社会中独立生活的逻辑与结合方式。但是，基于共同生活的机械整合和基于独立生活的有机整合，本质上都是一种以面对面接触为基础的在场整合。随着互联网技术的发明、应用和快速普及，一种更具革命性的生活逻辑与结合方式被创造出来，即以非面对面接触为基础的虚拟生活，并从根本上改变了社会整合方式。在这个意义上，网络社会最根本的变化在于，人类社会从由机械整合和有机整合构成的在场整合，进入到以缺场为基本特征的虚拟整合。由于在场维持机制的缺失，使虚拟整合无法像在场整合那样，个体结合起来的同时形成一种内生性规范。这构成虚拟整合与在场整合的根本区别：在场整合主要表现为一种规范性力量，并构成社会秩序的源泉；而虚拟整合则主要表现为一种建构性力量，并构成社会生活网络化的基本条件。

相对于机械整合中"被支配的集体人"和有机整合中"有道德的专业人"，虚拟整合为其中的个体带来了更大的选择空间和更弱的规范约束，这意味着虚拟整合是一种更自由的结合方式和更低度的整合状态。但虚拟世界中的"自由"并不是绝对的自由。这种自由既来源于互联网技术的赋权，又受互联网技术的操控、引导、塑造和监视。从这个意义上讲，虚拟整合中的个体是一种"框架化的自由人"。尽管网络世界在理论上有无限的可能性，但每一种可能性都是技术建构的结果，都有清晰的技术路径和行动边界。个体在虚拟空间中的行动，不再是一种情境激发的过程与产物，而是沿着社会化生产出来的轨道和框架展开的一种程序。虚拟世界中的社会生活因此表现为一种互联网技术支持下的菜单与流程、选择与组合。个体的生命体验窄化为对便利和流畅的技术感受，并在一定程度上失去了亲历社会实践的主体性和丰富感。

在机械整合的社会，集体意识最重要的特征是"集体性"，它意味着个体在共同体生活中的无私乃至牺牲。在有机整合的社会，集体意识最重要的特征是"职业性"，其在日常生活中表现为敬业主义和职业精神。然而，由于在场维持机制的缺乏，虚拟整合本身不会产生规范，自然不会产生维持规范的集体意识。因此，虚拟社会中的集体意识并不是虚拟整合的产物，而是现实世界的集体意识向虚拟世界的投射。然而，由于虚拟世界中集体的虚化，从而使网络集体意识处于一种隐性状态。只有发生威胁到本体性安全的重大网络事件时，虚拟社会中的集体意识才被激发出来。从这个意义上讲，网络社会集体意识最重要的特征是"事件性"，也就是以事件为中心、以网络为媒介进行情感聚集和情感表达。网络社会中的集体意识是通过网络事件聚集起来的，而不是贯穿在组织、群体和社区等线下实体中的归属感和认同感。

第二节　平台社会的来临及其基本矛盾*

网络社会崛起的过程，实际上就是互联网技术对社会生活的改造过程。而最基础的改造则是互联网技术对社会交往方式的改造，形成了以非面对面接触为基本特征的虚拟社交。互联网时代人类社会在市场交易、文化生产、新闻传播、公民政治和劳资关系等社会生活领域所发生的变化，都是以虚拟社交为基础所进行的再结构和再组织。因此，当我们沿着社会理论的先贤追问工业社会"何以可能"的思路，同样追问网络社会"何以可能"的时候，突然发现社会理论在170多年以来所进行的深度思考及其深刻洞见，竟然失去了对于网络社会的恰适性，需要重新寻找属于互联网时代的答案。其中，虚

---

* 本节曾以《虚拟整合与平台社会的来临》为题发表于《社会科学》2021年第10期。

虚拟整合：互联网时代社会结合方式的革命性变化

拟社交对于社会整合、社会构成以及社会秩序等方面的理论所产生的冲击，为我们理解网络社会和社会理论的升级提供了重要的契机，同时也为置身其中的人们提供了一种重新认识自我的方式和途径。因此，笔者将立足于互联网时代社会整合方式的革命性变化，从组织形式上将网络社会进一步定义为平台社会，并以平台社会的概念及其运行机制统领社会理论和社会哲学对网络社会的认识和理解。

一 互联网时代社会整合方式的革命性变化

毫无疑问，涂尔干最重要的理论遗产应该在于机械整合与有机整合这一对概念所标识的社会理论，即社会整合理论。社会整合理论回答了个体如何结合为社会，进而使社会在整体上形成一种稳定联系与团结状态。在涂尔干的理论中，个体结合为社会的方式有两种：一是未分化状态下的同质性个体以机械整合的方式结合为社会；二是高度分化的异质性个体以有机整合的方式结合为社会。[①] 但是，机械整合和有机整合本质上都是一种以面对面接触为基础的在场整合。其中的差别在于，机械整合的面对面基础局限于身体可及范围内的面对面接触；有机整合的面对面基础表现为不同职业群体之间不断传递的面对面接触。也就是说，尽管机械整合和有机整合塑造了两种完全不同的社会形态，但是个体结合为社会的空间基础都是共同在场，两者都属于一种在场整合。然而，互联网技术创造出来的非面对面接触，不仅改变了社会生活的时空结构和个体结合方式，而且从根本上改变了社会整合状态。从宏观秩序的角度看，网络社会最根本的变化在于，人类社会从由机械整合和有机整合构成的在场整合，进入到以缺场为基本特征的虚拟整合，也就是通过互联网的技术黏性或

---

① ［法］埃米尔·涂尔干：《社会分工论》，渠东译，生活·读书·新知三联书店 2000 年版，第 91—92 页。

数字化机制，使虚拟空间中基于特定需求而发生的非面对面接触，形成一种稳定联系和团结状态。① 相对于在场整合而言，虚拟整合的革命性变化主要体现在两个方面。

一是虚拟整合是一种建构性社会事实。按照涂尔干的理论逻辑，个体一旦结合起来，将会突生出某种超越个体层面的社会事实。② 在场整合所产生的超越性社会事实，就是一种内生性规范。③ 如涂尔干所言，社会团结本身是一种整体上的道德现象。④ 也就是按照特定方式结合起来的个体，受"在场机制"⑤的约束而生发出来的群体道德或社会规范。在观念形态上，内生性规范表现为集体意识或集体情感对个体行为的约束；在物质形态上，内生性规范表现为一种结构性或组织性的力量。但是，个体在虚拟空间中的结合，由于缺乏"在场维持机制"对彼此的约束，因此无法产生内生性规范。"历史上所有的道德学说及伦理规范往往都是以常态的时空条件为背景得到建构、辩护、论证和践行。面对非常态的虚拟空间，行为主体的行为选择有时是一次性的，其他社会成员的对等回报具有不确定性，行为主体本身的长远利益也难以成为支撑一次性选择在道德上的合理性。"⑥ 因

---

① 张兆曙：《从在场整合到虚拟整合——兼论网络社会中的个体行动与集体意识》，《天津社会科学》2021年第1期。
② ［法］埃米尔·涂尔干：《社会分工论》，渠东译，生活·读书·新知三联书店2000年版，第27页。
③ 之所以强调这种规范是一种内生性规范，是因为它属于个体结合的产物。相对于个体而言，道德规范毫无疑问是外在的。
④ ［法］埃米尔·涂尔干：《社会分工论》，渠东译，生活·读书·新知三联书店2000年版，第127、30页。
⑤ 在由机械整合和有机整合构成的在场整合中，"在场"不仅提供了面对面接触的基础，而且"在场"本身也构成一种维持机制。在现实的时空关系中，个体在情感和行动上对共同在场的关注和维持，实现了对个体日常接触和互动的控制。这首先是因为，共同在场不仅仅为日常接触和互动提供了一种情境，而且也是个人融入社会生活的基本桥梁和个人感知社会的基本场所。离开了共同在场，个体也就离开了社会。同时，共同在场的维持，为参与者提供了人与人之间的信任和亲密性、本体性安全以及日常接触和互动的连续性。
⑥ 甘绍平：《非常态下的道德抉择》，《哲学研究》2016年第10期。

此，虚拟空间的规范仅仅是一种网络空间的技术设定，也就是内嵌于代码的网络技术规则。这种虚拟空间中的技术设定或技术规则，并不是结合的产物，而是一种结合的前提。同时，来自现实世界的道德、习俗和法律被个体所内化之后，也会投射到网络空间。这种被个体携带进入的规范容易被误识为虚拟世界自身的规范。换言之，存在于网络世界的规范，并不是人们在虚拟空间中相互结合的产物。如果按照涂尔干的理论推演，虚拟整合同样会产生一种超越性社会事实，但这种超越性社会事实并不表现为一种规范性力量，而是一种建构性力量，一种跨越时空的建构性力量。

二是虚拟整合未能形成相应的道德匹配。在涂尔干的经典理论中，在场整合的两种方式分别形成了两种不同的集体意识和道德形态。其中，机械整合的集体意识表现为至高无上的集体主义精神，并从价值上抽象为一种维护共同生活的集体道德。面对集体至上的情感压力和精神氛围，个人完全被集体情感所支配，个体人格被塑造成一种激情四射和不计个人得失的集体人格。有机整合的集体情感是一种理性的职业共同体意识，它表现为职业共同体的制度化要求，并从价值上抽象化为一种维护独立生活的职业道德。职业共同体中的个体人格被职业道德塑造成一种由敬业主义和职业精神所表征的职业人格。[①] 总体上看，农业社会和工业社会都发展出一套与两种整合方式相匹配的道德形态。但是，在网络生活中，由于虚拟整合未能像在场整合一样创造规范，因而也不存在维持规范的集体意识。从这个意义上说，网络社会是一个没有集体意识的社会，也就无法从价值上抽象出维护虚拟生活的道德形态（虚拟生活的维持依靠的是互联网的技术设定或技术规则）。互联网技术促进了虚拟整合，却未形成一

---

① ［法］埃米尔·涂尔干：《社会分工论》，渠东译，生活·读书·新知三联书店2000年版，第89—92页。

套与虚拟整合相匹配的集体意识和道德形态。

作为一种涂尔干意义上的社会事实，虚拟整合的上述两个特征分别具有重要的社会含义。首先，虚拟整合作为一种建构性社会事实，表现出惊人的建构力。这意味着互联网技术能够跨越世界的每一个角落、社会生活的每一个领域、每一个阶层和每一个组织等任何自然与社会区隔，将个体以虚拟方式结合起来并建构出全新的生产生活方式。[1] 其次，虚拟整合未能形成一套相应的道德匹配，则意味着虚拟整合惊人的技术性建构是一种缺乏道德修饰的建构力。自人类进入社会状态之后，每一种特定的结合方式都会形成相应的道德匹配和道德修饰。可以说，人类在农业文明和工业文明中所取得的世俗成就，都是一种道德修饰下的道德成就。不同的整合方式均包含着某种内在的紧张，道德修饰的意义在于从精神和情感层面对其进行纾解，并赋予一种价值上的美德，进而使社会生活的参与者保持必要的克制和让渡，包括个人面对集体的克制和让渡；职业共同体对整个社会分工体系的克制与让渡。从这个意义上讲，缺乏道德修饰的虚拟整合，意味着虚拟整合的建构力得不到精神和情感层面的纾解，这将充分暴露出虚拟整合富有侵略性的建构力，导致虚拟整合中的实践与道德关系趋于失衡。

由于缺乏相应的道德匹配和道德修饰，虚拟整合中的实践关系只能依靠两种途径进行调节和规范：一是虚拟空间的技术设定或技术规则；二是个体在线下实践所内化的道德规范。对于前者来说，技术设定确实能够发挥或替代社会规范的作用，但是，这些技术设定主要是由虚拟生活的操纵者（平台）所主导的技术规则，是一种不对称的技术设定。技术本身没有价值倾向和道德属性，但是不对称的技

---

[1] 张兆曙：《从在场整合到虚拟整合——兼论网络社会中的个体行动与集体意识》，《天津社会科学》2021年第1期。

术设定很容易被操纵者在规则的掩盖下，变成操纵者服务于自我的技术设定，甚至充当其技术作恶的工具和渠道。对于后者来说，用户在线下实践所内化的道德规范则面临着两个问题：一是线下所内化的道德规范，要么是与有机整合相匹配的职业道德，要么是与机械整合相匹配的集体道德，在道德属性上与虚拟整合并不匹配；二是由于在场机制缺失，线下所内化的道德规范进入虚拟空间后将会弱化。虚拟空间这样一种非常态环境对（传统）道德规范效力的发挥构成了严峻的挑战。[①] 比如，在2020年上半年因新冠疫情暴发而进行的网络教学中，线下课堂上被高度规训的中小学生普遍变成了线上教学的"神兽"，就是这种弱化的具体表现。总之，虚拟整合惊人的技术建构力，在面对用户在线下实践所内化的道德规范时，要么因规范错位而互不相及，要么因规范弱化而无济于事。

二 网络平台与虚拟整合的社会组织形式

从个体结合为社会的方式来看，虚拟整合是基于非面对面接触而逐渐沉淀下来的稳定联系和团结状态。这种方式并不是由具体的时间和空间所表征的存在，而是一种虚拟的和数字化的存在。不可否认，个体在虚拟状态下确实广泛存在着各种偶然的、临时的、权宜的、试探性的和纯技术性的结合，但是一旦虚拟状态下的结合获得了实际的价值，即转化为充满意义感和具有现实目的的结合，进而逐渐进入一种深度结合的结构化状态。简言之，虚拟空间中的结合也是一种真实的存在方式和个体走向社会的具体途径。在由机械整合和有机整合构成的在场情境中，个体结合为社会的具体途径是各种群体、组织、社区和民族等社会实体。这些实体（包括存在于实体中的情感、道德、法律等社会规范要素以及地位、关系、结构等社会构成要

[①] 甘绍平：《非常态下的道德抉择》，《哲学研究》2016年第10期。

素）是传统农业社会和现代工业社会的基本组织形式。但是，虚拟整合建构新的社会形态和个体进入网络社会的途径，所仰仗的则是另一种具体组织形式——网络平台。对于社会理论来说，沿着齐美尔对"社会如何可能"的追问，对网络平台这种全新的社会"形式"及其"内容"进行描述和深入认识，"就是在'社会'的最狭义的和最固有的意义上的社会科学的任务"①。

也就是说，进入互联网时代之后，个体结合为社会的组织形式包括两种：一是在场情境中的社会实体；二是虚拟情境下的网络平台。社会实体有清晰的时空边界和组织边界，网络平台则不受制于时空边界和组织边界的限制，它能够跨越社会实体的边界而存在，也可以在社会实体内部运行。同时，两种不同的组织形式分别代表着两种不同的"社会"，个体经由社会实体而进入的社会，主要是由职业共同体和社会分工体系构成的工业化的实体社会；而经由网络平台进入的社会，则是以虚拟生活为基础的数字社会/网络社会。从这个意义上说，人类迈进互联网时代就意味着在社会实体的基础上，增加了网络平台这一新的组织形式。人类的生活方式可以按照实体的运行逻辑展开，也可以按照平台的运行逻辑展开。除了传统意义上的社会实体之外，人类还可以通过互联网平台进行购物、亲密社交、互动游戏、远程会议、社会动员以及结成社群等等。简言之，网络平台虽然在形态上不同于社会实体，却能够替代社会实体的功能，使个体缔结为社会。不过，网络平台将原本由业缘、血缘、地缘、趣缘和文化认同等所构成的实体中的个体，跨时空和跨实体边界地整合为一种按照互联网逻辑运行的社会，则是一个随着互联网技术的发展而逐渐深入的过程。

---

① [德] 齐美尔：《社会是如何可能的——齐美尔社会学文选》，林荣远编译，广西师范大学出版社2002年版，第12页。

虚拟整合：互联网时代社会结合方式的革命性变化

虚拟整合的实现过程，就是以平台企业的技术架构为纽带和载体，对社会生活各领域的供给与需求进行跨时空和跨组织边界的匹配与撮合，从而为用户带来全新的便捷体验，通过"以用户体验为中心"的"技术黏性"实现关系的沉淀与联结。[①] 随着互联网技术从最初的信息冲浪向虚拟社交、语义网络和人工智能方向的不断发展，信息技术范式意外地为人类社会生活敞开了一个巨大的空间，即虚拟化的社会生活。正如卡斯特所言，新技术范式的独到之处便在于其重新构造的能力。[②] 当以电子商务和社交媒体为代表的早期技术平台，将买家与卖家、不可触及的远方人在虚拟空间连接起来，发生新奇而又真实的市场交易、网络交往时，网络平台也就获得了与社会实体同等的意义。此时，一种全新的社会关系和交往方式诞生了。经过最初的试探与体验之后，前所未有的便捷程度使用户逐渐认可和接受了平台的应用功能，甚至形成对新型的网络关系和交往方式的路径依赖。"虚拟交往"成为普遍的交往模式，人们甚至更愿意与方便快捷、"贴心"服务的各种智能系统打交道。[③] 于是，网络平台中的结合方式和联结状态被锚定下来，个体因此实现了跨越空间和实体边界的整合。在社会生活网络化的推进过程中，基于便捷体验的虚拟整合有两个具体走向。

一是平台对社会生活的广泛介入，导致用户对平台的全面依赖，进而形成的多维整合。随着互联网的技术升级和逐渐智能化，网络平台的服务和应用领域也日益丰富和全面拓展，个体日常生活和生命历程中的衣、食、住、行、教育、健身、娱乐、旅游、经验分享、婚

[①] 张兆曙：《互联网的社会向度与网络社会的核心逻辑——兼论社会学应该如何理解互联网》，《学术研究》2018年第3期。
[②] ［美］曼纽尔·卡斯特：《网络社会的崛起》，夏铸九、王志弘等译，社会科学文献出版社2006年版，第65页。
[③] 孙伟平：《人工智能与人的新异化》，《中国社会科学》2020年第12期。

恋交友和养老服务等所有的生活需求，社会层面的国家治理、市场再造、产业升级、文化生产和社会服务等所有宏观的社会运行，"凡是能够通过数字呈现和转换的对象，凡是存在信息存储和传递的需要，都能够与互联网技术结合起来"①，并通过网络平台加以实现。所有"互联网＋"的运行模式实际上都是通过网络平台与用户的结合实现的。特别是随着移动互联网和智能手机的广泛应用，平台企业及其应用无孔不入地介入整个社会生活，实现了对社会生活的全覆盖。毫不夸张地说，几乎所有社会实体能够解决的问题，都能够通过网络平台来解决；甚至社会实体不能解决的问题，网络平台也能解决。网络平台已经成为这个时代解决生活"问题"或运行"麻烦"最有效的方案。比如共享单车对"出行最后一公里"问题的解决、丰巢智能柜对"收件人不在场"问题的解决；远程会议平台对疫情防控期间教育、学术交流、商务谈判等"麻烦"的解决；等等。

除了一般意义上的提供服务之外，网络平台惊人的建构性还能够"制造服务"，即平台不仅解决了个体能够想象到的需求，还能够提供个体想象不到的服务；不仅能够通过技术架构优化已有的市场，而且能够建构在场情境中无法运行的新市场。在这个过程中，网络平台一方面在不断地进行服务的再生产和扩大再生产，另一方面也在不断地重构和锚定个体之间的结合方式和联结状态，从而扩展了虚拟整合的结合范围，巩固了个体在虚拟整合中的稳定联系。随着社会生活不可逆转的网络化和平台化，互联网平台及其应用程序的数量和类型越来越多，互联网的应用生态越来越繁茂，每个互联网的用户都能够经由不同的网络平台及其应用进入多维度的整合状态。

二是平台的迎合式服务和用户的沉浸式体验所导致的深度整合。

---

① 张兆曙：《互联网的社会向度与网络社会的核心逻辑——兼论社会学应该如何理解互联网》，《学术研究》2018年第3期。

虚拟整合：互联网时代社会结合方式的革命性变化

当网络平台的用户积累到一定程度，将会衍生出重要的新型资源，即包括用户身份信息、行为习惯、支付能力等用户数据资源。作为强大的信息工具，平台能够不动声色地搜集到以往沉睡的信息，并通过一定的商业模式将它们转换为重要的市场资源。这个搜集过程不需要用户的参与，主要依托平台自身的两种数据获取能力：第一，凡用户使用过平台软件，皆会在平台数据库中自动留下痕迹。平台在后台直接截取这些自发形成的数据，并在事后用于一定的商业目的；第二，为使数据的商业价值最大化，平台对用户数据的获取已经逐渐从对用户数据的直接截取，转换到了通过购买、跟踪、合并多种数据和深度挖掘新的数据内容的方向上。[1] 当平台获取和掌握了海量的用户数据资源之后，即可通过大数据技术、机器学习等新工具进行数据挖掘，通过算法准确把握用户偏好，进一步提升用户（包括商业用户和个人消费者用户）的便捷体验。比如，谷歌、脸书这类本质上依靠广告盈利的平台公司，在网络上监控、搜集、挖掘用户所留下的信息，并将其用于独家分析和算法产品，服务于商业用户对精准投放广告的需求，用买家竞标的方式将这些数据资源出售。[2] 网络平台不仅迎合商业用户，同样还利用算法迎合普通消费者用户的个人偏好，进行"投其所好式"的智能推送。平台企业在为用户提供精准服务过程中，制造了一种沉浸式体验和用户对平台的高度依赖，最终导致网络平台对用户的深度整合。在大数据技术、人工智能、深度学习的推动下，这种深度整合衍生出强大的建构性以及对用户的宰制。平台不仅能够满足用户需求，还能够诱导、塑造和开发出新的需求，甚至可以创造出新的商业形态。

---

[1] 张兆曙、段君：《网络平台的治理困境与数据使用权创新——走向基于网络公民权的数据权益共享机制》，《浙江学刊》2020 年第 6 期。

[2] 陈本皓：《大数据与监视型资本主义》，《开放时代》2020 年第 1 期。

三 网络平台与新型社会生产结构

随着虚拟整合在广度和深度上的不断推进,技术平台也日益成为网络社会运行得以展开的基本形式,几乎社会生活的每一个方面,都离不开平台的技术支持和技术服务。虚拟整合惊人的建构性及其所建构的一切后果,也都是借助平台实现的。网络平台之所以具有如此强大的功能,主要是因为它革命性地改变了工业化以来的社会生产结构(即社会生产的参与结构)。具体而言,网络社会普遍形成了一种以网络平台的第三方服务为中心,由平台对供给和需求进行撮合和链接,平台与供、需双方共同参与社会生产的新型社会生产结构,笔者将其定义为平台型社会生产结构。其中,平台与供、需双方共同参与的社会生产是一种针对特定需求的社会化生产过程,包括满足产品需求、信息需求、社交需求、娱乐需求、游戏需求以及公共服务需求等各种需求的社会化生产。在平台型社会生产结构中,互联网平台提供的技术服务和设定的游戏规则,决定了平台型社会生产结构的运行及社会化生产的过程。因此,平台型社会生产结构的优势来源于互联网的技术特征,也就是通过网络平台的技术撮合降低交易成本,并在提供产品和服务的同时,共同分享"互联网+"的技术红利。

毫无疑问,平台型社会生产结构是信息技术范式的产物,其本质是一种按照互联网逻辑运行的社会生产系统,体现了网络社会在生产方式上的革命性变化。平台型社会生产结构与工业化社会生产结构的根本差异在于,后者是工业化逻辑和社会分工范式的产物,是一种专业型社会生产结构。也就是按照社会分工体系运行的社会实体(诸如公司、企业、医院、学校等专业组织或职业团体),独立地进行产品与服务的生产,并基于功能上的依赖性而相互交换产品与服务，或沿着市场链进行产品与服务的传递交易。从这个意义上说，为了适应工业化社会生产的需要而形成的职业体系（职业链）或社会分工体系（分工链），构成专业型社会生产结构的组织基础。平台型社会生产结构则是一种有别于传统职业体系或社会分工体系的新体系，是互联网技术和网络平台对专业型社会生产结构的再结构和再组织。相对而言，专业性社会生产结构的基本特征是，按照社会分工的原则与（供需）"双方交易结构"，由不同的职业群体独立地进行社会生产；而平台型社会生产结构则是，按照网络平台的技术撮合及其"三方交易结构"，由平台与供、需双方共同参与社会生产。

平台型社会生产结构的神奇之处在于，从技术服务、组织架构和运行机制三个层面将虚拟整合惊人的建构性变成现实的生产力。这三个层面分别代表平台型社会生产结构的三个维度，即平台的企业维度、平台的市场维度和平台的社会维度。首先，平台是一种具有企业私利性的技术支持和技术服务系统。企业是平台的基础属性，也是平台型社会生产结构运行的基础。创建平台的初衷是构建一种追求最大利润的企业经营模式。其次，作为互联网时代商业文明的全新市场架构，平台又是一种具有公共性取向的市场。平台在撮合供给与需求的过程中，已经形成或致力于打造一个庞大的产品市场或服务性市场。作为市场建构者，平台有责任为用户提供公平交易规则等市场公共产品。再次，作为网络社会的基本组织形式，平台也是一种新的社会运行机制。互联网技术正是通过平台塑造了网络社会的基本逻辑，毫无疑问将会产生深刻和深远的社会影响。

在平台型社会生产结构的三方参与结构中，提供技术服务的平台企业处于核心位置，并主导着平台型社会生产结构的运行。平台的技术服务包括两个方面，即技术撮合与技术设定。其中，技术撮合就是通过互联网的技术特征和技术手段使需求方与供给方，摆脱时空限制,在技术平台所建构的虚拟空间中结合起来,并进行跨时空的市场交易或其他方面的合作等。技术撮合实际上就是平台企业为供给方和需求方提供服务,包括产品搜索、广告推送、支付渠道、信用保障、退赔服务等。技术设定则是平台利用后台技术为供、需双方设定游戏规则,比如身份注册、支付保障、违约责任以及退出规则等获得平台服务所必须遵循的规则。相对来说,技术撮合主要是对供给方和需求方进行技术赋权,将互联网的技术潜力转化为空前便捷的生活机会。作为具有私利性的企业,平台提供这种服务的目的是获得相应的市场回报,比如,商家缴纳平台使用费以及平台从用户那里获得的直接和间接收益等。技术设定则主要针对供给方与需求方享受平台服务所需要履行的义务。但是,由于技术设定是由具有私利性的平台企业主导的,作为技术拥有者的平台企业在技术设定上具有自我赋权的先天优势。当供需双方按照相应的技术要求在虚拟平台中相互匹配、结合,并技术性地沉淀下来之后,所积累起来的用户数据,即构成平台的重要资产。总之,互联网平台通过对外的技术赋权,极大地改进了社会分工逻辑主导的资源配置方式;对内通过自我技术赋权,创造出开源创新的机会。"互联网+"的技术红利就是在双重的技术赋权中产生的。

从互联网技术的社会向度来看,平台企业对外进行技术赋权,革命性地塑造了网络社会的市场结构。平台企业对供、需双方进行技术撮合的结果,并不仅仅意味着跨越物理空间的结合,也不仅仅意味着跨组织、跨部门和跨职业群体等社会实体边界的结合,更重要的变化是对外技术赋权使平台从一个私利性的企业演化为一种具有公共性的市场,从而使技术平台具有了企业和市场的双重属性。[1] 从平台的

---

[1] 张兆曙、段君:《网络平台的治理困境与数据使用权创新——走向基于网络公民权的数据权益共享机制》,《浙江学刊》2020年第6期。

虚拟整合：互联网时代社会结合方式的革命性变化

企业属性来看，企业的逐利本能将会驱动平台充分借助和发挥互联网跨时空结合的技术优势，以便捷、智能化的技术服务与用户体验，最大程度地吸纳用户，在较短时间内形成结构性优势和倍增效应[①]，最终建构出一个没有边界的内部市场。也就是说，平台企业对外赋权所导致的便捷革命，使平台企业升级为平台市场。作为市场建构者，平台有责任为用户提供公平的交易环境和维护市场的公共秩序。但是，平台企业升级为平台市场，产生了两个意外后果：一是平台的对外赋权削弱了传统市场的活力，许多线下市场日渐式微（比如零售市场），部分行业则高度依赖于新市场（比如收费业务），有的领域甚至发生行业性的覆灭，直接被新市场所替代（比如代办票务门店）；二是平台的对外赋权削弱了传统市场的地方性特征，造就了一种没有边界的市场，从而对地方政府的市场治理能力形成挑战。

平台在对外技术赋权的同时，也通过技术上的自我赋权实现对用户数据的积累、占有以及数据开发。对外赋权与自我赋权构成一种正向反馈和循环性积累。平台只要能够率先实现规模效应，用户使用平台商品或服务的效用就会越高，这反过来会使更多用户向平台聚集，进一步巩固、扩大用户规模甚至形成垄断竞争优势。在平台型社会生产结构中，平台企业的技术优势及其自我赋权使其在不对称的信息结构中占据优势。凭借这一优势，平台企业不仅可以提供更好的市场服务，还可以通过大数据和算法、人工智能和机器学习实现对用户的操控，并将这种操控从市场领域拓展到所有的日常生活领域。此时，平台已经从一种市场组织形式升级演化为一套社会运行系统或社会运行机制。简单地说，平台自我赋权所导致的数据革命，进一步使平台市场升级为平台社会。

---

① 张兆曙：《互联网的社会向度与网络社会的核心逻辑——兼论社会学应该如何理解互联网》，《学术研究》2018年第3期。

随着社会生活网络化向多维整合与深度整合的推进,人们的日常交往和日常生活越来越依赖于平台提供的服务。一旦平台停止运行,社会生活的许多方面都无法正常展开,人们已经无法回到甚至习惯传统的生活方式。不知不觉间,日益智能化的平台不仅已经成为人们学习、工作和生活中不可或缺的技术设备和手段,而且成为社会结构、规则和秩序的有机组成部分,甚至正在成为我们的身体乃至生命的一部分。① 作为一种社会运行系统或运行机制,平台不仅影响着日常生活的展开方式和行为选项,还可以凭借其占有的用户数据洞察人们的社会关系、个人癖好、支付能力、商业秘密、情感和价值取向,并据此引导、建构乃至操控人们日常生活的内容和行为抉择。更为重要的一个事实是,系统维度的平台一旦在日常生活领域实现了对个人的驾驭,即显示出一种哈贝马斯意义上的"殖民化"趋势。也就是说,平台基于用户数据和算法模型而发展出来的驾驭能力,能够从经济领域拓展到更广阔的政治、社会和文化领域。个人的政治认知、政治态度、国家与公民的互动、社会信任、社会公平感、就业选择、职业观念、文化生产与传播等均可以受到平台的引导、建构和操控。

四 平台社会的基本矛盾

卡斯特在世纪之交发出了网络社会崛起的预言,并对网络社会的诸多方面作出了富有洞见的理论探讨。随着卡斯特社会理论的广泛传播,"网络社会"已经逐渐成为互联网时代和信息化时代对人类社会最重要的一种概念认知。然而,网络社会不仅仅是一个互联网技术高度发达和广泛应用的社会,而是一种由平台主导运行的社会。也就是说,我们不能简单地以互联网技术带来的便捷体验来定义网络

---

① 孙伟平:《人工智能与人的新异化》,《中国社会科学》2020年第12期。

虚拟整合：互联网时代社会结合方式的革命性变化

社会，而应该以作为社会运行系统或运行机制的平台来定义网络社会。简言之，网络社会就是平台社会。荷兰学者何塞·范迪克等人在《平台社会：连接世界中的公共价值》中提出了"平台社会"概念，认为在当下的世界中，平台已经成为人们生活的基础设施，覆盖了公众数字生活的基础操作、搜索、社交与消费等方方面面，且对当下的社会运作与制度安排实现了深度渗透。① 从社会整合的角度看，平台社会是以网络平台为社会组织形式的虚拟整合向多维整合和深度整合推进的产物；而从社会运行的角度看，平台社会的到来则是平台企业升级演化的结果：首先是平台对外赋权所导致的便捷革命，使平台企业升级为平台市场；然后是平台自我赋权所导致的数据革命，使平台市场升级为平台社会（见图2-1）。

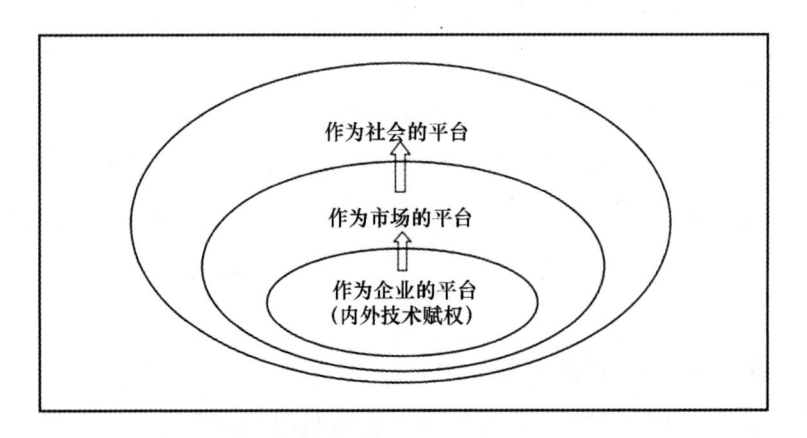

图2-1 平台型社会生产结构的三维度与演化升级

平台社会的来临意味着平台型社会生产结构及相应的社会生产方式日益勃兴，并对专业型社会生产结构形成强烈的冲击。但并不意味着整体的替代关系。互联网时代的社会同时具有两个不同面相，即

---

① van Dijck José, Poell Thomas and de Waal Martijn, *The Platform Society: Public Values in a Connective World*, Oxford University Press. 2018.

线下实体面相和线上虚拟面相。尽管平台社会已经来临，但人类社会仍然是实体社会与平台社会、工业化逻辑与互联网逻辑共存和并行的社会。从某种意义上说，平台社会与实体社会的共存与并行，构成互联网时代最深刻的二元结构。它意味着社会生活已然发生重要的转换，即一部分社会生活仍然依赖于实体社会的运行，另一部分则转向平台。互联网时代的个体，因此以实体身份和平台身份出没于实体社会与平台社会。实体社会的运行遵循工业化的社会分工逻辑及其职业体系的互动关系。尽管互联网时代许多行业和实体在不断收缩乃至消失，但是，现代社会基本的功能性实体（诸如政府、医院、学校、工厂、社区和家庭等）以及与社会分工体系相匹配的制度系统和空间结构并不会消失，以时间与空间为基本存在形式的实体组织仍然是社会的基本构成。即使是充当虚拟整合基本组织形式的平台，其本身也是一个实体。平台社会的运行则遵循互联网的信息技术范式，借助平台进行跨时空和跨实体边界的结合与互动。

在平台型社会生产结构中，技术平台具有两个先天优势：第一，技术赋权实现了平台企业向平台市场和平台社会的升级，在市场层面推动了社会生产结构的转型，在社会层面造就了个人（用户）的数字化生存；第二，无论是社会生产结构的转型，还是个人的数字化生存，都具有资本赋权的巨大潜力。互联网平台惊人的建构能力能够源源不断地为资本创造出各种投资风口，形成对实体经济的行业性收割；或者为资本介入社会运行和社会治理的"改造工程"，提供了前所未有的机遇。简言之，平台具有技术赋权和资本赋权的双重优势。但是，以平台为基本组织形式的虚拟整合，是一种缺乏道德修饰的建构力。当技术赋权、资本赋权的双重优势与缺乏道德修饰的建构性相互叠加，共同塑造了平台的"帝国化"特征，即对外肆意扩张和对内全面操控。正是这种平台的"帝国化"特征决定了平台社会的基本矛盾和处境。

平台社会面临的第一个基本矛盾是实体社会脱实向虚的边界问题。在平台社会与实体社会的二元结构中，平台的"帝国化"特征首先表现为平台的肆意扩张。受此影响，实体社会脱实向虚的"故事"构成这个时代最宏大的结构性叙事。随着平台介入社会生活的广度和深度日益加深，线下实体组织和实体行业不断收缩乃至消失。更为重要的是，脱实向虚的平台化过程仍在加速推进。从社会组织形式来看，平台化无疑是对工业化逻辑与工业化实践的一种"创造性破坏"。面对平台化进程对工业化组织形式的不断重构，既有的社会分工与职业体系、专业型社会生产结构以及相应的制度体系要么变得面目全非，要么面临着巨大的挑战。平台化进程还带来了利益分配、权力格局、运行方式、规则体系、阶层结构、职业地位和生活方式等全方位的变化。这种全方位的变化在平台社会与实体社会之间形成巨大的张力，所有受平台冲击的对象，恰恰是代表工业化逻辑和工业化成就的实体、组织方式和制度体系。对于那些工业化组织体系中的既得利益者，那些依赖于工业化逻辑生存的劳动者、个体业主、职业经理人和企业经营者以及整个工业化的职业体系，那些习惯于工业化运行规则的企业、交易市场、行业部门和服务中介等实体组织来说，平台化的过程无异于对其固有成就的蚕食和釜底抽薪。

不可否认，作为社会共同体的物质形态和存在方式，线下的工业化组织和实体结构仍然存在需要维持和保护的特殊价值。这就意味着平台社会不能无限扩张，实体社会也不能无限收缩，线上线下的二元结构代表着互联网时代两种不同的逻辑架构和社会生活最基本的张力，并构成诸多新问题和新矛盾的根源。平台化进程对社会生活的再结构和再组织，尽管释放出巨大的技术红利，但也是一种对实体社会肌体的侵蚀，会威胁到实体社会的存在与规模。正如卡斯特所言，

第二章　虚拟整合与平台社会的来临

它撼动了各种制度，转化了各种义化，创造了财富又引发了贫困，激发出了贪婪、创新和希望，同时又强加了苦难，输入了绝望。① 很显然，以实体社会的凋敝为代价的平台化是一个很残酷的社会历史进程，而最终的代价都会由具体的人、具体的组织和具体行业等来承担。

因此，无论在理论上还是现实中，实体社会的平台化进程都存在一个边界问题，即线下实体社会究竟能够在多大程度和多大范围内走向虚拟化？如果任由互联网平台肆意扩张，以最大程度地释放"互联网+"的技术红利，那么缺乏道德修饰的技术平台及其惊人的建构性将会把世界变成何种模样？或者说，互联网平台固有的技术风险及其副作用会不会将人类带入一个失控的世界？如果对充满魔性的平台化进程施加必要的控制，那么控制的依据、标准和范围是什么？从现实情况来看，不同国家对平台化的态度以及平台化的实际进程均存在差异，既有热情地拥抱平台经济的，也有保持着谨慎态度的。比如，平台化进程最快的国家恰恰并不是互联网技术最发达的国家。如果考虑到平台化的进程主要由资本推动，而过度平台化的后果则往往与就业、生计等民生问题联系在一起，那么平台化进程的边界问题就更加是一个不能回避的理论与现实问题。

平台社会面临的第二个基本矛盾是平台对个人的全面操控问题。从网络社会的内部关系来看，平台的"帝国化"意味着作为企业的"平台"最终蜕变为总体性的"社会"，即一套主导网络社会运行的"系统"。相比较而言，实体社会中的"社会"表现为作为实体关系总和的"社会"，而平台社会中的"社会"则具象化为作为虚拟关系枢纽的"平台"。概言之，平台即"社会"。如同实体面相的"社

---

① ［美］曼纽尔·卡斯特：《认同的力量》，曹荣湘译，社会科学文献出版社2006年版，第1—2页。

虚拟整合：互联网时代社会结合方式的革命性变化

会"一样，平台也具有一种相对于个体而言的结构性意涵。比如，社会的制约性表现为平台的技术设定，社会的使动性或促动性表现为平台为个体所创设的生活方式与生活机会。我们同样可以用理解"社会"的方式理解"平台"。比如，平台也是一种制度、一种文明形态（商业）或者一种意识形态。但是，同样作为超越个体的总体形式或结构性存在形式，平台与"社会"也存在一个根本性的差异，即作为在场整合的产物，个体在缔结为实体"社会"的过程中，会突生出特定的集体情感和相应的道德形态；但是作为虚拟整合的组织形式和技术系统，个体在"平台"的撮合下结合起来，却无法产生维护集体情感的道德规范。因此，平台是一种缺乏道德修饰的"社会"。

平台的"帝国化"重新定义了网络社会中个人与社会的关系。平台型社会生产结构在社会维度上最深刻的变化是，平台的自我赋权实现了对个人的全面操控，最终使个人因其"平台身份"而沦为平台社会中的"系统人"[1]。在平台社会内部，平台对个人的全面操控可以分为四个依次推进的阶段，即锁定、引导、建构和扩展。首先是平台无与伦比的便捷服务强化了用户对平台的依赖性。无论是传统商业模式还是平台经济体系，充分的市场竞争都会使消费者对用户体验的要求"水涨船高"。从这个意义上讲，平台在用户体验上的优势将会把用户锁定于优质平台，"造成人们欲罢不能的依赖"[2]。其次是平台通过数据分析对用户行为进行引导。平台所提取、掌握的用户数据中，包含着能够识别用户身份信息（身份证号码、电话、性别、年龄等）的数据，以及与其他数据结合后识别用户行为特征

---

[1] "系统人"的概念来自项飙在"腾讯科技向善未来大会（2021）"上的主题演讲《从"社会人"到"系统人"》，参见《项飙的三个问题》，腾讯网（https://new.qq.com/omn/20210114/20210114A0CI9M00.html）。

[2] 孙伟平：《人工智能与人的新异化》，《中国社会科学》2020年第12期。

（爱好、习惯、兴趣、职业和购买力等）的数据，平台可以据此对平台资源进行选择性呈现，投其所好地引导用户的消费行为、信息选择、社会参与以及虚拟空间中的注意力，实现用户的沉浸式体验。再次是平台能够有意识地建构用户的认知和行为。在基于数据引导用户的基础上，平台能够根据特定需要进行特定的内容生产和针对性呈现，进而建构用户的认知与行为。最后是平台将对用户认知和行为的建构，从一般的消费活动扩展到平台生活的所有领域，从而对用户施加全面的影响和操控。同时，平台在操控用户的基础上，还可以利用其占有的用户数据反过来操控商品和服务的生产者。平台对内的全面操控导致平台社会的异化，即原本具有公共性的平台异化为针对用户的操控系统，原本具有自主性的个人在平台的宰制下被异化为"系统人"，个人不仅失去了面对平台社会的能动性和建构能力，从而"沦为庞大、复杂的智能社会系统的'附庸'和'奴隶'"[1]，而且失去了作为自然人或信息主体"对自身信息的全面知情与把握"[2]。

五 小结

作为虚拟整合的具体组织形式，互联网平台通过对外和对内的技术赋权，实现了从平台企业向平台社会的升级和蜕变，从而使人类真正地迈进网络社会。平台社会不仅将虚拟整合潜在的建构性兑现为现实的建构力，而且通过平台型社会生产结构改变了工业化以来的社会生产方式。在平台型社会生产结构中，经由技术平台加以改造与呈现，社会生产的过程、内容、参与结构、兑现方式和调节机制均发生了根本性的变化。人们可以在线下劳动，并通过平台获得了新的

---

[1] 孙伟平：《人工智能与人的新异化》，《中国社会科学》2020年第12期。
[2] 甘绍平：《信息自决权的两个维度》，《哲学研究》2019年第3期。

意义；也可以直接在平台上进行劳动，同样可以获得财富与认同。平台社会的到来使现代社会表现为两个面相：一面是线下的实体社会，另一面则是线上的平台社会。个人也因此分别以实体身份和平台身份出没于实体社会与平台社会。

相对于以在场整合为基础的实体社会而言，平台社会最深刻的危机在于，虚拟整合未能如在场整合一样发展出相应的道德修饰，缺乏抑制技术作恶的道德力量。在技术赋权和资本加持的双重作用中，缺乏道德修饰的建构能力将会释放出巨大的侵略性，并决定了平台社会的基本矛盾，即实体社会"脱实向虚"的边界问题和平台社会内部的张力与平衡问题。其中，在平台社会的外部关系上，侵略性具体表现为对外肆意扩张。平台社会的每一波进展，都意味着线下实体社会的行业性收缩乃至崩溃；而在平台社会内部关系上，侵略性具体表现为对内全面操控，即平台利用技术优势截取、占有和开发用户数据，通过锁定、引导、建构和扩展等手段实现对用户的全面操控。总之，由于缺乏相应的道德约束，平台所代表的技术理性及其巨大的技术红利，正在变成一匹脱缰的野马，并在事实上已经打破了技术向善和技术作恶之间的"道德天平"，进而威胁到人们的生存状态和基本安全。从这个意义上讲，平台社会的到来本身就意味着一系列的挑战，而挑战的核心则是以化解和平衡平台社会基本矛盾为重点的平台治理问题。

第三章

虚拟整合与平台市场

第一节 平台市场的"技术—市场悖论"*

网络交易主体之间的相互信任（简称网络信任）是平台经济和电子商务得以维持、发展和繁荣的前提。在产品日益饱和与竞争日益激烈的买方市场中，最重要的网络信任是消费者或用户对网络平台和进驻商家的信任。因此，在各种旨在积累用户和提高用户黏性的商业模式及经营策略中，获得消费者的信任是网络平台和商家的首要任务。无论是基于非对称价格机制的用户补贴，还是使用权经济的共享模式，平台和商家所有的营销策略都是从争取消费者或用户的信任出发的。由于互联网技术改变了传统交易的组织方式和市场信任的社会基础，因此，虚拟空间中的网络信任及其生产和维持需要重新进行理论上的认识。

网络信任首先表现为一种系统层次上的信任，也就是对以平台为中介的交易制度及其组织体系的信任。在此基础上，消费者才会与商家发生具体的交易行动，并产生人格层面的信任。因此，系统

---

* 本节由笔者和高远欣合作完成，并以《"刷单炒信"与平台市场的"技术—市场悖论"》为题发表于《社会科学》2022年第7期。

> **虚拟整合**：互联网时代社会结合方式的革命性变化

层面的网络信任主要是对商业平台的信任，它来源于商业平台的技术设置；人格层面的网络信任主要是对商家的信任，是基于市场交易中的消费体验而产生的信任。前者是一种制度性信任，后者是一种生成性信任。对于消费者来说，网络交易需要一个能够带来安全感和实现稳定预期的制度环境。在线下市场上，这种制度性信任来源于一系列的社会设置及其后果，比如以行政辖区为治域的市场管理机构对相关制度规范的执行。但是，虚拟空间中的市场交易已经不具备在场规范所带来的安全感和稳定预期。为此，平台企业通过一系列的技术设置为消费者和商家塑造了一种可靠的制度环境，以消除缺场交易潜在的不确定性。平台企业的技术设置主要是通过技术手段将平台、商家、消费者的权利和义务进行明确的设定，构建一套虚拟空间中的交易模式及固定流程，以确保交易结果符合平台、商家和消费者的预期。商业平台的技术设置包括三个层次：一是平台服务功能的技术承诺，即平台为商家和消费者之间的交易提供撮合服务（比如平台架构、虚拟场景、产品展示、身份认证、在线交流、支付保障、售后服务等各种第三方服务）的技术承诺（包括技术路径和技术保障）。二是针对消费者或平台用户的技术协议，也就是在平台构建的交易模式和交易流程中，消费者须遵循的技术要求（主要是以用户信息和支付路径为基础的身份注册）和享受的技术权限（比如用户评价权、交易撤回权和投诉渠道等平台对消费者的技术赋权）。三是平台对商家的技术管控。为了确保商家的交易承诺得以兑现，平台企业通过特定的技术手段对商家的运营和交易活动所进行的规制和监控。

在平台主导的框架内，技术承诺、技术协议和技术管控不仅解决了缺场交易的系统信任问题，而且包含着一种人格信任的生产机制。然而，在如此周密的制度环境下，电子商务领域却存在着大量的网络失信行为，发生于电商平台上的刷单、售假、欺骗等问题屡屡见诸报端。据《互联网平台治理研究报告（2019）》报告，2017年，全国网络购物类投诉总量达68.57万件，同比增长184.4%。第48次《中国互联网络发展状况统计报告》显示，截至2021年6月，31.7%的网民遭遇了网络购物欺骗，28.2%的网民遭遇网络兼职欺骗。笔者通过观察电商平台上广泛存在的"刷单炒信"现象，尝试回答网络信任的"技术—市场悖论"何以可能，即网络平台通过多层次和全方位的技术设置，构建了周密的制度环境，但是在市场交易层面为什么仍然存在大量的网络失信。

一 市场变迁：网络失信的机会结构

失信，既是一个老问题，也是一个新议题。自人类告别自然状态进入社会状态，失信即作为一种契约社会的副产品和"分裂面相"，广泛存在于社会生活的各个领域，因而也是社会科学的重要议题。在社会整合的意义上，失信始终与社会契约、制度承诺以及人际信任等相互肯定的社会力量如影随形，冲击着社会的"团结面相"。随着网络社会的到来，数字技术神奇地实现了社会的"虚拟整合"。互联网平台通过技术赋权对市场活动的组织形式进行了再结构和再组织，电子商务、平台经济得到空前发展。网络失信也因其全新的表现形式，引起学术界的关注。既有研究围绕网络失信的外在表现、行为特点、内在逻辑、因果机制以及治理路径等内容进行了比较丰富的讨论，形成了诸如"道德滑坡论""约束不足论""市场饱和论""平台放任论"和"激励不足论"等各种不同的观点和认识。总体上看，几乎所有对网络失信的解释都归因于网络社会的市场变迁，即电子商务或平台经济相对于传统线下市场的结构性变化。

第一种结构性变化是互联网技术对时空结构的重塑以及规范结

构的变化。借此归因，网络失信要么被归因于时空结构的重塑所激发的网络机会主义，要么被定义为规范结构的变化所导致的失范行为。例如，道德滑坡论者侧重于从行为主体的道德观念、自律意识、行为意志等内在驱动力的角度理解网络失信，将网络失信理解为基于网络交往的即时性、流动性和陌生性等特征而激发的信任投机。有学者认为，对网络空间"虚拟"特性的认知偏差，致使个体将虚拟空间理解为不受道德规范约束、不会被识别，因而无需承担行动后果的纯粹"自由"空间。网络失信正是这种特定的时空条件和规范弱化的产物。[1] 它通常表现为行为主体（比如商家）充分利用互联网平台的应用功能，借助虚拟时空与现实时空的结构性错位而形成的验证盲区，设计一套相互配合的行动策略和虚假的获信机制施加于特定群体，骗取消费者的注意力，进行"非法"牟利。[2]

在约束不足论者看来，网络失信是电子商务快速发展过程中规范结构变化的产物。电子商务和平台经济是一种按照互联网逻辑组织起来的市场模式，而既有的市场规制体系则是按照工业化逻辑建立起来的，两者并不匹配。这就导致针对互联网逻辑的市场规制体系普遍缺失或者滞后，从而使虚拟空间的市场交易成为某种程度上的"法外之地"。既有的市场规制体系不足以约束和规范虚拟空间的市场交易，从而为网络失信提供了机会结构。约束不足具体表现为传统的市场规制体系不适应或不适用电子商务或平台经济的运行逻辑，而新的市场规制体系的建设又远远滞后于新市场模式的发展，这就为失范行为打开了方便之门。[3] 约束不足的另一个原因是治理结构的

---

[1] 李一：《网络行为失范的生成机制与应对策略》，《浙江社会科学》2007年第3期。

[2] 张兆曙：《虚拟整合与时空交织——一个网络失范的理论框架》，《新视野》2021年第4期。

[3] 陈联俊：《虚拟社会中的制度失范与治理路径——基于社会管理的视角》，《首都师范大学学报》（社会科学版）2013年第1期；王俐、周向红：《结构主义视阈下的互联网平台经济治理困境研究——以网约车为例》，《江苏社会科学》2019年第4期。

错位，也就是政府治理范式与平台经济的结构性特征之间的不匹配所导致的行动不及。前者以辖区为治理边界，后者则跨越行政边界。平台经济对分割型地方市场的跨时空整合，能够架空和削弱地方政府市场治理的能力。如果将地方政府的治理范式直接应用于平台市场，恐怕会引起强烈不适。以管辖权来说，地方政府根本无法干预平台上的跨区域交易。不管是以行政管辖为基础的组织手段，还是以财税资源为基础的激励机制，都无法直接作用于平台市场以大数据和算法为基础的市场运作。[①]

第二种结构性变化是电子商务和平台经济的运作方式上的变化，也就是以平台的技术撮合为组织架构的运作方式。作为一种网络机会主义的行动策略，网络失信的发生机制也因此与平台这一特定的组织架构及其运作方式联系在一起。市场饱和论将刷单等网络失信理解为竞争日益激烈与日渐饱和的线上市场逼迫出来的一种对注意力的投机。例如，有学者指出，尽管线上平台的规模效应为卖家带来了前所未有的巨大的需求市场，但经过多年的发展后，线上交易市场濒临饱和，这使后加入的卖家难以与先加入者公平分享买家市场资源，因而不得不采取不正当竞争手段以谋求生存。[②]从市场治理的角度来看，作为平台经济架构的构建者，平台有责任为用户提供公平的交易环境与健康的市场秩序。但是，平台商业架构作为一种企业经营模式或盈利模式，其初衷是实现自身利益最大化。当平台的公益性投入导致平台自身利益的边际效益开始递减时，平台在交易环境和市场秩序上的投入动机将会减弱，从而为网络失信的机会主义提供了运作空间。[③]换言之，网

[①] 张兆曙、段君：《网络平台的治理困境与数据使用权创新——走向基于网络公民权的数据权益共享机制》，《浙江学刊》2020年第6期。

[②] 汪旭晖、张其林：《平台型电商声誉的构建：平台企业和平台卖家价值共创视角》，《中国工业经济》2017年第11期。

[③] 张兆曙、段君：《网络平台的治理困境与数据使用权创新——走向基于网络公民权的数据权益共享机制》，《浙江学刊》2020年第6期。

络失信是平台放任的结果。

从平台的制度供给和技术设置来看,线上声誉机制被认为是规范网络行为的一种重要治理工具。不过,也有研究指出,尽管声誉制度对诚信交易能够产生激励作用,但线上声誉机制主要表现为吸纳机制而非传统的排斥机制,并不具备排除投机行为的功能。[1] 同时,在线上交易平台中,集体声誉作为一种公共物品,其收益分配由平台商家共享,而个体商家在声誉上的投资并不能直接获得回报,因此诚信交易所产生的声誉难以转化为个体卖家的收益优势,无法产生有效激励。[2] 即便投资建设良好声誉能够获得声誉溢价,但打造好声誉的成本往往使声誉溢价的优势难以显现,因此对于处于同一市场中的个体商家来说,诚信经营并不比欺骗获益更多。[3] 因此,个体卖家往往缺乏打造高成本声誉的动机。

作为网络失信的基本形式,刷单本质上是一种机会主义的行动策略。商家进行刷单的目的是通过非真实或误导性的数据(信息),争夺消费者的注意力。毫无疑问,网络刷单的机会结构来源于电子商务或平台经济在时空结构上的变化和全新的市场架构。但是,虚拟时空和平台架构的特殊性只能对网络刷单提供部分解释,原因是机会结构的存在并不必然意味着真实行为的发生,特别是考虑到平台强大的技术功能,对刷单这种网络失信的理解绝不能简单停留于机会

---

[1] Toshio Yamagishi, Masafumi Matsuda, Noriaki Yoshikai, Hiroyuki Takahashi, and Yukihiro Usui, "Solving the Lemons Problem with Reputation", In *eTrust: Forming Relationships in the Online World*, edited by Karen S. Cook, Chris Snijders, Vincent Buskens, and Coye Cheshire, New York: Russell Sage Foudation, 2009, pp. 103 - 104.

[2] 汪旭晖、张其林:《平台型电商声誉的构建:平台企业和平台卖家价值共创视角》,《中国工业经济》2017 年第 11 期。

[3] Toshio Yamagishi, Masafumi Matsuda, Noriaki Yoshikai, Hiroyuki Takahashi, and Yukihiro Usui, "Solving the Lemons Problem with Reputation", In *eTrust: Forming Relationships in the Online World*, edited by Karen S. Cook, Chris Snijders, Vincent Buskens, and Coye Cheshire, New York: Russell Sage Foudation, 2009, p. 104.

结构的认识层面。

平台强大的技术功能表现为两个方面：一是平台能够通过周密的技术设置，从制度上对商家与用户之间的交易过程、配送过程及其薪资报酬、用户信息反馈（评价）进行严格的控制。比如诸多研究表明，平台对劳动的"数字控制"已经在身体层面和精神层面造成对劳动自主性和自我控制的压制。[①] 这意味着平台同样具备对商家的失信行为进行技术控制的能力。二是平台能够通过技术赋能促进网络信任的再生产。[②] 比如，平台可以利用市场逻辑和互联网的规模优势激发商家的自我约束，在各谋其利的前提下构建有效的市场治理机制。也就是说，无论通过劳动控制还是市场激励，平台都能借助技术设置和制度供给实现对商家行为的有效控制。但事实上，平台强大的技术控制能力与普遍的网络失信却同时存在，两者之间的关系并不符合一般意义上的技术逻辑和制度逻辑。这表明网络失信的发生机制另有乾坤。

二 平台经济的市场嵌套模型及其制度化特征

网络信任的"技术—市场悖论"这一奇特的市场景观是由平台最本质的属性所生发出来的一种市场表象，它表征着平台的内在张力和矛盾。平台最本质的属性表现为它兼具公共性市场和私利性企业的双重属性。[③] 简单来说，平台既是企业，也是市场。作为企业，

[①] 陈龙：《"数字控制"下的劳动秩序——外卖骑手的劳动控制研究》，《社会学研究》2020年第6期；徐林枫、张恒宇：《"人气游戏"：网络直播行业的薪资制度与劳动控制》，《社会》2019年第4期；赵璐、刘能：《超视距管理下的"男性责任"劳动——基于O2O技术影响的外卖行业用工模式研究》，《社会学评论》2018年第4期。

[②] 郑丹丹：《互联网企业社会信任生产的动力机制研究》，《社会学研究》2019年第6期。

[③] 陈永伟：《平台反垄断问题再思考："企业—市场二重性"视角的分析》，《竞争政策研究》2018年第5期。

虚拟整合：互联网时代社会结合方式的革命性变化

平台追求自身利益最大化是理所当然的。但是，平台企业的特殊性在于，其内部已经形成一个庞大的市场，即平台市场。作为市场建构者，平台又有责任提供作为公共物品的市场规则和维护公共利益。[①]很显然，平台的双重属性决定了平台最根本的矛盾。集企业和市场属性于一体的双重性表明，平台经济本身就是一个包含着市场逻辑和企业逻辑的矛盾体，正是在这个意义上，平台的双重属性构成诸多平台经济的问题之源。

平台的双重属性塑造了平台经济独特的组织结构——平台经济的市场嵌套模型。平台经济的运行涉及两个层级的市场：一是平台的内部市场；二是平台间的外部市场。平台的内部市场是指以平台的第三方服务为中心，由平台对供给（商家）和需求（用户）进行撮合和链接而形成的新型交易市场。内部市场体现了平台的市场属性，平台的职责是通过一系列的技术设定为商家与用户之间的交易过程提供技术服务和交易规则，以保证跨越时空的市场交易能够取得不低于线下市场交易的市场效用，在降低交易成本的同时为商家和用户带来稳定的预期。由于互联网的技术黏性和平台跨时空的整合能力，平台所建构的内部市场是一个没有边界和规模限制的买方市场。在琳琅满目的内部市场上，对用户的注意力竞争构成商家生存和发展的关键行动。外部市场是指平台与同类平台之间的竞争性关系所形成的市场。外部市场体现了平台的企业属性，即追求自身利益的最大化。在外部市场上取得竞争性优势和相应的市场份额，是平台生存和发展的前提。由于平台的收益来源于其在内部市场上为商家和用户提供的服务，因此平台规模（进驻商家和注册用户的数量）决定了平台能否战胜竞争对手或者平台在外部市场上的地位。

---

① 张兆曙、段君：《网络平台的治理困境与数据使用权创新——走向基于网络公民权的数据权益共享机制》，《浙江学刊》2020年第6期。

尽管内部市场和外部市场属于不同的层级，但两者并不是相互平行的市场，而是内部市场嵌入外部市场的双层体系。作为一个嵌套系统的平台，对内是一个市场建构者，对外是一个竞争性企业，如图 3-1 所示。组织的性质决定了组织的运行逻辑，平台的双重属性意味着，平台始终埋伏着作为企业和作为市场建构者的内在紧张与逻辑冲突。

平台经济的市场嵌套模型

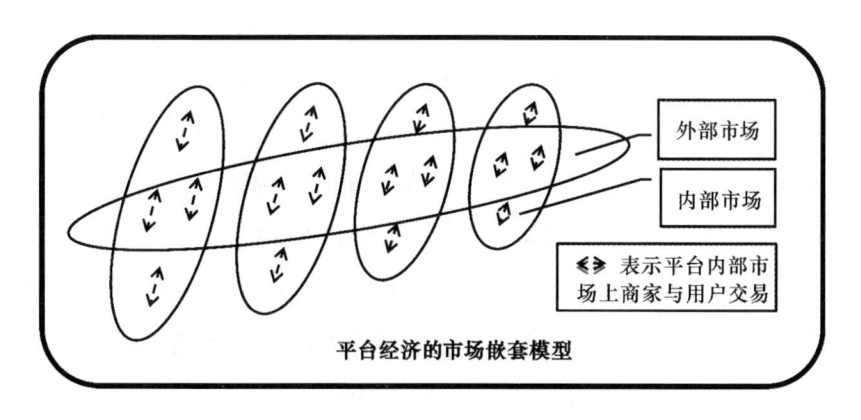

图 3-1

作为内部市场的建构者，平台最重要的技术职责是为商家对用户注意力的竞争提供一套规则。平台市场的运行依赖于商家对用户的吸引和用户对商家的选择。在自由竞争和可充分比较的买方市场上，这个双向作用的核心是信任。商家需要通过产品、价格、质量、服务等要素的展示取信于用户，用户的选择则取决于其对商家可信度的判断。因此，平台需要通过一系列的技术手段形成一个服务于商家和用户之间信任生产的制度化机制，并将其作为内部市场的公共产品和技术规则，引导商家的注意力竞争，也为用户的市场选择提供参考。这个信任生产的制度化机制是通过内部市场的用户评价制度实现的，即平台通过技术手段对既往用户的评价进行统计和技术呈现，形成商家的信誉等级，并以此作为用户选择商家的决策依据。例

虚拟整合：互联网时代社会结合方式的革命性变化

如，在淘宝平台上，消费者每笔订单所产生的评价信息被平台通过特定算法形成对店铺信用的评分。具体来讲，1个"好评"积累1分，"中评"不得分，"差评"扣1分。250分以内的积分用红心表示，251分到10000分用蓝色钻石表示，10001分至50万分用蓝色皇冠表示，50万分以上的信用等级用金色皇冠表示。信誉等级越高表示商家越值得信任。

同时，平台作为一个企业和竞争性市场主体，还面临着激烈的同业竞争。在高度仰赖风险投资的互联网平台服务性行业，投资断血往往意味着平台企业的终结。中国的平台企业因此具有低成长性和低成活率的特征。从融资轮次来看，绝大部分平台企业过不了B轮融资的坎儿。在风险投资机构寻找优秀企业的过程中，除了商业模式上的考量之外，风投机构考察的一个重要指标是平台潜在的用户规模。也就是说，平台之间的同业竞争主要表现为以用户数量为核心的规模竞争[1]，规模竞争的成败决定了平台企业的命运。因此，最大限度地吸引用户成为平台企业初战商海时的首要任务。其中，最常被采用的办法是价格补贴策略。[2] 从平台企业运营的角度看，用户的规模越大，收集信息的范围越大，越能体现数字技术在信息处理方面的零边际成本优势。[3] 平台规模竞争的结果表明企业占据的市场份额，或者说，平台之间规模竞争的本质是瓜分市场份额的过程。

综上可知，作为市场建构者，平台的行动逻辑是围绕内部市场的市场信任为商家和用户提供技术服务——对外服务。对外服务体现了组织的合法性逻辑，表现为组织运行的制度化遵从。而作为企业，

---

[1] 平台的规模实际上也包括商家的数量，但平台市场作为竞争异常激烈的买方市场，影响平台市场地位的规模主要是用户数量，因此本节讨论平台的规模竞争主要指平台对用户的竞争。

[2] 纪汉霖、管锡展：《双边市场及其定价策略研究》，《外国经济与管理》2006年第3期。

[3] [美]杰里米·里夫金：《零边际成本社会》，赛迪研究院专家组译，中信出版社2014年版。

平台的行动逻辑是围绕外部市场的市场份额服务于自身利益最大化——自我服务。自我服务受效率逻辑所支配，通过调整或控制组织运行方式，尽可能提高组织效率。这就是平台经济的嵌套市场所表现出来的制度化特征，即内部市场的外部性特征和外部市场的内部性特征。如果平台组织能够从制度层面兼顾市场公共利益与企业自身利益，保持合法性与效率之间的一致性，无疑是一种理想状况。然而，在平台的双重属性中，私利性是平台的基础属性和原始规定性；公共性市场则是技术建构出来的一种利益实现机制及其组织架构，它臣服于平台的企业属性和自身利益最大化逻辑。简言之，平台首先是一个企业，然后才是一个市场。平台的对外服务最终是为了服务自身，平台作为私利性企业的本性及其对效率的追逐，始终构成对合法性的威胁。因此，内部市场的合法性机制服从于外部市场的效率机制，是平台嵌套市场的一个常态。

三　技术性脱耦：正式结构与实际活动的分离

组织研究的新制度主义学派认为，组织活动受到效率机制与合法性机制的共同影响。[1] 前者代表组织在技术层面对效率的要求，后者代表外部制度环境对组织活动的要求。在具体的组织活动中，效率机制与合法性机制的关系是一个十分有趣的议题。托尔伯特和朱克对制度采纳情况的研究发现，在制度扩散初期，支配组织采纳制度的是效率机制，而到了制度扩散后期则主要受到合法性机制的支配。[2] 在特定的制度环境下，组织也可能为了获取更多的支持性资源而放弃部

---

[1] John W. Meyer, Brian Rowan, "Institutionalized Organizations: Formal Structure as Myth and Ceremony", *American Journal of Sociology*, Vol. 83, No. 2, 1977, pp. 348 – 353.

[2] Pamela S. Tolbert, Lynne G. Zucker. "Institutional Sources of Change in the Formal Structure of Organizations: The Diffusion of Civil Service Reform", *Administrative Science Quarterly*, Vol. 28, No. 1, 1983, p. 35.

分效率，选择合法性机制。例如，我国公司多元化战略的变迁就是对特定时期制度环境合法性适应的结果。[①] 哈恩的研究则发现，关于成本的考量（效率）与合法性的获取，共同指导了特殊类型公司的组织行为。[②] 合法性与效率确实存在某种程度的相互排斥性，但二者也存在互补的可能，在某些情况下能够在资源获取的目标上相互促进。[③]

组织运行的理想状态是合法性与效率之间的强关联均衡，也就是组织活动既处于高度制度化规则的轨道上，还具有很高的效率。但是，组织的制度环境与技术上的效率要求并不总是一致的，两者总是处于矛盾和冲突中。面对两者之间的不一致，组织经常采用"脱耦"策略，也就是通过形式上的遵从与实际上的"放松"，缓解合法性与效率之间的张力。更具体地讲，脱耦的实质是组织行动层面的一种分离，即行动的形式逻辑与实质逻辑的分离，或实践逻辑与制度逻辑的分离。迈耶和罗旺发现，组织对制度化规则的遵从经常会与效率标准发生冲突。反之，为提高效率而对组织活动进行的干预也会妨碍组织对制度化规则的仪式性遵从、牺牲组织的合法性。为了维持对制度化规则的仪式性遵从，缓解技术性活动的不确定性对正式结构的冲击，组织倾向于在正式结构和实际活动之间保持一种松散的对应关系，从而造成正式结构与实际活动之间的落差。[④]

平台内部市场中信任生产的正式结构，是指在平台交易制度及

[①] 杨典：《国家、资本市场与多元化战略在中国的兴衰——一个新制度主义的公司战略解释框架》，《社会学研究》2011 年第 6 期。

[②] Shin-Kap Han., "Mimetic Isomorphism and Its Effect on the Audit Services Market", *Social Forces*, Vol. 73, No. 2, 1994, pp. 655 – 656.

[③] 王诗宗、罗凤鹏：《寻求依附还是面向市场：社会组织的策略组合及调适》，《学海》2019 年第 6 期。

[④] John W. Meyer, Brian Rowan. "Institutionalized Organizations: Formal Structure as Myth and Ceremony", *American Journal of Sociology*, Vol. 83, No. 2, 1977, pp. 340 – 341.

其技术设置的基础上，通过对用户评价的技术呈现促进信任生产的控制结构与运行体系；实际活动则是指实际的信任生产过程。由于双重属性的内在紧张，平台的合法性与效率始终存在矛盾，从而导致信任生产过程中正式结构与实际活动之间的技术性脱耦。通常表现为，平台往往从企业在外部市场上的地位竞争出发，通过实施特定的技术性策略提升平台的效率，而在合法性标准上"放松"对信任生产过程的约束，仅仅在形式上保持对正式结构的遵从。简单地说，技术性脱耦就是改变组织的合法性要求与技术性活动之间的均衡状态，从一种合法性主导的均衡状态转变为效率主导的均衡状态。

不妨看两个极端的情况：第一，假定某一类市场上只出现了一家平台，由于不存在外部市场的竞争，也就不存在效率对合法性的压制。在这种缺乏竞争的市场环境下，平台只需维持内部市场中信任生产的制度化规则，即能够在合法性的前提下逐步占据足够的市场份额（甚至垄断）。第二，随着市场上不断出现新的平台乃至于出现足够数量的平台，平台在外部市场上的竞争开始出现并日益激烈。在此情况下，生存竞争成为平台面临的头等事，效率因此上升为平台首要的控制机制。这就打破了合法性与效率之间的均衡，平台为了提高效率而进行的市场策略，将会破坏组织对制度化规则的遵从，从而损害组织的合法性。外部市场上平台的竞争越激烈，平台对效率的要求越高，对合法性的冲击将会越严重。但是，为了缓解外部市场竞争对内部市场合法性的破坏，平台只能通过技术性脱耦，降低合法性与效率的一致性。技术性脱耦的实质是平台为了应对外部市场的竞争而在客观上对内部市场的合法性机制所产生的一种影响。

在合法性机制中，制度作用于组织活动或个体行为的方式有两种：一是制度塑造行动者的思维；二是制度通过影响资源分配或建立激励方式来影响行动者的行为选择。前者是由玛丽·道格拉斯开创的强制度分析范式，强调制度对行动者的强制作用。强制度范式的运行基础是，行动者无意识地被动接受了制度对思维方式和行为选择的安排。[1] 后者是由迪马奇奥和鲍威尔开创的弱制度分析范式，强调制度对行动者的激励作用。在激励制度的设定下，行动者意识到符合制度安排的行动将有利于个体利益的获得，因而有意识地采取符合制度设计的行动。[2] 也就是说，强制度范式侧重于制度对行动者意识层面的控制，弱制度范式侧重于制度对行动者的"激励"或"诱导"。

在强制度范式中，制度对行动者意识的控制通过将制度要求"自然化"为合法性机制来实现。制度要求被包装成神圣的、自然的、不易察觉的形式，行动者对这种合法化的形式自然生发出认可、赞同和行动自觉。在平台内部市场的信任生产中，正式结构对商家的作用就是一种强制度范式的商业实践。在正式结构的控制下，商家视用户评价为一种具有决定性意义的标签，将会直接影响到商家在平台内部市场的命运。因此，努力取信于用户也就成为卖家的一种自觉行动，非此不足以生存。技术性脱耦则意味着制度对行动的影响从一种强制度范式降低为弱制度范式。平台提升效率的技术策略，打破了合法性与效率之间的均衡，默认后者对前者的削弱，导致信任生产的正式结构与实际活动之间的名实分离。从这个意义上说，脱耦相当于对正式结构的变通运作。由此产生的一个重要结果是，合法性机制作为一种促使组织决策符合制度环境要求的力量被自我弱化了。平台内部市场的信任生产表现得仪式性有余、实绩性不足。在形式上仍然维持信任生产结构的制度化要求，但在实质性绩效上已经打了相当

---

[1] [英] 玛丽·道格拉斯：《制度如何思考》，张晨曲译，经济管理出版社 2013 年版，第 86—164 页。
[2] Paul J. DiMaggio, Walter W. Powell, "The Iron Cage Revisited: Institutional Isomorphism and Collective Rationality in Organizational Fields", *American Sociological Review*, Vol. 42, No. 2, 1983, pp. 151 – 154.

程度的折扣或者注入了相当程度的水分。

四 "服务换好评"：强制度范式下的信任生产

信任是平台内部市场最重要的社会资本，构成线上交易乃至整个平台经济的运行基础。甚至可以说，信任就是平台的生命。平台只有生产出非面对面接触和虚拟状态下的网络信任，以平台为中心的新型社会生产结构才能迸发出强大的数字化生产力。因此，信任生产是平台的技术设置必须着力加以解决的问题。在平台内部市场上，用户在虚拟空间进行交易面临着巨大的不确定性和风险，这就需要平台通过约束机制在用户与商家之间建立一种"放心关系"[①]，以便用户可以依据某种特定信息而对线上交易的市场预期作出安全、肯定和值得期待的判断，进而实现线上交易的信任生产。用户判断的依据是商家既往的市场声誉。因此，既往用户的评价就成为平台信任生产的关键信息。

如果从平台的市场属性出发，即平台作为一个单纯的市场建构者，那么平台的职责就是在维持市场秩序的前提下提供撮合服务。对于平台来说，合法性是内部市场首要的控制参数。基于这一定位，平台必须通过强有力的约束机制保障信任的生产与再生产，从而形成一种强制度范式下的信任生产过程。否则，不足以确立线上市场的基本秩序，也不足以在用户与商家之间建立线上交易的"放心关系"。强制度范式下的信任生产过程表现出两个方面的制度取向：一是充分体现平台作为市场建构者和市场秩序维护者的约束力和控制力；二是充分体现平台内部市场作为买方市场的结构性特征。从这两个制度取向出发，平台通过相应的技术设置塑造了以用户体验为中心的控制体系，并主导着内部市场的运作和信任生产。这个控制体系是

[①] 翟学伟：《信任的本质及其文化》，《社会》2014年第1期。

虚拟整合：互联网时代社会结合方式的革命性变化

一个围绕用户体验而形成的闭环结构，其中，平台围绕用户体验形成在线评价制度或线上声誉机制，并通过相应的交易制度和利益联结方式形成针对商家的控制力；用户基于购物体验而作出的在线评价，彰显和维护了用户在买方市场上的主动权和优势地位；作为强制度范式主要的控制对象，商家只能严格遵循线上声誉机制的制度化逻辑，提供用户满意的产品和服务，以谋取用户的好评和最大限度地避免用户的差评。

以用户体验为中心的控制体系确立了内部市场上信任生产的正式结构，而强制度范式则保证了内部市场的实际活动与信任生产的正式结构保持一致、相互耦合。这种运作层面与结构层面的耦合，能够使平台的信任生产过程始终处于合法化的轨道，符合外部制度环境的要求。我们可以在商家争取好评的市场行动中，理解强制度范式下的信任生产过程。在非面对面接触的线上交易中，线上声誉（包括总评价数、好评数、好评度、差评数、评级内容以及声誉等级）是商家吸引用户注意力、建立信任和促使用户作出交易决策的重要依据。在以用户体验为中心的控制体系中，无论是面对平台还是面对用户，商家均处于弱势地位和不对称的权力关系中。强制度范式下的信任生产就是在双重弱势的地位格局中进行的。由于平台对于所有商家的制度设计和技术支持都是相同的，因此平台对于商家线上声誉的影响可视为一个常数，这意味着商家的线上声誉取决于用户评价，即用户基于购物体验而作出的在线表达。用户体验包括对产品的体验和对服务的体验。但是，在一个分层的消费市场上，产品体验在很大程度上来源于产品是否能够匹配用户的消费层次。不匹配的产品体验可以通过试用、退货、更换产品以及补偿等市场服务加以解决。这样一来，对于商家的线上声誉具有决定性意义的用户体验就变成了服务体验。

市场交易的本质是围绕商品买卖而发生的人际交往过程，服务体验即发生于从初始沟通到完成交易的完整过程中用户对商家服务质量的感知与体会。用户基于服务体验而发生的在线评价，将会转化为商家的线上声誉。因此，服务是商家取信于用户进而获得好评或避免差评最重要的"抓手"。为此，平台经济在市场服务的各个环节均发展出一整套取信于用户的情感策略。这些策略的核心思想是在线上交易的过程中商家始终把自己置于弱势的交易地位，通过优质服务赋予用户心理上的优势地位和满足感，从而换取用户的好评。从某种程度上说，平台卖家的服务已经达致人类有商业活动以来一般意义市场服务的最高水准，以至于即便是较差的产品体验也能通过服务最大程度地避免差评。体现商家弱势交易地位的具体策略包括两个方面：一是谦恭的服务态度。用户在"亲"这类富有亲和性的称谓、"有问必复"式的交流、主动补偿、"过度诚恳"的道歉、"求好评"的姿态、博取同情的表情包等一系列的沟通策略中，充分领略到卖家的弱势地位和情感劳动。二是周到的服务范围。相对于线下市场交易，线上交易的一个特点是，除了平台和商家事先声明或告知的事项之外，凡是用户不满意的问题均能够得到售后服务的支持，甚至可以"无理由退货"。服务范围涵盖运单查询、产品更换、退货、服务补偿乃至赔偿等几乎所有事项。总之，商家通过"谦恭的服务姿态"和"周到的服务范围"这两种带有"示弱"姿态的情感策略，强化用户的优势地位和对服务的满足感，进而产生不忍心拒绝（好评）或不忍差评的心理。

强制度范式下的信任生产是在内部市场的制度化运行中完成的，即在平台设计的技术框架内，商家通过既往交易积累的线上声誉吸引用户和取得用户信任，在当下交易中采取"以服务换好评"的方式维持和提升线上声誉，以此吸引和推进后续交易，并在这个过程中同步实现信任的再生产。这个循环推进的信任生产过程是以用户体验为中心的控制体系及其制度取向的产物，内部市场的实际活动与正式结构高度一致。其中，平台的技术保障和合法性机制，控制着信任生产的制度化轨道；用户拥有"挟评价权以令商家"的优势地位和对商家的胁迫能力；商家则在线上声誉机制的约束下通过"弱势"姿态和具体的情感策略"以服务换好评"，不断积累线上社会资本。平台、用户与商家之间的制度化关系所形成的结构性力量，共同形塑了信任的生产过程及其结果。在合法性机制主导下的信任生产结构中，充分体现了平台作为市场建构者和市场秩序维持者的属性。无论是"以用户体验为中心"的控制体系，还是"以服务换好评"的情感策略，都是由平台的市场属性生发出来的结构与实践。

五 被操纵的"好评"：弱制度范式下的信任生产

如果单纯从平台的市场属性出发，那么平台市场无疑是一种合法性维度上的理想市场。但平台同时兼具企业属性，它还是一个私利性的企业。平台内部市场显然会受到平台企业属性的影响。体现平台双重属性的市场，才是现实的市场。除了合法性机制，现实的市场还受到效率机制的影响。而且在激烈的同业竞争中，效率机制对于平台的生存更具决定性的意义。在此前提下，强制度范式下信任生产的那种实际活动与正式结构之间的耦合状态，将会因效率机制的冲击而发生动摇，或者出现重要的变化。

假定平台恪守强制度范式下的合法性标准，通过交易行为与信任生产之间的正向反馈所积累的"口碑"效应逐步扩大市场规模。这显然不利于平台企业在以"风口投资"和"行业收割"为基本特征的平台竞争中脱颖而出，而且很有可能沦为互联网平台企业低存活率和低成长性的一个"分子"。实际上，缓慢积累的"口碑"

效应与传统的线下双边市场的商业文化没有什么本质区别。因此，以"口碑文化"为基础的市场扩张模型，并不符合互联网的商业逻辑。互联网的商业逻辑具有一种粗暴的文化特征：一是"流量"为王，数据因此成为平台经济的核心资源和生产要素；二是倍增效应，追求在最短的时间实现最大程度的拓展。① 从平台的企业属性出发，平台的首要任务是最大限度地吸引用户加入平台，最大范围地获得用户数据，以便体现数字技术在信息处理方面的"零边际成本"② 优势。概言之，平台的市场属性所决定的商业逻辑是以"口碑"为基础的市场扩张；而平台的企业属性所决定的商业逻辑是以"数据"为基础的市场扩张。以此推演，平台双重属性所决定的商业逻辑是一种复合逻辑，即兼具信任生产逻辑和数据生产逻辑的市场扩张，即以"好评数据"为基础的扩张模型。它既追求用户好评所形成的"口碑"，也追求边际成本优势和倍增效应。

现实的市场是平台作为私利性企业与平台作为市场建构者之间的一种平衡方案和制度性妥协。由平台的撮合服务而建构出来的内部市场首先是一种商业模式，只有成为同业竞争中的优胜者才能证明这种商业模式的价值。因此，在同业竞争环境中，平台市场内在的合法性机制服从于平台参与同业竞争的效率逻辑。也即，平台必须在外部市场的规模竞争中更胜一筹，否则就难以立足。正是基于这一特定的需求，效率机制变成了平台市场首要的控制参数，平台纷纷采取了一系列促进快速扩张的技术性策略，包括针对用户的补贴、针对商家的各种激励措施等等。正是这些技术性策略的广泛实施，动摇了合法性机制对内部市场的控制，使平台市场脱离了强制度范式下的信

---

① 张兆曙：《互联网的社会向度与网络社会的核心逻辑——兼论社会学应该如何理解互联网》，《学术研究》2018 年第 3 期。
② ［美］杰里米·里夫金：《零边际成本社会》，赛迪研究院专家组译，中信出版社 2014 年版。

任生产逻辑，进入弱制度范式下围绕用户好评所进行的数据生产逻辑。

所谓"好评数据"的生产逻辑，是指形式上仍然追求用户好评和市场口碑，但实际上追求的是规模化用户的数据。简言之，"好评数据"即"声誉取向之形"和"数据取向之实"的杂糅。平台内部市场的运行仍然遵循合法性机制下的正式结构与控制体系，线上声誉机制对商家与用户之间的交易仍然具有调节作用，但是，平台对效率的追逐而采用的技术性策略，意外地在平台市场交易与信任生产之间的互馈逻辑中，植入了一种围绕用户好评所进行的数据取向的生产逻辑。

在平台所采取的技术性策略中，对信任生产的影响主要来自效率取向的激励政策与声誉指数或信誉等级直接挂钩。也就是将商家的声誉等级与平台提供的优惠政策、借贷服务、订单补贴、奖补政策、参与平台活动的机会、站内搜索排名、市场推广等激励机制联结起来，以推动商家竭尽所能争取用户好评和提升市场口碑，吸引更多用户和扩大交易规模，最终助力平台赢得外部市场上的规模竞争。这些技术性策略的广泛使用产生了一个意外后果，即在用户好评所表征的信任生产逻辑中注入了数据生产的内涵。线上声誉指数或信誉等级因此获得了新的市场含义，市场口碑的外壳包裹的是具有开发价值的数据资源。好评数和好评率所代表的好评数据成为商家追逐的重要指标。对于商家来说，指数级别的好评数据不仅具有注意力竞争的优势，而且能够从平台获得资源和机会方面的实质性回报。可见，平台基于规模竞争的需要而采取的技术性策略进一步提升了用户好评的意义和价值。

于是，好评数据成为商家和平台共同的需要。但是，效率驱动的好评数据却无法依靠合法性控制的信任生产逻辑快速生产出来。在这种情况下，平台市场只能依靠技术性脱耦实现信任生产过程的变通，进而实现好评数据的快速生产。具体的变通方式是在形式上坚持信任生产的合法性要求，但对信任生产的过程给予更大的空间和弹性。平台为配合好评数据的生产，从技术上设置一整套对商家有利的评价生效制度。具体包括几个层次的制度设置。

一是默认好评制度。比如淘宝规定用户评价期是交易成功后15天内，如果在此期间用户没有评价，最后系统会默认给对方好评。用户未评论的原因是多方面的，可能是缺少参与评论动机，也可能是基于对卖家生存处境的同情而放弃差评，等等，不能简单地在未评价与好评之间画上等号。将未评价默认为好评，相当于数据"注水"，无疑是一种有利于商家积累好评数据的制度变通。二是互评—缓冲制度。按照平台的制度设计，评价生效的前提是双方互评。同时，平台还设置了一个缓冲期，化解有可能出现的互评冲突。商家与用户互评制度的设计初衷是为商家提供一个与用户协商解决纠纷的机会，从而避免用户的恶意评价和要挟。但是，互评—缓冲制度也为商家"制造"出一个与用户协商的制度空间，正是这个协商空间为用户好评突破信任生产的逻辑闭环打开了缺口。三是售后磋商制度。在评价生效的缓冲期内，商家可以针对用户评价（中评和差评）进行沟通、解释、协商以及补偿，诱导或动员用户将中评和差评修改为好评，比较常见和有效的售后磋商是返现改差评，对用户的负面评价进行转化。在售后磋商制度的掩护下，商家可以通过各种有效的办法争取好评和避免差评。

随着默认好评制度、互评—缓冲制度与售后磋商制度的广泛实施，平台市场的用户评价制度或线上声誉机制发生了相当程度的异化，突出表现在两个方面：第一，好评与用户体验相分离；第二，好评具有可操纵性。用户评价制度异化的结果是，以"好评数据"的

虚拟整合：互联网时代社会结合方式的革命性变化

生产为目标，借信任生产逻辑的"外壳"主导线上声誉机制的运行，使好评蜕变为一种可动员、可转换、可炮制、可交易的数据。操纵好评的过程，就是弱制度范式下信任的脱耦生产。它不仅降低了用户好评可信度[①]，而且从根本上动摇和削弱了信任生产的合法性根基。这种动摇与削弱"敞开"了一个意外的机会结构，为"好评数据"的刷单式生产提供了可乘之机。以刷单为基本形式的网络失信就是在这种机会结构中不断涌现出来的。

合法性机制的逻辑闭环一旦被效率取向的技术性策略打开缺口，用户评价就会在背离信任生产逻辑的轨道上越走越远。商家对"好评数据"的追求，逐渐从"以服务换好评"的人格模式，发展到"以回馈换好评"的互惠模式，并进一步演化为"以交易换好评"的刷单模式，见表3-1。其中，在"以服务换好评"的人格模式中，好评是在强制度范式及信任生产的逻辑闭环中，完全基于用户体验的一种自然反馈。商家用以换取好评的交换物是交往姿态、优质服务以及情感劳动。在"以回馈换好评"的互惠模式中，好评仍然发生于信任生产的逻辑闭环中，但实际的生产过程开始脱离用户实际的购物体验，进入到数据取向的生产轨迹。商家利用平台预设的制度空间对用户进行争取和转化，借助补偿性或馈赠性的物品换取用户好评。相对于"以服务换好评"，"以回馈换好评"的互惠模式以一种"有偿反馈"的方式打开了数据生产的潘多拉魔盒，开启了用户评价制度的异化之旅。"以交易换好评"的刷单模式则进一步释放出商家对好评数据的贪婪。刷单模式使用户评价制度发生了两个重要的变化：一是好评数据的生产过程挣脱了信任生产的闭环结构，好评不仅脱离了实际的购物体验，而且脱离了具体

[①] 在线上交易中常常会遇到这样的情形，除新入驻平台的商家之外，绝大多数商家的好评数和好评率都很高，但是实际的购物体验却相当一般。

的用户，并转向外部人的代理行为；二是好评沦为一种可以通过现金交易批量购买（或者软件自动生成）的"廉价商品"。这两个变化意味着平台内部市场的信任生产相当程度地从强制度范式转向弱制度范式，并普遍拉低和瓦解了线上声誉制度或用户评价制度的公信力。

表3-1　　　　　　　　　　好评生产过程的演变

生产过程	基本模式	交换物	生产逻辑	组织结构
以服务换好评	人格模式	姿态、服务与情感劳动	用户体验	商家—用户
以回馈换好评	互惠模式	优惠券、返现与小礼品	商家补偿	商家—用户
以交易换好评	刷单模式	现金	代理交易	商家—刷客/刷单代理

六　小结

从媒体曝光的案件以及消费者的日常体验来看，"刷单炒信"已经成为一种普遍的网络失范，绝大多数商品服务类平台都存在不同程度的刷单以及虚假排名的问题。因此，平台内部市场上相当部分商家的好评数据及其声誉等级已经失去了参考价值，有些知名的商业平台甚至被大众冠以"假货市场"的称号。毫无疑问，刷单所代表的网络失信是一种平台自我妥协和变通的结果，其根源在于平台兼具市场和企业的双重属性及其内在张力。作为市场建构者，平台的职责是构建公平的市场环境和维护正常的市场秩序，提供作为公共物品的市场规则。因此，合法性是平台内部市场的主要控制参数。作为一个私利性的企业，平台企业的本性是追求自身利益最大化，进而成为市场竞争的优胜者。这就要求效率成为平台市场的主要控制参数。集企业和市场属性于一体的双重属性表明，平台经济本身就是一个包含着市场逻辑和企业逻辑、合法性要求与效率要求的矛盾体。

作为新市场、新秩序的建构者，对合法性的强烈需求促使平台通过相应的技术设置构建了"以用户体验为中心"的控制体系，从而将内部市场的信任生产纳入强制度范式的轨道，并把用户评价置于信任生产的决定性地位。强制度范式保证了内部市场的实际活动与信任生产的控制体系及其正式结构保持高度一致，相互耦合。平台经济在市场服务的各个环节均发展出一整套取信于用户的情感策略，通过强化用户的优势地位和对服务的满足感，实现"以服务换好评"的人格化信任生产模式。强制度范式下的信任生产是一个正向反馈的过程，商家通过既往交易积累的线上声誉吸引用户和取得用户的信任；并在当下交易中采取"以服务换好评"的方式维持和提升线上声誉，以此吸引和推进后续交易。正是这个正向反馈过程推动着信任的（再）生产。

但从平台的企业属性出发，效率则上升为平台市场首要的控制参数。为了赢得同业市场上的规模竞争，平台采取了一系列促进快速扩张的技术性策略。效率取向的技术性策略动摇了合法性机制对内部市场的控制，导致信任生产的实际活动与控制体系之间的技术性脱耦。脱耦使平台市场脱离了强制度范式下的信任生产逻辑，进入弱制度范式下"好评数据"的生产逻辑。表面上看，商家仍然追求用户好评和市场口碑，但实际上追求的是规模化用户的数据。线上声誉机制被植入了一种围绕"用户好评"所进行的数据取向的生产逻辑。随着有利于好评数据生产的默认好评制度、互评—缓冲制度与售后磋商制度的广泛实施，用户评价制度发生了两个方面的异化，最终使用户好评蜕变为一种可动员、可转换、可炮制、可交易的数据。这就为"好评数据"的刷单式生产提供了可乘之机。商家对"好评数据"的追求，也逐渐从"以服务换好评"的人格模式，发展为"以回馈换好评"的互惠模式,最终演化为"以交易换好评"的刷单模式。在这个过程中,原本取信于用户的声誉指数也演变为屈从于平台效率的声誉指数。概言之,网络刷单所表征的网络失信,其本质是平台基于外部市场规模竞争的需要而发生于内部市场注意力竞争的技术性脱耦。

第二节 平台经济的市场地位获得*

在平台经济兴起和发展的过程中,出现了一个值得深入思考的现象。许多以往被视为不合法的经济形式,在经过互联网平台的赋权后,逐渐变得合法了。例如,没有出租车经营证照的私家车获得了市场经营权;原则上被城管执法部门严控的城市占道经营也给共享自行车、共享电动车开了绿灯。这些一度被定义为"非法兴起的互联网经济"[①]很容易产生一种错觉,即互联网平台具有将传统的"黑色"产业"染白"的能力。在中国的市场环境及其制度安排中,合法经营包括两种情况:一是在自由竞争的市场领域,法不禁止即意味着合法经营;二是在特许经营的市场领域,获得授权才具有合法性,否则即为非法经营。但是,随着互联网平台的兴起,出现了许多摆脱传统工业经济模式和空间束缚的新业态。由于既有市场规制体系是与工业化逻辑相适应的,而平台经济的商业模式是互联网逻辑的产物,新模式与旧制度不可避免存在冲突。因此,平台经济发展面临的一个重要问题就是其商业模式的合法性问题。[②]这在城市公用行业等特许经营领域,显得尤为重要,其核心是

---

* 本节的核心内容曾以《双重涌现与网约车的市场地位获得——基于平台型社会生产结构的分析》发表于《社会学研究》2024年第5期。
① 胡凌:《"非法兴起":理解中国互联网演进的一个视角》,《文化纵横》2016年第5期。
② 符平、李敏:《平台经济模式的发展与合法性建构——以武汉市网约车为例》,《社会科学》2019年第1期。

市场地位的获得。

不同于自由竞争市场，执行特许经营制度的行业由政府统一授予企业在一定时间和范围内拥有某项市政公用产品或服务的经营权。[①] 它是国家推动城市公用行业市场化建设的结果，隐含了国家迫切期望在短时间内建立城市公用行业市场化运作的愿望，以弥补该领域"国家基础能力"的不足。特许经营行业有着一套区别于自由市场的制度设置和治理结构，并通过相应的治理行动强化了市场的同构性，使得规制外企业由于缺乏制度合法性而陷入地位危机。2012年9月，在北京上线运营的网约车服务，在严格意义上即属于没有取得特许经营许可的"黑车"产业。在网约车服务全面扩张和上线运营的最初几年，由于其"黑车"性质而在全国各地均遭遇了传统出租车行业的集体抵制，恶性事件时有发生。面对合法身份缺失和地位危机，网约车运营模式一开始就陷入了在"政治市场"领域谋取"社会市场"地位的制度性瓶颈中。这个过程始终伴随着巨大的不确定性，围绕网约车合法性议题的事件和讨论时常引爆互联网舆论。终于在2016年7月，国务院办公厅印发《关于深化改革推进出租汽车行业健康发展的指导意见》（以下简称《指导意见》），将网约车纳入出租车服务体系，标志着网约车获得了合法的市场地位。

作为网约车合法化标志的《指导意见》提出，为满足社会大众的多样化出行需求，决定建构多样化、差异化的出行服务体系，将网约车纳入出租汽车管理与服务体系，实行错位发展和差异化经营模式。[②] 为了落实国务院办公厅印发的《指导意见》，2016年7月，

---

① 中华人民共和国建设部：《关于加快市政公用行业市场化进程的意见》，2002年12月27日。

② 中华人民共和国国务院办公厅：《关于深化改革推进出租汽车行业健康发展的指导意见》，2016年7月26日。

交通运输部会同工业和信息化部、公安部、商务部、工商总局、质检总局、国家网信办共7个部门,联合发布《网络预约出租汽车经营服务管理暂行办法》,正式承认网约车的合法性地位,并就网约车的发展建立了一套自上而下的管理制度。[①] 随后,各地方政府相继出台了关于规范发展网约车的地方性政策与法规。网约车的市场地位自上而下地在全国范围内得到正式确认并进入合法经营的轨道。网约车由"黑"变"白"的社会过程及其转化机制,对于理解互联网平台和互联网经济的相关议题提供了重要的观察窗口。

一 文献回顾

从一般意义上讲,市场地位泛指企业在参与同业市场的竞争中所占据的位置。在自由竞争的市场领域,市场位置的高低往往意味着企业所占据的市场份额;而在特许经营领域,市场位置首先表现为企业参与特许经营的资格,在此基础上才表现为企业的市场份额。网约车市场地位的特殊性在于,它既涉及合法运营权的问题,又涉及蛋糕的分割问题。因此,网约车市场地位的获得可以被理解为,网约车平台企业利用互联网的技术优势,谋取城市出行市场的合法经营权和分享城市出行市场的市场份额的过程。总体上看,针对市场地位获得的相关理论资源可分为两个基本视角,即竞争优势视角和结构—制度环境视角。前者认为市场地位反映了企业的市场竞争能力,具有竞争优势的企业才能获得和维持较高的市场地位;后者则认为市场地位取决于其所嵌入的社会结构,或是将市场地位视为制度环境的产物。

(一)竞争优势与市场地位获得

在古典经济学的理论框架中,决定市场地位的竞争优势,主要来

[①] 中华人民共和国交通运输部:《网络预约出租汽车经营服务管理暂行办法》,2016年7月28日。

> **虚拟整合**：互联网时代社会结合方式的革命性变化

源于资源禀赋、生产效率、土地价格和劳动技能等生产要素所决定的生产成本。比如，亚当·斯密在对国民财富性质的研究中认为，在同等市场条件下，如果要想获得更高的利润，最有效的选择是通过降低自然价格从而获得竞争优势，而自然价格优势取决于生产、制造乃至运输过程中所形成的费用。[①] 秉持类似观点的，还有休谟。他认为，一个国家的商品之所以能够成为流通中的主要商品，得益于其在生产这种商品方面所具备的某种得天独厚的才能、气候和土壤等有利条件。[②] 新古典经济学则突破了资源禀赋等生产要素的范畴，将企业竞争优势视为某种外生变量的结果，即个别企业之所以能够获得超额利润，主要是由企业所处的不同市场结构所导致的。[③] 受此观念的影响，企业仅仅被认为是趋利动机下市场价格机制的边际替代，企业在本质上是同质的，真正的差异来自外部市场。

在更进一步的研究中，学术界对竞争优势的认识还存在学科之间的差异。钱德勒在对西方现代企业制度的形成与发展历史进行梳理后认为，随着技术与知识的进步，现代企业已成为重要的资源配置主体和竞争主体。但是，围绕竞争优势的相关研究仍然将重心放到市场上，而忽视了作为竞争主体的企业本身。[④] 作为竞争性市场主体，企业在生产、销售、研发等方面所拥有的组织

---

① ［英］亚当·斯密：《国民财富的性质和原因的研究》（上卷），郭大力、王亚南译，商务印书馆1983年版，第49—58页。
② ［英］大卫·休谟：《休谟经济论文选》，陈玮译，商务印书馆1984年版，第70—71页。
③ ［英］马歇尔：《经济学原理》（上卷），朱志泰译，商务印书馆1964年版，第284—290页；［美］阿尔弗雷德·韦伯：《工业区位论》，李刚剑等译，商务印书馆2009年版，第129—131页；［美］爱德华·张伯伦：《垄断竞争理论》，周文译，华夏出版社2013年版，第74—75页；［美］乔·S. 贝恩：《新竞争者的壁垒》，徐国兴等译，人民出版社2012年版，第10—17页；［美］丹尼尔·F. 史普博：《管制与市场》，余晖等译，格致出版社2017年版，第232—234页。
④ ［美］小艾尔弗雷德·D. 钱德勒：《看得见的手——美国企业的管理革命》，重武译，商务印书馆1987年版，第1—6页。

能力和发展能力，使先发展起来的企业相对于后来竞争者具备一定的先行优势和竞争优势。[①] 熊彼特则认为现代企业的竞争不是单纯的价格竞争而是创新竞争。因为，企业自身有能力改变自身产品的成本和收益结构。[②] 而穆勒看来，企业的竞争优势得益于企业所具备的核算能力，包括降低生产成本的能力和提高生产效率的能力。[③] 20世纪80年代，随着制度经济学的兴起和交易费用理论的提出，基于对企业性质的思考，出现了一种新的竞争优势理论，即内部化的企业竞争优势理论。内部化竞争优势理论认为，由于市场中存在着大量的不确定性，完全竞争的市场只是一种理论想象，现实的市场是不完全竞争的市场。在不完全竞争的市场中，企业会通过建立内部交易代替外部的市场交易，进而获得由内部化所孕育的竞争优势。作为竞争优势理论的集大成者，波特提出了一种基于价值链的企业竞争优势理论。他认为，价值链差异以及进出壁垒是企业保持竞争优势的关键。[④] 对于企业来说，如何保持其价值链的独特性取决于企业在战略选择过程中，如何安排企业的成本优势、技术优势、歧异性和目标集群等。

组织管理学同样着眼于企业内部，将企业的竞争优势主要归功于企业内部要素的合理搭配以及通过创新缔造的组织效率。比如，20世纪80年代初兴起的资源基础理论认为，企业竞争优势的形成，是企业对自身拥有的异质性和不完全流动性资源进行合理配置的结果。资源的合理配置与企业自身的成长过程、所能掌控的内部资源

[①] [美]小艾尔弗雷德·D. 钱德勒：《企业规模经济与范围经济：工业资本主义的原动力》，张逸人等译，中国社会科学出版社1999年版，第39—42页。
[②] [美]约瑟夫·熊彼特：《经济发展理论——对于利润、资本、信贷、利息和经济周期的考察》，何畏、易家详译，商务印书馆2009年版，第148—179页。
[③] [英]约翰·穆勒：《政治经济学原理及其在社会哲学上的若干运用》（上卷），赵荣潜等译，商务印书馆1991年版，第155—158页。
[④] [美]迈克尔·波特：《竞争优势》，陈小悦译，华夏出版社2005年版，第45—47页。

和企业独特的资源开发能力是分不开的。①简言之,资源基础理论将企业竞争优势归结为企业在资源配置上的特殊性,并具体表现为企业对资源的支配、整合、建构和重置企业内部要素的独特能力。在此基础上,随着经济全球化、信息技术革命、企业经营方式的革新、企业灵活性的增强以及创新带来的新竞争对手对竞争优势的削弱,组织管理学对企业竞争优势的关注也开始转向企业的外部环境,形成了企业动态综合论的理论视角。动态综合论融合了组织生态学对环境的适应性问题研究,强调企业资源配置的动态能力对企业竞争优势的影响。②

总之,经济学和组织管理学从企业作为市场行动者的经济理性假设出发,将市场地位理解为企业的竞争优势在市场活动中的体现和结果,而企业的竞争优势主要来源于市场因素和企业内部化策略(诸如组织创新、内部交易和资源合理配置等内部策略)。但是,竞争优势决定企业市场地位的理论假说受到社会学特别是经济社会学强有力的挑战。

(二) 结构—制度环境与市场地位获得

相对而言,经济社会学更加注重非市场因素和制度环境对企业市场地位的影响。因为人类的许多行动无法完全用经济理性来解释,它受到来自社会关系、特定的文化环境和制度要素的影响。③比如,

---

① [美]杰伊·B.巴尼、[新西兰]德文·N.克拉克:《资源基础理论——创建并保持竞争优势》,张文军、苏晓华译,格致出版社2011年版,第57—84页。

② [美]阿尔弗雷德·D.钱德勒、[瑞]彼得·哈格斯特龙、[瑞]厄尔扬·瑟尔韦:《透视动态企业:技术、战略、组织和区域的作用》,吴晓波、耿帅译,机械工业出版社2005年版,第1—10页。

③ Granovetter, M., "Economic Action and Social Structure: The Problem of Embeddedness", *American Journal of Sociology*, 1983, (913); DiMaggio, Paul J. and Walter W. Powell, "The Iron Cage Revisited: Institutional Isomorphism and Collective Rationality in Organizational Fields", *American Sociological Review*, 1983, 48 (2); Meyer, John W. and Brian Rowan, "Introduction Organizations: Formal Structure as Myth and Ceremony", *American Journal of Sociology*, 1977, 83 (2).

企业市场地位获得的理性行动假设，就忽视了国家的作用。[①] 作为由一系列政策组成的国家，它的一个重要职能是对市场进行治理，划定经济行动的边界，各方利益集团代表只能在国家提供的规则和治理机制下追求自身利益。由此出发，经济社会学对市场地位获得的解释包括两种分析路径：一种是结构主义，另一种是制度学派。

结构主义路径将企业市场地位的获得视为网络关系资源的运用及其结构化的结果。[②] 借助关系网络的运作，企业可以获得一种阻止潜在竞争者和提高自身市场话语权的竞争优势。因此，企业市场地位常常被视为结构洞、企业的地位信号和地位展示机制的函数。[③] 对于企业市场地位的创造和再生产，结构主义视角更加关注市场的竞争过程而非竞争结果。在此过程中，关系网络能够为市场行动者创造出跨越结构洞、竞争更高市场位置的机会；[④] 而有利的市场地位还通过声誉、品牌和马太效应实现正向反馈，进一步帮助企业保持或提升市场地位。[⑤]

针对企业市场地位的获得，制度学派强调基于认同和适应性机

[①] Weiss, Linda, *Creating Capitalism: The State and Small Business since 1945*, New York: Basil Blackwell, 1988, p.162; Lindberg, Leon N. and John L. Campbell, "The State and the Organization of Economic Activity", in *Governance of the American Economy*, (eds.) by John L. Campbell, J. Rogers Hollingsworth and Leon N. Lindberg, New York: Cambridge University Press, 1991, p.357;［美］尼尔·弗雷格斯坦：《市场的结构：21世纪资本主义社会的经济社会学》，甄志宏译，上海人民出版社2008年版，第62页。

[②] 符平、段新星：《国际市场上中国企业的地位危机及其化解——以鞋企抗辩欧盟"反倾销"为个案》，《社会学研究》2015年第1期。

[③]［美］罗纳德·伯特：《结构洞：竞争的社会结构》，任敏等译，格致出版社2008年版，第86页；［美］乔尼·波多尼：《地位的信号：对市场竞争的社会学研究》，张翔等译，格致出版社、上海人民出版社2011年版，第11—43页；符平、段新星：《国际市场上中国企业的地位危机及其化解——以鞋企抗辩欧盟"反倾销"为个案》，《社会学研究》2015年第1期。

[④]［美］罗纳德·伯特：《结构洞：竞争的社会结构》，任敏等译，格致出版社2008年版，第5—7页。

[⑤]［美］乔尼·波多尼：《地位的信号：对市场竞争的社会学研究》，张翔等译，格致出版社、上海人民出版社2011年版，第271—272页。

|虚拟整合|：互联网时代社会结合方式的革命性变化

制的制度性同构，以及制度安排与经济结果之间的关系。制度学派认为，特定的市场结果是由一定的制度环境所塑造的，包括具体的社会制度和政治制度安排。其中，社会制度的影响表现为制度对企业行为的规范意义和合法性同构；政治制度则塑造了国民经济的基本架构。虽然两者的侧重点有所不同，但都强调意识形态、政治文化和经济理论等政策范式对经济行为的影响。总体上看，关于企业市场地位的获得，制度学派更侧重于关注国家的作用，认为国家既是经济建设的参与者，也是制度机会的提供者。稳定的市场结构需要国家制定产权结构、治理结构、交换规制和控制理念。作为新制度主义的典型代表，弗雷格斯坦通过解析行动者的斗争策略是如何由制度环境所塑造的，来考察特定的制度环境与特定的市场结果之间的联系。[1]

当然，不同的国家或处于不同发展阶段的国家对市场环境的制度建构表现出巨大差异，从而为企业的策略性选择和经济行动主体提供了不同的制度机会。比如，在普通法系国家，行政系统的权力由于受到司法系统的制衡，行政部门的主张或推行的非市场治理结构常常会受到来自个人或公司以违宪名义进行的抵抗，而在大陆法系国家，这种情况可能相对少见。[2] 在市场转型国家，国家在市场转型过程中演变成为一个重要的市场要素并参与到市场的运作当中，由国家参与带来的制度机会不平等，使得市场的受益者常常限于（或集中于）某些固定的群体。[3]

---

[1] [美]尼尔·弗雷格斯坦：《市场的结构：21世纪资本主义社会的经济社会学》，甄志宏译，上海人民出版社2008年版，第164—185页。
[2] 高柏：《中国经济发展模式转型与经济社会学制度学派》，《社会学研究》2008年第4期。
[3] 边燕杰、罗根：《市场转型与权力的维续：中国城市分层体系之分析》，载边燕杰主编《市场转型与社会分层——美国社会学者分析中国》，生活·读书·新知三联书店2002年版，第427—459页；倪志伟：《市场转型理论：国家社会主义由再分配到市场》，载边燕杰主编《市场转型与社会分层——美国社会学者分析中国》，生活·读书·新知三联书店2002年版，第182—216页；白威廉、麦宜生：《政治与市场：双重转型》，载边燕杰主编《市场转型与社会分层——美国社会学者分析中国》，生活·读书·新知三联书店2002年版，第553—573页。

与经济学将国家视为外在的存在不同，制度学派将国家看作建构经济的重要力量。国家既是一种限制市场和补充市场的力量，又为经济行动主体提供了一个舞台。当然，制度学派尽管强调国家的作用，但并不认为经济行动主体完全是制度操纵下的"傀儡"。行动者仍然可以通过利用自身资源与制度规则进行博弈。比如，中国制鞋企业奥康公司，在欧盟市场规制机构对中国鞋企的"反倾销"调查中，充分利用组织、制度和社会网络资源向市场规制机构"述行"自身的经济实践符合市场的制度化标准，来获得制度的认同和判定。[①]

二 理论挑战与本文的分析框架

把市场地位视为企业竞争优势的结果，抑或将其归于结构—制度环境的产物，均无法对网约车市场地位的获得提供有效的理论解释。原因在于，竞争优势论和结构—制度环境论有一个共同前提，即平等的市场参与权。如果缺乏平等参与权，市场地位是一个不需要讨论的问题。无论国际市场还是国内市场都是如此。比如，WTO 贸易协定的基本原则即是建立一个开放、平等和互惠的国际市场。滋养以上两个理论的实践和经验，也来自工业化国家自由竞争的市场经济。但是，对于中国城市出行市场这样一个特许经营的行业来说，网约车发展的特殊性及其提出的理论挑战在于，它最初并不具有平等的市场参与权，却最终获得了合法的市场地位。

（一）不平等的市场参与权与市场地位获得

在竞争优势的理论视角中，决定市场地位的竞争优势，不管是来于外部市场还是企业内部，都是以自由竞争的市场环境为基础。结构主义强调社会结构、关系网络等非市场因素对市场地位的影响，但这种影

---

① 符平、段新星：《国际市场上中国企业的地位危机及其化解——以鞋企抗辩欧盟"反倾销"为个案》，《社会学研究》2015 年第 1 期。

虚拟整合：互联网时代社会结合方式的革命性变化

响主要表现为非市场因素对竞争过程所施加的作用，并不是通过改变初始的市场参与权而影响市场地位。制度学派将市场地位直接归结为国家的作用和制度环境的塑造，但是西方制度学派所强调的国家和制度影响，显然也不是通过简单地限定市场参与权而产生的，而是通过相关社会制度、政治制度内生的意识形态、政治文化、经济理论及政策范式所决定的产权制度、治理结构和市场规则等制度环境，共同作用于企业的经济实践而导致的市场结果。简言之，结构—制度环境视角与竞争优势视角对市场地位的解释，在理论上和制度层面共享一个平等的市场参与权假设。

我们不妨以地下"黑车"为参照来说明这个问题。在实行特许经营的出行市场，长期存在相当规模非法经营的"黑车"。直到网约车上线运营之前，对于缺乏平等市场参与权的"黑车"，既没有发生针对特许经营制度和合法经营权的市场斗争、博弈、游说和述行实践，也鲜有关于其市场地位的社会议题和理论倡议。地下"黑车"只是作为特许经营制度的"法外之地"而存在，除了以各种"黑车案件"反衬国家控制城市公共交通行业的意义之外，其本身并不具备谋取市场地位的合法性。正因为如此，传统的地下"黑车"产业一直是一个法律问题，而不是一个经济或产业政策问题。但是，同样未获得特许经营权的网约车，却引发了强烈的社会反应以及对其市场地位的广泛关注，进而使一度被视为"非法经营"或"黑车"的网约车从一个法律问题变成一个经济或产业政策问题，并最终获得制度认可和合法的市场地位。如果从竞争优势论和结构—制度环境论对市场地位的解释逻辑来看，合法化之前的网约车与传统的地下"黑车"均不具备平等的市场参与权这一前提，但两种"黑车"的命运却天壤之别。

在同样的制度环境下，两者最大的差别在于提供服务的方式不同。传统的地下"黑车"采用"巡游拉客"或"蹲点拉客"的方式提供服务。这与传统的出租车服务没有本质区别。网约车则通过互联网平台的技术撮合提供服务。因此，相对于传统的地下"黑车"来说，网约车最根本的变化在于互联网平台的技术支持而构建的新型市场服务体系。正是由于互联网的技术建构，使网约车最终摆脱了"黑车"命运，取得合法的市场地位。但是，互联网的技术建构何以能够使网约车由"黑"变"白"，构成一个理论上的挑战。如果借用既有理论模型及其概念工具，适应性地解释网约车何以从"黑"变"白"，却未必能解释同样缺乏市场参与权的传统地下"黑车"为何不能变"白"。[1] 毫无疑问，工业化逻辑及其社会分工体系下的市场实践所滋养出来的理论模型，与按照互联网逻辑运行的市场实践并不匹配。这就需要一个充分体现互联网运行逻辑的分析框架，系统解释互联网的技术建构通过何种社会机制突破市场参与权的限制，使网约车最终取得合法市场地位。

(二) 平台型社会生产结构——一个分析框架

相对于传统的地下"黑车"而言，网约车的运营方式发生了革命性的变化，即通过互联网技术建构出以平台为中介的运营模式。网约车由"黑"变"白"的社会机制，必须在这一革命性变化中加以理解。网约车运营模式与传统"黑车"运营模式的根本差异在于它们分属两种完全不同的社会生产结构。本文所说的社会生产结构，并不是泛指作为生产力和生产关系统一体的社会生产方式[2]，而是社会生产的参与结构[3]，其本质是属于生产关系范畴的结构性镜像。经典

---

[1] 比如，针对网约车的地位合法性，符平和李敏在弗雷格斯坦"控制观"的基础上，提出"管制合法性"的解释，即国家通过政策调整承认其合法市场地位，但又借助严苛的市场准入条件对其进行管制（符平、李敏，2019；李敏、符平，2019）。不同的是，该研究将网约车的地位合法性视为向传统出租车模式的回归，本文则将网约车地位合法性视为市场参与权的获得。
[2] 陆剑杰：《社会生产结构学说的选择性内涵》，《中国社会科学》1992年第3期。
[3] 张兆曙：《虚拟整合与平台社会的来临》，《社会科学》2021年第10期。

| 虚拟整合 |：互联网时代社会结合方式的革命性变化

马克思主义侧重于从生产资料所有制的角度理解生产关系。① 马克思、恩格斯指出，"私有制不是一种简单的关系，也绝不是什么抽象概念或原理，而是资产阶级生产关系的总和"②。我们还可以在列宁定义阶级的著名论断中充分感受到生产资料的占有状况与生产关系之间的决定性关系。③

但是，互联网技术塑造的共享经济模式或使用权经济模式为我们带来了另一种理解生产关系的方式，即从生产资料的使用制角度理解生产关系。④ 相对于以所有权转让和雇佣关系为基本形式的传统市场活动，平台企业可以不提供有形产品，仅靠为那些闲置产能、旧物或知识、金钱、技能的拥有者提供重新分配、相互协作的虚拟场所与共享服务就能获利；抑或依靠自有的重型资产，平台企业也可实现为大规模用户集中提供某种低成本产品使用权服务。⑤ 因此，共享经济或使用权经济的兴起意味着生产关系已经不取决于生产资料的占有与否，而是社会生产过程中独特的和新型的参与方式，也就是社会生产结构。这种新型的社会生产结构是数字技术对工业化的社会生产过程进行改造所形成的新型关系形态。它表征了平台经济时代最典型的生产关系，并对相关领域的法律制度、产业政策、市场结构和劳动分配关系产生深刻的影响。因此，对于网约车的市场地位获得来说，社会生产结构是一个重要的认识工具。

传统社会生产结构是一种基于工业化逻辑和社会分工范式的专业型社会生产结构，也就是由社会分工体系下的工商业实体或服务

---

① 吴宣恭：《马克思主义所有制理论是政治经济学分析的基础》，《马克思主义研究》2013年第7期。
② 《马克思恩格斯全集》第4卷，人民出版社1958年版，第352页。
③ 《列宁选集》第4卷，人民出版社2012年版，第11页。
④ 姜奇平：《分享经济：垄断竞争政治经济学》，清华大学出版社2017年版。
⑤ [美] 博茨曼、罗杰斯：《共享经济时代：互联网思维下的协同消费商业模式》，唐朝文译，上海交通大学出版社2015年版，第87—99页。

机构等不同的职业群体独立地进行社会生产，并沿着市场链进行产品与服务的传递交易。① 因此，为了适应工业化的部门生产和流通体制而形成的职业体系和市场链构成了专业型社会生产结构的组织基础。专业性社会生产结构表现出两个基本特征：一是按照社会分工组织专业化生产；二是供求双方进行无缝交易。传统出租车市场的社会生产结构就是一种典型的专业型社会生产结构。取得合法经营权的专职出租车司机，通过巡游和车身标识向有出行需求的乘客"兜售"服务，出租车司机与乘客进行面对面交易，其参与方式与沿街商铺、流动摊贩的交易结构没有什么两样。

随着平台经济的兴起，出现了一种全新的社会生产结构——平台型社会生产结构。其本质是一种按照互联网逻辑运行的社会生产系统，体现了网络社会在生产关系和生产方式上的革命性变化。平台型社会生产结构的参与方式并不是按照社会分工体系和市场链展开的，而是由平台企业对工业化的社会生产过程进行改造而形成的一种"第三方撮合结构"。也就是，平台通过信息技术有效匹配供求关系②，由三方协作完成社会生产过程。③ 因此，平台型社会生产结构的组织基础是平台，而不是职业群体。平台型社会生产结构同样有两个基本特征：一是以平台为中介组织产品和服务的社会生产；二是"第三方撮合结构"极大地提高了资源配置效率。④ 毫无疑问，网约车市场的社会生产结构是一种平台型社会生产结构。网约车司机不需要通过巡游的方式兜售服务，也不靠车身标识招揽乘客。网约车司

---

① 张兆曙：《虚拟整合与平台社会的来临》，《社会科学》2021年第10期。
② Petropoulos, Georgios, "Collaborative Economy: Market Design and Basic Regulatory Principles", *Intereconomics*, 2017, 52 (6).
③ 张兆曙：《虚拟整合与平台社会的来临》，《社会科学》2021年第10期。
④ 邵占鹏：《网络零售平台经济中的生产资料所有制》，《开放时代》2022年第2期；[美] 帕克等：《平台革命：改变世界的商业模式》，志鹏译，机械工业出版社2017年版，第72页。

机与乘客之间的交易是在网约车平台的撮合下完成的。

在特许经营的城市出租车市场上,网约车市场地位的获得包含着一个重要的社会过程,即互联网时代国家与市场关系的变化。它是两种不同力量互动的结果,其中一方是特许经营的规制体系或委托代理性的政治市场,其本质是国家力量;另一方则是互联网技术所推动的新兴市场,其本质是社会缔造的独立于政府领域之外的社会市场。① 从结果来看,明确网约车的合法地位并将其纳入出租车管理的《指导意见》,显然是国家规制体系对新兴市场力量的妥协和制度化接纳。这个过程包含着市场层面利用组织、制度和社会网络资源向规制机构的述行实践②所产生的影响。但是,来自社会市场的影响力不能简单地理解为有限的市场行动者和特定的述行实践所致,而是一种由平台型社会生产结构生发出来的系统的影响力。简言之,触动国家规制体系的影响力来自平台型社会生产结构。

平台型社会生产结构具有鲜明的技术—组织特征,即双向技术赋权引发平台系统的涌现。平台首先是一个私利性企业。企业是平台的基础属性,也是平台型社会生产结构运行的基础。平台创建者的初衷是构建一种追求最大利润的经营模式。该模式的核心是通过对供求双方进行技术赋权,实现高效的市场撮合。平台对外赋权导致的"便捷革命",涌现出一个没有边界的市场。平台也实现了从私利性企业向公共性市场的组织演化。③ 同时,平台还通过自我赋权实现对

---

① 倪志伟:《市场转型理论:国家社会主义由再分配到市场》,载边燕杰主编《市场转型与社会分层——美国社会学者分析中国》,生活·读书·新知三联书店 2002 年版,第 183—216 页;汪和建:《通向市场的社会实践理论:一种再转向》,《社会》2009 年第 5 期;白威廉、麦宜生:《政治与市场:双重转型》,载边燕杰主编《市场转型与社会分层——美国社会学者分析中国》,生活·读书·新知三联书店 2002 年版,第 553—573 页。
② 符平、段新星:《国际市场上中国企业的地位危机及其化解——以鞋企抗辩欧盟"反倾销"为个案》,《社会学研究》2015 年第 1 期。
③ 吕鹏、周旅军、范晓光:《平台治理场域与社会学参与》,《社会学研究》2022 年第 3 期;张兆曙:《虚拟整合与平台社会的来临》,《社会科学》2021 年第 10 期。

用户数据的积累、占有、开发以及对用户的操控，并将这种操控从市场领域拓展到整个社会生活。① 简言之，平台自我赋权所导致的"数据革命"，使平台的组织形态再次蝶变，即在平台市场基础上涌现出一个无所不能的"平台社会"②。社会生活越来越依赖于平台的技术服务，平台因此被推上了人类组织历史的前台。③ 随着数字平台的崛起和扩张，人们的生活与生产方式、经济与社会结构都受到全方位的重塑。④ 正是在这个意义上，平台型社会生产结构的技术—组织特征成为本文理解网约车市场地位获得的关键，它体现了平台经济时代生产关系和社会生产方式的深刻变化。本节将围绕平台的双向技术赋权在组织层面产生的后果，重点考察平台型社会生产结构如何在市场层面和社会层面生发出巨大的影响力，进而改变了网约车的命运。

三　平台的自我缔造：从"中介"到"中心"

平台型社会生产结构的特殊性，不仅在于第三方撮合结构取代传统市场结构，而且在于平台地位的奇妙变化，即作为中介的平台企业凭借数字技术成为新市场的主导者，而传统市场结构的主体则沦为依附于第三方平台的参与者。也就是说，平台型社会生产结构的市场表象是在供求关系之间嵌入了一个技术中介，却意外地导致平台

---

① 陈龙：《"数字控制"下的劳动秩序——外卖骑手劳动控制研究》，《社会学研究》2020年第6期；周潇：《数字平台、行业重组与群体生计——以公路货运市场车货匹配模式的变迁为例》，《社会学研究》2021年第5期；谢富胜、吴越、王生升：《平台经济全球化的政治经济学分析》，《中国社会科学》2019年第12期。

② Van Dijck, José, *Thomas Poell & Martijn De Waal*, *The Platform Society: Public Values in a Connective World*, Oxford: Oxford University Press, 2018.

③ 邱泽奇：《技术与组织：多学科研究格局与社会学关注》，《社会学研究》2017年第4期。

④ 周潇：《数字平台、行业重组与群体生计——以公路货运市场车货匹配模式的变迁为例》，《社会学研究》2021年第5期。

虚拟整合：互联网时代社会结合方式的革命性变化

企业的自我缔造。

（一）平台的信息处理能力

在平台型社会生产结构中，提供撮合服务的技术平台从"中介"走向"中心"的自我缔造过程，得益于平台强大的信息处理能力。随着互联网技术的高速发展和广泛应用，平台用户的各种个人信息不断被搜索、数据化、抽象、累积、分析、打包、销售，以及再度分析和再度销售。[①] 数据已经成为平台企业的核心资产，"每一比特的数据，不管多琐碎，都拥有潜在的价值"[②]。平台的信息处理能力就是借助专门的技术工具对个人数据进行捕获、存储、管理、分析和将其用于商业用途的能力。信息处理能力是平台企业的第一生产力，直接推动了互联网经济及其商业形态的萌生和快速扩张。比如，谷歌和脸书等互联网企业，在网上监控并挖掘个人留下的信息，将其用于独家分析及算法产品，最终形成了以精准推送为基本特征的新型商业广告模式。[③] 总体上看，平台的信息处理能力主要表现为三个方面的技术建构。

1. 商业架构与交易网络的建构。平台经济的商业架构体现了平台的信息处理能力所代表的生产力，对传统"劳动管理、组织架构、产业组织形式和生态系统的重构"[④]。网约车的服务模式就是平台企业通过计算机编程和代码开发，以互联网和物联网为传输媒介，借助大数据、云计算、电子地图、GPS定位、系统算法等技术工具的虚拟建构能力和在线监控能力打造的一种撮合式商业架构。正是依靠强

---

① Zuboff, S., "Big Other: Surveillance Capitalism and the Prospects of an Information Civilization", *Journal of Information Technology*, 2015, 30（1）.

② Levy, S., "Secret of Googlenomic: Data-fueled Recipe Brews Profitability", *Wired*, 2009: 108.

③ 陈龙：《"数字控制"下的劳动秩序——外卖骑手劳动控制研究》，《社会学研究》2020年第6期；陈本皓：《大数据与监视型资本主义》，《开放时代》2020年第1期。

④ 周潇：《数字平台、行业重组与群体生计——以公路货运市场车货匹配模式的变迁为例》，《社会学研究》2021年第5期。

大的信息处理能力,网约车平台能够将分布在城市各个角落的网约车司机、乘客与平台连接起来,构筑一个庞大的随机交易网络。乘客从平台提供的服务选项中,选择约车类型并发布需求信息。一旦用户的订单生成,网约车平台能够即时匹配和推送给空间上最近的网约车司机,完成派单服务,并对网约车司机的劳动过程进行后台监视和控制。网约车司机则根据订单信息向用户提供具体的出行服务。整体而言,互联网平台提供了开放的参与式架构①,也因此降低了平台经济的参与门槛。任何一台电子设备只要支持 TCP/IP 协议,就可以连接到互联网上,实现信息等资源的交换、共享②,并成为参与平台经济的接入途径。为了实现更便捷的市场服务,平台还可以接入支付业务等其他应用程序,也可以与其他的平台相互接入,从而形成更加丰富的商业架构与交易网络。

2. 市场要素的数字化运行。平台经济运行的前提是,卷入其中的市场要素必须以数字化的形式与平台经济的商业架构相结合,并在数字技术的驱动下投入运行。否则,跨时空的平台撮合就难以组织起来。这就要求将市场要素转化成可以通过指令性代码实现传输、交换、分类、提取和跨空间处置的数据信息。早在 20 世纪末,卡斯特就已经勾画出网络社会的技术画像:新信息技术能够将所有录入的内容转译成共享的信息体系,通过更快速、省钱的检索和分配网络来处理这些信息,并借助光纤、卫星、电脑、电话及各种电子通信设备实现信息体系在全球范围内的快速传播。③ 随着大数据、云计算、系统算法等技术工具的发展与融合,市场要素的数字化运行已经成为新经济的基本运

---

① [美]帕克等:《平台革命:改变世界的商业模式》,志鹏译,机械工业出版社 2017 年版,第 6 页。
② 张茂元:《技术红利共享——互联网平台发展的社会基础》,《社会学研究》2021 年第 5 期。
③ [美]曼纽尔·卡斯特:《网络社会的崛起》,夏铸九、王志弘等译,社会科学文献出版社 2001 年版,第 461—465 页。

行状态。在大数据时代,几乎所有的社会生产过程、日常生活、人际交往和商业交易都可以被数字化,新的数据来源与价格越来越低廉的设备相结合,手机、网上购物、社交网络、电子通信、全球定位系统(GPS)和各种仪器仪表不停歇地产生大量的数据。① 这些数据的产生和运行,依赖于两个方面的技术条件:一是信息科技产业和数字化基础设施构成的技术环境。比如电信业、互联网服务供应商(ISP)、网络设备制造等产业的发展;二是平台的信息处理能力,特别是各种运行设备背后的商业平台个性化的提取、分析和算法模型。

3. 市场交易模型的再造。在传统工业经济的社会生产结构中,市场交易的流程是按照工业化的时空结构展开的,属于一种面对面交割的交易模型。而在平台型社会生产结构中,市场交易的流程是在数字化的时空结构中展开的,交易模型是一种依赖于虚拟平台的担保交易。在缺场的条件下进行交易,供求双方的市场安全是新的商业架构得以可能的关键。为了给供求双方提供稳定的预期,互联网平台凭借其强大的信息处理能力和周密的技术设置构建了一套安全保障体系。比如,通过实名注册、身份验证和支付保障等技术手段进行身份担保;在发货、签收、质量和售后等信息确认基础上进行支付担保;结合个人信息与评价指数、消费数据提供信誉担保。此外,互联网平台还可以通过外接功能获得更多的安全保障。滴滴和优步等网约车平台都上线了相应的安全举措。如优步在 2018 年 5 月上线了一键报警功能,乘客在 App 上点击"联系 911",就能直接报警;优步还会将车牌、车辆位置、行驶路径等关键信息同步发送给 911 专员。② 国内的很多网约车平台的顺风车都上线了紧急联系人功能,平

---

① 程啸:《论大数据时代的个人数据权利》,《中国社会科学》2018 年第 3 期。
② 张茂元:《技术红利共享——互联网平台发展的社会基础》,《社会学研究》2021 年第 5 期。

台在乘客打车后即会向紧急联系人发送信息并自动分享行程,以便在危险状态下求助。对于互联网平台来说,担保交易的本质是通过多层次的技术设置,塑造一种可靠的制度环境,以消除缺场交易潜在的不确定性。[1]

(二) 开放的交易结构

平台企业最大的创新是为处于缺场状态的供求双方提供更有效率、成本更低的线上撮合服务。网约车平台的技术服务,一方面显著降低了车辆的空驶率,使网约车在单位时间和单位里程的产能利用率分别比出租车高30%—50%[2];另一方面提高了乘客的出行效率和降低了出行成本,网约车打车成功率显著高于出租车[3],也大幅降低了产品和服务价格。可见,网约车平台的市场创新首先是为网约车司机和乘客创造了分享互联网技术红利的机会和方式,而平台的自我利益则是在网约车司机和乘客分享互联网技术红利的过程中实现的。这一点决定了平台经济在交易结构上的特殊性。

中介服务本身并不是新鲜事物,传统的线下市场也存在各种服务类的市场中介,比如传统的劳务中介和房屋中介等。但是,线下中介服务是一个封闭的交易结构,服务内容与服务费用均有明确的边界和内在结构。线下中介服务的每一笔交易都是封闭的或终结性的,按照供求双方意愿进行清晰的市场交割。[4] 但是,互联网平台所提供的撮合服务则是一个开放的或过程性的交易结构。开放的交易结构

---

[1] 张兆曙、高远欣:《"刷单炒信"与平台市场的"技术—市场悖论"》,《社会科学》2021年第7期。

[2] Cramer, Judd & Alan B. Krueger, "Disruptive Change in the Taxi Business: The Case of Uber", *The American Economic Review*, 2016: 3.

[3] 张茂元:《技术红利共享——互联网平台发展的社会基础》,《社会学研究》2021年第5期。

[4] 尽管线下中介服务也存在后续交易的可能性,但是线下中介的后续交易主要是基于口碑效应,而不是基于数据开放而推动的。

虚拟整合：互联网时代社会结合方式的革命性变化

表现在两个方面：一是多元化的利益实现机制，平台并不局限于像线下中介一样收取标准服务费。除了相当于标准收费的平台使用费、收入抽成之外，平台的利益实现还与数据开发联系在一起。二是不断拓展的服务内容和后续交易，供求双方一旦在平台的撮合下完成市场交割，即在该平台上敲开了拓展服务（比如搜索服务、推送服务、线上声誉服务等）的大门，并拉开潜在后续交易的序幕。简言之，平台开放的交易结构在服务内容和服务费用上，呈现出一种基于互联网记忆和互联网思维的衍生性、拓展性和跨界交易的空间与可能性。

在开放的交易结构中，首次完成的市场交割只是后续衍生服务和衍生费用的开始。平台甚至在早期交易中广泛采用平台补贴的方式吸引用户，增加平台对用户的黏性，以便快速扩大平台的用户规模。有些平台不仅不收服务费，反而给用户返利。这种脱离了正统边际成本定价法则的价格机制，被平台经济学者称之为"非对称的价格机制"[1]。从表面看，平台初期的用户补贴降低了企业收益。但是，从平台企业的利益实现机制来看，用户补贴策略无疑为后续的衍生服务和衍生费用埋下了"种子"。由于平台中的用户规模几乎不受地理空间的限制，先天的信息容量和信息处理优势，使平台对新增用户与用户交易的管理协调成本几乎为零[2]，而平台的外部性效用却随之以指数级别增长。[3] 平台用户使用一种商品或服务所获得的效用随着使用该产品的用户人数增加而增加。[4] 用户逐渐会发现，即使没有价格补贴，参与到

---

[1] 吴汉洪、孟剑：《双边市场理论与应用述评》，《中国人民大学学报》2014年第2期。
[2] [美] 杰里米·里夫金：《零边际成本社会》，赛迪研究院专家组译，中信出版社2014年版。
[3] 邱泽奇、张樹沁、刘世定：《从数字鸿沟到红利差异——互联网资本的视角》，《中国社会科学》2016年第10期。
[4] 傅瑜、隋广军、赵子乐：《单寡头竞争性垄断：新型市场结构理论构建——基于互联网平台企业的考察》，《中国工业经济》2014年第1期。

具有一定用户规模的网络平台中的效用也可以是正的,并且网络规模越大,这一市场的正效用就越显著。平台只要能够率先实现规模效应,用户使用平台商品或服务的效用就会越高,这反过来会使更多用户向平台聚集,进一步巩固、扩大用户规模形成竞争优势。

用户规模和平台外部性效用之间的循环性积累,使占据非对称信息优势的平台衍生出新的利益实现机制。此时,平台开始直接或间接从供求主体获取高于边际成本的费用。[①] 平台价格优势的天平发生反转,由定价弱势地位转向强势地位,价格补贴策略也逐渐转变成各种收费策略或混合策略。[②] 比如,网约车平台不仅取消了市场扩张阶段的用户补贴,而且还在传统出租车的收费水平上,提高了对司机的抽成和乘客里程费用。

另外,平台在通过积分抵扣、返券福利、活动打折、金融支持、售货服务等方式提升用户黏性的同时,还占据着用户前期交易产生的数据。借助对数据的归集、清洗和分类处置,平台会衍生出针对性的信息服务,进一步激励、拓展后续交易,实现后续交易与利益实现的相互递推。网约车平台的服务远远不止于为用户提供一次性的出行服务。在滴滴出行 App 的首页,除了提供各种类型的出行服务之外,还有为用户设置的福利专区,比如针对乘客的"签到赚车费"福利活动、"拆红包"分享领券活动和代驾活动券等;在 App 的车主服务中,除了网约车主常用的车主助手之外,还提供带有联营性质的加油站和充电桩的信息服务、油价优惠券和广告服务等;在 App 的用户个人信息界面上,除了个人的订单信息、账号服务和安全服务之外,还设置了用户注册滴滴司机的小程序、金融服务以及其他拓展链接服务。总之,

---

① 从一开始向用户收取低于边际成本的费用(或补贴),转变成了向用户收取高于边际成本的费用——这体现了非对称价格机制在企业不同发展阶段的演化。

② Roson, R., "Two-Sided Markets: A Tentative Survey", *Review of Network Economics*, 2005, 4(2).

在任何一个平台的服务界面上，都充斥着令人眼花缭乱的优惠活动和平台福利，而这些提高用户的黏性服务策略则通常与针对性广告加载以及拓展链接等"生活指南"直接挂钩。这样一种开放的交易结构，能够衍生出更多的后续交易和新的利益实现机制。

四 平台系统的涌现及其双重影响

强大的信息处理能力和开放的交易结构构成互联网平台的两个基本特征。前者代表平台企业的技术潜能，后者表征由技术驱动的利益生发空间。当平台凭借强大的信息处理能力和开放的交易结构介入社会生活的某一领域时，将会引发组织层面的重大变化。本文将其定义为平台的涌现，它对于网约车市场地位的获得提供了最重要的影响力。

（一）平台的涌现机制

作为一个生发性的哲学概念，涌现（或涌现性）是认识论、系统论、计算机科学和生命科学等领域的一种独特现象或属性，带有复杂系统的"突现""突变""突破"和"相变"之意。杰弗里·戈尔茨坦认为，涌现是在复杂系统自组织过程中产生的新颖而连贯的结构、模式和性质。[1] 具体的含义是指，复杂系统内部的相互作用导致其在自组织临界点上发生的一种从微观到宏观的"相变"和属性上的"突破"。比如，生命现象是化学的一个涌现，心理现象是从生物的神经生物学现象中涌现出的。涌现的认识论叙事强调涌现的不可化约性或不可还原性，即涌现是一种系统特性或宏观层次的现象，不能将涌现引起的"相变"化约或还原为各部分的特性。[2] 尽管涌现的

---

[1] Jeffrey Goldstein, "Emergence As a Construct: History and Issues", *Emergence*, 1999, p. 287.

[2] ［美］约翰·霍兰:《涌现——从混沌到有序》，陈禹等译，上海科学技术出版社2006年版，第231页。

本质是由小生大，由简入繁，由局部而整体，但整体的行为要比其各个部分的行为复杂得多，整体不仅大于其各部分之和，而且整体的性质也脱离了它的起源。[①]

平台型社会生产结构是一个由平台与供求主体构成的三角系统，三者构成平台系统的基本关系。但是，平台系统的关系绝不是平台与供求主体之间的机械三角那么简单，而是由平台的技术赋权所驱动的动态、异质、多向度和多层次交易行为的关系展现。平台经济的特别之处在于，所有的交易行为最终都转化为可储存和可开发的数据信息。因此，平台型社会生产结构的运行是以平台的信息处理能力为基础的。处于缺场状态的供求双方，在平台的技术撮合下达成交易，交易行为又以数据信息（痕迹）的形式呈现于作为后台的技术平台。在此，平台的信息处理包括两个基本过程，即技术驱动交易和交易数据开发。

我们不妨假定，平台的信息处理能力仅仅停留于技术驱动交易，为缺场条件下的供求双方提供信息服务，搭建自主谈判的线上交易渠道。那么，每一次供求主体之间的交易过程和结果都是封闭的和不透明的。从形式上看，这样的平台撮合服务同线下的"大卖场"服务并没有本质区别，甚至缺少"大卖场"交易的在场比较和市场参照。很显然，这是一种缺乏持续激励的撮合服务，其中的每一笔交易都是一个无序的、随机的行为。由于交易主体在空间上的离散性以及后续交易主体的不确定性，上一次交易行为很难构成对其他人后续交易行为的反馈。此时，在平台所搭建的商业架构中，局部的交易行为将不会产生聚集和协同效应，平台的技术撮合所形成的关联效应仅仅停留于"$1+1=2$"。简言之，平台的信息服务所搭建的商业体

[①] ［美］约翰·霍兰：《涌现——从混沌到有序》，陈禹等译，上海科学技术出版社2006年版，第2—3页；［美］约翰·H.米勒、［美］斯科特·E.佩奇：《复杂适应系统——社会生活计算模型导论》，隆云滔译，上海人民出版社2012年版，第52页。

系是一种线性系统。在这样的平台系统中，由于交易行动互不关联，局部交易行动的集合将会服从中心极限定理的分布特征。尽管平台对供求主体的技术赋权解决了交易的空间障碍，由此构建的商业模式可能仅仅是一种线性积累的平台服务模式。

然而，平台的信息处理能力远不止信息服务这么简单。如果将平台的信息处理能力从技术驱动交易进一步扩展到交易数据开发，平台不仅对供求主体进行跨越空间和实体边界的技术撮合，构建出虚拟交易的商业形态，而且对既往交易数据进行开发，通过设置各种技术性策略推动内部交易行为的正向反馈，从而激活平台开放的交易结构。具体的技术性策略包括两类：一是保障交易的技术性规则，比如平台服务功能的技术承诺、针对供需主体的技术协议以及对交易过程的技术管控等[1]；二是促进交易的技术性策略，比如用户评价制度、线上声誉机制、推送服务与市场推广、搜索与推荐服务、平台优惠活动等。促进交易的技术性策略，往往立足于既往交易的数据信息，经过特定的技术处理之后，通过在线呈现或者授权对后续交易进行激励。既往交易的用户对卖家的积极评价，如果激发出更多后续交易，那么既往交易输出的效用就超过了单笔交易本身的效用，平台交易在效用上实现了"1+1>2"。这意味着平台内部的正向反馈，改变了平台的动力学机制和性质，使平台系统走向有组织的复杂性和非线性发展。也即，平台成为一个典型的复杂系统，"其中有众多行动者，行动者之间有丰富的互动，并产生相互影响，其结果又构成了行动者面对的环境，反过来影响他们的后续行动"[2]。米勒和佩奇指出：在有组织的复杂性条件下，主体间的关系变成各种反馈和结构性

---

[1] 张兆曙、高远欣：《"刷单炒信"与平台市场的"技术—市场悖论"》，《社会科学》2021年第7期。

[2] 乔天宇、邱泽奇：《复杂性研究与拓展社会学边界的机会》，《社会学研究》2020年第2期。

权变，主体间的差异不再彼此抵消，而是变得强化。在这种系统里，大数定律不再有效，取而代之的是一个未知的路线。然而，我们有足够的证据证明，在有组织的复杂性条件下，系统能显示与主体细节无直接关系的聚集性，此刻，一个能解释这种观察现象的合理的理论立足点才能得以构建。①

概言之，强大的信息处理能力和开放的交易结构，共同将平台塑造为一个有组织的复杂系统。其中，既往交易对后续交易的激励，使平台型社会生产结构的运行以及内部交易行为的聚集，从稳定的线性积累走向不稳定、不可预测的非线性积累。也就是说，正向反馈不断强化的"1+1＞2"，将会持续增强复杂系统的不稳定性，并最终突破了系统的初始面相，或者在系统属性上发生蜕变，进阶为一个更高级面相，这就是平台的涌现。其核心是平台系统内部的正向反馈推动了系统的非线性积累，摧毁系统的初始面相。平台组织的成长和生态的形成是不同参与者之间互动涌现的结果。②

(二) 平台市场和平台社会的涌现

系统的涌现性具有多层次的特征，每个层次的涌现性都可以作为窥伺、剖析更大系统的切入点。③ 平台型社会生产结构的运行是一个双向技术赋权的过程，由此推动的非线性积累也会引发两个层次的涌现。其中，对外赋权以"便捷革命"的方式持续增强平台系统的非线性积累，最终引发平台市场的涌现，即在平台企业的基础上涌现出一个庞大的市场；自我赋权则以"数据革命"的方式持续增强平台系统的非线性积累，最终引发平台社会的涌现，即在平台市场的

---

① ［美］约翰·H. 米勒、［美］斯科特·E. 佩奇：《复杂适应系统——社会生活计算模型导论》，隆云滔译，上海人民出版社2012年版，第63页。
② 乔天宇、邱泽奇：《复杂性研究与拓展社会学边界的机会》，《社会学研究》2020年第2期。
③ ［美］约翰·H. 米勒、［美］斯科特·E. 佩奇：《复杂适应系统——社会生活计算模型导论》，隆云滔译，上海人民出版社2012年版，第54页。

虚拟整合：互联网时代社会结合方式的革命性变化

基础上涌现出一个强大的社会。

1. 平台市场的涌现。相对于巡游车来说，网约车堪称一场城市出行市场的便捷革命。这场便捷革命的动力来自平台的对外技术赋权，即平台通过开发移动终端的应用程序，对网约车司机和乘客进行不受空间限制的技术授权。平台的技术赋权解决了传统出租车司机与乘客之间的信息隔绝而导致的不确定性，以及由此产生的低效运营和打车难问题，从而吸引了众多私家车主和乘客加入其中。对于有出行需求的乘客来说，只需安装一个应用程序，即获得约车服务的权限。对于私家车主来说，只需通过网约车的注册审核，即获得提供服务和赚取服务费用的权限。同时，平台的技术赋权，还能够使私家车主能够以弹性工作和"按单计酬"的方式，参与城市出行服务的社会化生产，打破了城市出行市场上由特许经营权决定的"专车专用"服务模式。

身处城市任何角落的乘客，只要通过手机 App 发送自己的定位和约车信息，平台即能够匹配最近的网约车司机提供服务。这种突破空间限制的技术赋权产生了惊人的商业后果，正如卡斯特所言，新经济依靠技术的深化，以沟通领域的大幅度扩展为基础，将知识与信息融入所有物质生产与配送的过程中，极大地扩展了经济活动的范围。[①] 对于滴滴出行这样的平台企业来说，对外技术赋权所实现的便捷革命，使其商业架构和即时服务能力超过了工业化以来任何一家超级企业所及的时空边界。

作为一种互联网行业的新业态，网约车在用户规模和市场边界上拥有巨大的潜力，一直受到资本市场的青睐并成为风险投资的重要风口，所有初战商海的网约车平台都经历过数轮"烧钱"大战。

---

① ［美］曼纽尔·卡斯特：《网络社会的崛起》，夏铸九、王志弘等译，社会科学文献出版社 2001 年版，第 116—117 页。

在平台扩张阶段，除了投入技术研发、设备、人员经费等固定开支外，网约车"烧钱"大战最重要的方向是对司机进行让利和对乘客进行价格补贴，以吸引私家车主注册加盟和乘客使用平台软件。也就是说，除了对司机和乘客进行技术赋权之外，网约车平台还通过提成让利和价格补贴的方式对司机和乘客进行资本赋权。在平台型社会生产结构中，资本赋权的意义不仅给网约车司机和乘客带来了看得见的利益，而且在平台型社会生产结构的运行中引发了强烈的正向反馈。一方面，更多的私家车主（以专职或兼职方式）加入了网约车平台；另一方面，随着网约车数量的快速增长，网约车出行也越来越方便快捷，从而使网约车逐渐成为城市出行的首选，用户规模随之增长。

网约车数量与用户规模之间的正向反馈，推动了平台系统的非线性积累。中国网约车平台从2014年下半年开始大量接入私家车[①]，其用户规模到2015年即达到2165万人，2016年上半年猛增至1.22亿人，2020年3月达到惊人的3.62亿人。[②] 从这个快速扩张的过程及其影响来看，网约车平台的系统属性已经无法用平台企业来定义。因为它在组织层面发生了重大变化，即在平台企业的基础上涌现出一个庞大的、没有边界的平台市场。平台市场的涌现使平台系统在企业属性的基础上增加了市场属性。这意味着网约车平台不仅从私利性的企业属性出发，追求自身利益最大化；还要从公共性的市场属性出发，"充当公共资源的创造者、协调者、管理者、分配者甚至仲裁者的角色"[③]，成为一个公共责任主体和市场规制主体。

[①] 张茂元：《技术红利共享——互联网平台发展的社会基础》，《社会学研究》2021年第5期。

[②] 中国互联网络信息中心：《第37次中国互联网络发展状况统计报告》，2016年1月22日；《第38次中国互联网络发展状况统计报告》，2016年8月3日；《第45次中国互联网络发展状况统计报告》，2020年4月28日。

[③] 吕鹏、周旅军、范晓光：《平台治理场域与社会参与》，《社会学研究》2022年第3期。

虚拟整合：互联网时代社会结合方式的革命性变化

平台市场涌现的标志是平行市场的形成。在城市出行市场上的具体表现是，涌现出一个与传统巡游车市场竞争市场份额的网约车市场。实际上，滴滴等国内网约车公司起初是通过与出租车公司的合作进入城市出行市场的，通过免费安装 App 帮助出租车司机在线招揽乘客，所以出租车公司和出租车司机的利益在初期非但没有受到威胁，反而从网约车平台的技术服务中获益。① 彼时的网约车平台，在用户规模和组织属性上都是一个提供撮合服务的平台企业。比如滴滴 App 于 2012 年 9 月 9 日上线时，当时全北京仅有 16 名在线司机，都是出租车司机。② 但是，随着网约车平台开始大量接入私家车所引发的井喷式增长，随即涌现出一个与巡游车相抗衡的平行市场。据统计，截至 2020 年 2 月，全国合法网约车驾驶员达到 150 多万人③，而同期巡游出租车的车辆总数为 139.4 万辆。④ 两个旗鼓相当的平行市场构成城市出行市场的基本格局。

对于实行特许经营的出租车市场来说，平行市场之间的竞争使全国许多城市相继出现了两道重要的市场景观。一是网约车对巡游车市场的冲击，导致出租车司机的罢工、围堵网约车等事件不断发生；二是网约车市场的扩张对城市出行市场的特许经营制度构成威胁，引发了各种针对网约车的规制行动。从这个意义上讲，对网约车市场地位的理解，不仅要立足于平台的企业属性，将其归结为平台企业作为市场行动者的内部化策略等竞争优势，以及平台对外技术赋权所形成的规模效应；还应该从平台的市场属性出发，将其视为两个平行市场相互博弈的结果。这种博弈，与其说是围绕市场份额所进行

---

① 张茂元：《技术红利共享——互联网平台发展的社会基础》，《社会学研究》2021 年第 5 期。
② 程维、柳青等：《滴滴：分享经济改变中国》，人民邮电出版社 2016 年版，第 71 页。
③ 中国互联网络信息中心：《第 45 次中国互联网络发展状况统计报告》，2020 年 4 月 28 日。
④ 中华人民共和国交通运输部：《2020 年交通运输行业发展统计公报》，2021 年年 5 月 19 日。

的争夺，毋宁说是平台市场对维护特经营权的市场规制体系的挑战。平台强大的信息处理能力及其技术建构，使线上交易市场的规则体系化身为纯粹的技术设定。平台市场的强势崛起，在一定程度上使城市出租车市场丧失了作为社会体制、经济制度和意识形态等集体表象的能力。从这个意义上讲，网约车的市场地位获得在市场层面的重要原因，在于平台市场的涌现撕裂和动摇了由产权制度、治理结构等制度环境所表征的外部规制性。

2. 平台社会的涌现。除了对外赋权之外，平台还利用其技术优势进行自我赋权。随着平台型社会生产结构的不断运行，供求双方既往交易的信息不断沉淀下来，形成海量数据。互联网平台可以在后台直接截取、占有这些数据，并将其服务于商业或社会目的。平台的自我赋权就是对使用和开发既往交易数据的权利进行私相授受。平台自我赋权的基本逻辑是，既往交易数据是平台技术服务以及价格补贴的市场回报之一，用户享受的便捷服务和低价服务是用数据换取的，因而既往交易数据属于平台的固有资产，平台拥有对其进行开发的自然权利。自我赋权意味着平台在分享原有技术红利的基础上，进一步获得新的技术红利，也就是数据开发衍生出新的市场收益。

如果说对外赋权导致了便捷革命，那么自我赋权带来的是数据革命，即以数据为生产资料的再生产。对于平台来说，数据革命意味着平台开放的交易结构被数字技术所激活，不断拓展出新的服务内容和利益实现机制。这样一来，平台的双向赋权产生了一种非预期后果，即对外赋权带来的规模效应与自我赋权带来的数据红利之间的正向反馈。两者之间的正向反馈进一步推动了平台系统的非线性积累，从而引发了平台系统在整体属性上的再度涌现：在平台市场的基础上涌现出一个新型的社会形态，即平台社会。平台社会涌现的标志

虚拟整合：互联网时代社会结合方式的革命性变化

是现代社会裂变为两个面相，即线下的实体面相和线上的平台面相，个人因此分别以实体身份和平台身份出没于实体社会与平台社会。[1]

平台社会的涌现首先是组织层面的相变，平台从一种市场架构的组织形式升级为一种新的社会团结类型，即虚拟整合或虚拟团结。这意味着平台成为一种新的社会结合方式，并推动着社会生活的网络化。网约车平台在组织层面的相变，表明平台对司机与乘客的市场撮合获得了社会结构的含义，即重构一种基于城市出行服务的技术性团结。其次，平台社会的涌现也表现为社会运行方式上的相变，自我赋权导致的数据革命催生出一种新的社会支配类型，即算法支配。算法是平台的信息处理能力服务于特定任务或利益所产生的一种精密控制与决策机制。每个互联网平台都有独特的算法模型和应用场景。向用户推送新闻和短视频[2]、外卖骑手的派单与送餐路线[3]，网约车司机的派单服务、行程规划与劳动过程控制等，都依赖于算法从海量数据中提供的最优解。算法支配着平台的运行，也支配和定义了作为平台用户的个体的数字化生存，进而成为互联网时代的一种"社会权力"或"技术规制能力"[4]。基于组织和运行方式上的革命性变化，平台社会的涌现进一步生发出强大的社会影响力。

第一种社会影响力来自技术性团结。以第三方撮合结构和开放的交易结构为基本特征的平台型社会生产结构，极大地"扩大了共享技术红利的受益群体"[5]。在网约车的社会参与结构中，网约车平

---

[1] 张兆曙：《虚拟整合与平台社会的来临》，《社会科学》2021年第10期。
[2] Bail, C., *Breaking the Social Media Prism*, Princeton: Princeton University Press, 2021.
[3] 陈龙：《"数字控制"下的劳动秩序——外卖骑手劳动控制研究》，《社会学研究》2020年第6期。
[4] 刘河庆、梁玉成：《透视算法黑箱：数字平台的算法规制与信息推送异质性》，《社会学研究》2023年第2期。
[5] 张茂元：《技术红利共享——互联网平台发展的社会基础》，《社会学研究》2021年第5期。

台（技术团队和从业人员）、网约车司机和乘客这三个直接分享技术红利的受益群体是一个庞大的群体。据统计，2019年仅滴滴平台就创造了1200万个直接就业机会[①]；2020年3月，全国合法网约车驾驶员达150多万人，日均完成网约车订单超过2000万单；网约车用户规模达3.62亿。[②] 除此之外，网约车平台还凭借开放的交易结构扩大了间接分享技术红利的受益群体，比如，为平台提供技术支持的电子地图供应商、通过微信小程序接入的非平台用户、为驾驶员提供车辆租赁的租车公司，以及与平台合作的车品服务、卖车服务等合作主体。针对这些直接或间接受益群体，网约车平台通过降低技术红利共享门槛、扩大双边网络效应和纳入旧利益群体等方式构建技术红利的共享机制，从而奠定了广泛和坚实的社会基础。[③] 上述所有参与主体形成一个分享技术红利的共同体，其中蕴含着支持网约车发展和谋求合法市场地位，并与排斥、抵制、打压和限制网约车发展的传统体系相抗衡的结构性力量。他们通过社会舆论、行动支持、学术研讨和政策游说等方式产生了巨大的社会影响力。网约车市场地位的获得与这种强大的结构性力量所施加的影响是分不开的。

第二种社会影响力来自算法支配。相较于传统的出租车服务，由算法支配的网约车服务平台表现出两大优势：第一，平台通过算法的精密控制和决策机制，显著降低网约车的空驶率和提高乘客的打车效率，同时改进了供求双方的福利。第二，网约车平台通过严格的算

---

① 国家信息中心分享经济研究中心：《中国共享经济发展报告（2020）》（http://www.sic.gov.cn/archiver/SIC/UpFile/Files/Default/20200831152530623864.pptx），2020年3月18日，第9页。

② 中国互联网络信息中心：《第45次中国互联网络发展状况统计报告》，2020年4月28日。

③ 张茂元：《技术红利共享——互联网平台发展的社会基础》，《社会学研究》2021年第5期。

法规制和技术设置为乘客构建了周密的制度环境,实现平台的有效治理。比如,对网约车司机的行程进行监控,避免出行服务中的市场欺诈(比如绕道、宰客、欺客、拒载等)。从更广泛的意义上讲,平台通过算法服务和算法规制等一系列算法支配实践,塑造和锁定了用户社交、购物和出行等日常生活的时空路径,进而通过"制造同意"的方式取得社会生活的控制权。随着平台对用户的多维整合与深度整合,人们越来越适应并依赖于平台所提供的服务。在诸多社会生活领域,人们甚至已经无法回到传统的状态和生活方式。[①] 对算法支配的社会性适应为平台改造社会生活奠定了坚实的基础,形成了一个"拥抱"平台社会的社会心理氛围。由算法驱动的平台因而显示出惊人的行业性改造能力。凡平台所及之处,传统的行业体系纷纷土崩瓦解、日益衰落,而由算法驱动的平台型社会生产结构和平台化的社会生活则快速勃兴。网约车的兴起与市场地位获得正是平台改造社会生活的一个行业缩影。

五 总结与讨论

对于中国城市出行市场这样一个特许经营行业来说,网约车发展的特殊性及其理论挑战在于,它并不具有平等的市场参与权却最终获得了合法的市场地位。为了揭开网约车由"黑"变"白"的社会机制,本文提出了平台型社会生产结构的分析框架,围绕平台对外赋权和自我赋权引发的双重涌现,考察了平台型社会生产结构如何在市场层面和社会层面生发出巨大的影响力。本研究表明,网约车市场地位的获得是平台型社会生产结构双重涌现的结果,简称"双重涌现论"(见图3-2)。

[①] 张兆曙:《虚拟整合与平台社会的来临》,《社会科学》2021年第10期。

第三章　虚拟整合与平台市场

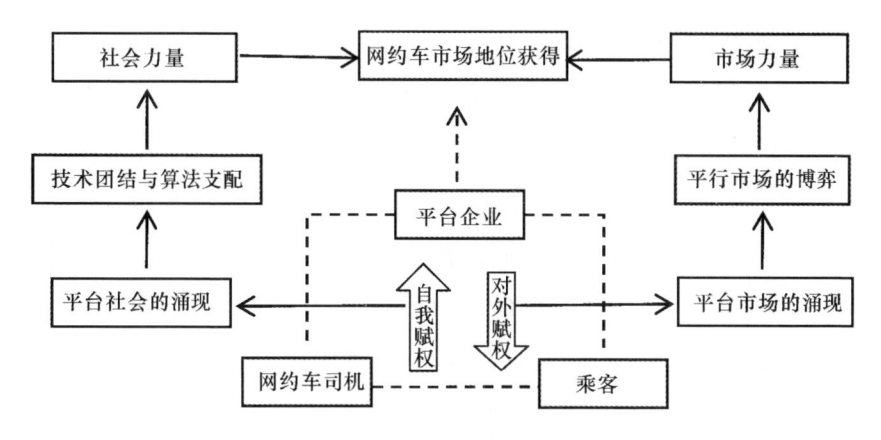

图3-2　平台型社会生产结构与平台系统的双重涌现

图3-2表明，网约车市场地位的获得是一个复杂的社会过程，不能简化为平台企业争夺市场份额的线性积累（虚线箭头）。毫无疑问，网约车市场地位的获得是传统市场规制体系对"非法兴起"的平台经济的妥协和制度化接纳。这一结果得益于平台型社会生产结构的技术—组织特征。尽管平台型社会生产结构的市场表象是在传统市场结构之间嵌入一个技术中介，但这个技术中介却凭借强大的信息处理能力，实现了平台企业的自我缔造，并成为新经济的主导者。在平台型社会生产结构的运行中，强大的信息处理能力与开放的交易结构，改变了平台的动力学机制，使其成为一种有组织的复杂系统。平台系统内部的正向反馈持续增强了复杂系统的非线性积累，最终突破系统的初始面相，并在内外技术赋权的推动下引发了双重涌现。其中，对外赋权以"便捷革命"的方式持续增强平台系统的非线性积累，最终引发平台市场的涌现，即在平台企业的基础上涌现出一个庞大的市场；自我赋权则以"数据革命"的方式持续增强平台系统的非线性积累，最终引发平台社会的涌现，即在平台市场的基础上涌现出一个强大的社会。

平台市场涌现的标志是平行市场的形成，城市出租车市场分裂

· 133 ·

虚拟整合：互联网时代社会结合方式的革命性变化

为传统巡游车市场与网约车市场。从这个意义上讲，网约车市场地位的获得是两个平行市场相互博弈的结果。这种博弈的本质是平台市场挑战旨在维护特许经营权的市场规制体系，并依靠全新的商业架构和技术规则撕裂了由产权制度、治理结构等制度环境所表征的外部规制性。平台社会的涌现分别在组织和运行方式上形成了一种新的社会团结类型和社会支配类型，即虚拟整合和算法支配。技术性团结构建了一个分享技术红利的共同体，其中蕴含着支持网约车发展和谋求合法市场地位，并与传统体系相抗衡的结构性力量；算法支配则以"制造同意"的方式取得社会生活的控制权，为其改造社会生活奠定了坚实的社会基础，形成一个"拥抱"平台社会的社会心理氛围。网约车市场地位的获得正是平台系统涌现出的市场力量和社会力量所推动的。

第四章

虚拟整合的意外后果：网络失范与网络焦虑

第一节 时空交织与网络失范*

互联网技术的快速发展和日益普及推动了社会生活的网络化进程，但也同步出现了广泛的网络失范（包括一切以互联网为媒介的网络越轨、网络犯罪等失范现象）。社会生活的每一个领域，只要与互联网技术结合起来，即会衍生出相应的网络失范。从网络诈骗到数据侵权，从随意停放的共享单车到网络快递行业普遍的交通违章，从虚假网络新闻到失控的网络舆论，从网络售假到互联网融资骗局，从网络色情到网络暴力等新型社会失范，处处表现出来自互联网的技术影响以及截然不同于传统社会失范的新特征。然而，社会科学对这一变化的回应仍然受制于传统的概念认知，将其理解为传统失范在网络空间的技术呈现，或者认为网络失范只不过是互联网所带来的一种技术手段的变化。比如，将网络犯罪视为传统犯罪在互联网的助推下所发生的一种网络变异（包括犯罪对象、犯罪行为、犯罪结果

---

* 本节以《虚拟整合与时空交织：一个网络失范的理论框架》发表于《新视野》2021年第4期。

|虚拟整合|：互联网时代社会结合方式的革命性变化

和犯罪目的等方面的变异)；[①] 或者认为所有的犯罪都可以在网络空间中完成，网络技术的运用大大方便了这些犯罪的实施，并使之具有新的特点。[②] 基于这样一种前提，社会科学关于社会失范的传统理论资源（比如社会学中的规范缺失论）仍然构成相关学科观察和理解网络失范的基本视角。

总的来看，网络失范的既有研究多侧重于外在的技术特征，并借助传统的失范理论展开相关议题的讨论。但是，以涂尔干和默顿为代表的社会失范理论本身是对工业化逻辑和工业化秩序的理论回应，其中，诸如"社会的缺席"和"社会文化结构的崩溃"等关于社会失范的经典论断，都是参照工业化秩序及其制度体系作出的诊断。网络失范作为一种互联网逻辑和网络化秩序下的新型社会失范，无论其内在的发生机制还是其外在的行为特征，均超出了传统失范理论的解释范围和解释路径，简单的"旧瓶装新酒"不仅意味着理论层面的误识，而且还会导致理论解释与治理实践之间的不适。正是从这个意义上讲，笔者将立足于互联网的技术特征和运行逻辑，借助网络社会学的概念工具和网络社会的时空场景，系统探讨和呈现网络失范的发生机制。

一 网络社会时空结构与整合方式的变迁

任何社会现象都发生并受制于特定的时空结构，都有具体的时空存在方式。失范行为也不例外。相对于工业化逻辑和工业化秩序下的传统失范，网络失范最根本的差异表现在时空结构的变化，即传统失范扎根于现实时空，网络失范则增加了虚拟时空的全新维度。所谓现实时空，是指线下社会生活在时间维度和空间维度上得以展开和

[①] 于志刚：《网络犯罪与中国刑法应对》，《中国社会科学》2010 年第 3 期。
[②] 刘守芬、孙晓芳：《论网络犯罪》，《北京大学学报》（哲学社会科学版）2001 年第 3 期。

第四章　虚拟整合的意外后果：网络失范与网络焦虑

延续的具体存在形式以及时间与空间的相互关系结构。在现实时空的空间维度上，社会生活要么依赖于面对面的在场接触，要么依靠社会分工和职业群体对在场接触（市场交易、信息传播等）的传递；在现实时空的时间维度上，社会生活的推进表现为功能化的时间统筹或统一的时间分配机制，时间的存在形式被（组织规范和风俗习惯等社会制度）分割为一个渐次推进的时间序列，每一个具体时段的功能都是固定的（即固定时间完成固定事项），并被统筹为一个有序展开的社会生活进程。简言之，现实时空就是社会生活所扎根的现实情境和统筹秩序。[1]

相对而言，互联网技术塑造的虚拟时空，则意味着社会生活的展开过程脱离了空间上的在场情境和时间上的功能统筹。虚拟时空的空间特征表现为去中介化，互联网技术彻底打破了物理空间的阻碍，人们无需借助社会分工和职业群体对在场接触的传递，即能实现远距离的社会交往和市场交易。信息技术范式的神奇之处在于，能够借助互联网将物理上并不邻近的地方或位置联结起来，并且愈益显示出一种虚拟的情境化趋势。[2] 人们可以借助虚拟空间展开缺场交往、共享传递经验和制造新的认同。[3] 虚拟时空的时间形式也不再是一个时间序列或社会生活的连续谱，功能化的时间统筹被机动灵活的弹性时间所取代，每一个具体时段并不意味着固定的功能安排，人们能够通过时间、空间和事项的重组改变社会生活的时间结构并获得更有效率的生活方式。

虚拟时空作为一种网络化社会生活的结构性镜像，不仅意味着个体行为的展开路径和程序等形式上的变化，而且标志着社会结合

---

[1] 张兆曙：《"互联网＋"的技术红利与非预期后果》，《天津社会科学》2017 年第 5 期。
[2] 张兆曙：《互联网的社会向度与网络社会的核心逻辑》，《学术研究》2018 年第 3 期。
[3] 刘少杰：《网络化时代的社会结构变迁》，《学术月刊》2012 年第 10 期。

虚拟整合：互联网时代社会结合方式的革命性变化

方式的根本性变化。网络社会所展现出的不同于工业社会的种种变化以及社会生活网络化的诸多新奇体验，都可以在这种社会结合方式的变化中得到理解。

人们在现实时空中的结合首先是以在场接触为基础的，具体包括涂尔干所定义的机械整合和有机整合所对应的两种结合方式。毫无疑问，机械整合所对应的面对面社会或未分化的同质性社会，是通过在场接触的方式直接结合起来的。而有机整合所对应的抽象社会或建立在社会分工基础上的异质性社会，尽管实现了相互分离状态下的结合，但这个过程是一种中介化的结合，也就是通过其他职业群体对在场接触的传递而间接实现的。比如，在淘宝、京东等电子商务普及之前，如果北京的消费者需要使用广州的产品，那么必须通过一系列在场交易的传递过程才能实现。因此，机械整合和有机整合都是以空间上的在场接触为基础的。

然而，在场接触并不等同于社会整合。如果在场接触未能形成稳定、持续的关系和制度化依赖，则很难从偶然接触进入稳定联系与团结状态。在这个转变过程中，时间协调机制是一个关键因素。在感性社会或同质性社会中，其中的每一个成员，都必须服从统一的时间分配，才能创造出持续接触的时空情境，进而形成共同生产、共同防御和共同分享的机械整合及其牢固的集体意识。在现代的抽象社会和异质性社会，空间上相互分离的个体，倘若没有其他职业群体对在场接触的持续传递，也就没有系统的依赖性和不同职业群体的整合。对在场接触的持续传递过程，同样需要遵守和适应统一的时间分配机制，才能在不同职业群体之间形成协调的交易秩序和市场结构，进而创造出社会分工在劳动效率上的比较优势。总之，统一的时间分配机制提供了一种保障，使在场接触和对在场接触的传递过程得以固定下来或者结构化，从而进入稳定联系与团结

第四章 虚拟整合的意外后果：网络失范与网络焦虑

状态。这就是基于现实时空和在场接触的社会整合，体现了机械整合与有机整合的时空结构。

在互联网技术创造的虚拟世界中，个体之间的结合彻底摆脱了空间在场的束缚。互联网技术可以通过特定的计算手段、应用模式和技术平台，对空间上相互分离的供给与需求进行匹配和撮合。人们不需要在场接触以及对在场接触的传递过程，就能直接与相距遥远的对象结合起来。与现实时空中的社会整合机制不同的是，网络空间中的虚拟结合并不需要统一的时间分配机制对缺场接触进行"结构化"，即能走向整合与团结状态。也就是说，个体在虚拟空间中的结合并不需要服从时间上的统筹，供给与需求的结合方式既可以共时结合，也可以在时间错位的情况下进行结合。以电子商务为例，网络交易既可以在双方同时在线的情况下完成，也可以在双方不同时在线的情况下完成；既可以在固定的时间进行交易，也可以在任意方便的时间进行交易。摆脱了统一时间分配机制的结合，如果发生于现实时空之中，将会停留于临时的、偶然的状态而无法固化为社会层面的整合。但是互联网能够凭借大数据和系统算法，对虚拟结合的信息沉淀进行数字化处理，建构网络空间的用户黏性、虚拟社群等数字化机制，使虚拟时空中的结合具有走向持续互动和依赖关系的可能性。简言之，网络世界的虚拟结合可以凭借特定的数字化机制而进入稳定联系与团结状态，即虚拟整合。

如果揭开互联网神奇的技术面纱，去透视社会生活网络化的深层秩序和运行逻辑，将会发现：网络社会最根本的变化并不在于互联网的"技术红利"，而在于互联网技术塑造了一种完全不同于工业化逻辑的时空结构，并形成完全不同于工业化逻辑的社会整合方式。从现实时空到虚拟时空、从在场整合到虚拟整合的变迁，其意义完全不亚于从同质性社会到异质性社会、从机械整合到有机整合的变迁过

虚拟整合：互联网时代社会结合方式的革命性变化

程。互联网技术对于后工业社会的意义，也不亚于社会分工对于传统社会之工业转型的意义。它不仅标志着后工业社会的时空表现形式和物理架构的数字化转向，而且意味着社会学反复追问的"社会何以可能"或"社会的构成"等经典议题，也需要从虚拟时空和虚拟整合的数字化逻辑中寻求新的解答。正是在这个意义上，虚拟时空与虚拟整合成为社会科学观察网络世界及个体行为的重要窗口，许多互联网技术所"滋养"出来的社会现象和问题，都可以通过虚拟时空和虚拟整合这把"钥匙"，去打开其内在的、隐秘的发生逻辑。

二 虚拟整合：以建构性为核心的社会事实

按照涂尔干的整体主义社会观，个体一旦进入整合状态，就会突生出某种超越个体层面的社会事实。[①] 由机械整合和有机整合所构成的在场整合，所产生的超越性社会事实，主要表现为一种规范性力量。传统的农业社会和现代的工业社会，正是借此实现对个体行为的约束和影响。比如，强烈的集体意识对同质性个体的制约；职业道德对职业群体的规范。毫无疑问，这种规范性力量来源于一种共同在场所形成的内在结构。在现实的时空关系中，个体在情感和行动上对共同在场的关注和维持，实现了对个体日常接触和互动的控制。这首先是因为，共同在场不仅仅为日常接触和互动提供了一种情境，而且也是个人融入社会生活的基本桥梁和个人感知社会的基本场所。离开了共同在场，个体也就离开了社会。同时，共同在场的维持，为参与者提供了人与人之间的信任和亲密性、本体性安全以及日常接触和互动的连续性。[②]

---

① [法] 埃米尔·涂尔干：《社会分工论》，渠东译，生活·读书·新知三联书店2000年版，第127、30页。

② 张兆曙：《非常规行动及其后果》，中国人民大学出版社2009年版，第183页。

第四章 虚拟整合的意外后果：网络失范与网络焦虑

具体的控制机制表现为，共同在场的参与者通常以共同在场的维持为目标，通过吉登斯所揭示的"反思性监控"能动地扮演各自的角色。反思性监控"不仅涉及到个体自身的行为，还涉及到他人的行为。也就是说，行动者不仅始终监控着自己的活动流，还期待他人也如此监控着自身"①。这样，参与者基于对共同在场的关注和需要，彼此之间产生一种默契，心照不宣地按照例行常规发生互动，从而实现面对面的社会整合和共同在场的维持。换言之，由于共同在场的破裂将会威胁到行动者的本体性安全，共同在场的参与者势必会自主地以传统、习俗或习惯等常规手段来处理双方的关系，通过各种安全操作和互动技巧，在例行活动的"演出"中维持一种作为社会成员资格的自尊感。正如吉登斯所言，"就时空中的社会整合而言，对身体的控制和在'面部操纵'中对面部的控制和使用都是至关重要的"②。

但是，借助互联网技术所实现的虚拟整合，显然并不存在对共同在场的关注与维持，以及由此而产生的控制机制。这意味着虚拟整合无法像在场整合那样，生产出一种以规范性为核心的超越性社会事实。尽管网络空间也存在对用户行为的规范和约束，但它并不是虚拟整合的产物。虚拟空间的规范要么来自现实世界道德、习俗和法律的教化而形成的一种自觉行为，本质上属于现实规范在网络空间的投射；要么来源于互联网平台的技术设定，即"内嵌于代码的网络技术规则"③。对于网络治理的目标和要求来说，网络规范的这两个来源显然并不具有充分的约束力。现实世界所内化的社会规范，要么是与有机整合相匹配的职业道德，要么是与机械整合相匹配的集体道

---

① ［英］吉登斯：《社会的构成》，李康、李猛译，生活·读书·新知三联书店1998年版，第65页。
② ［英］吉登斯：《社会的构成》，李康、李猛译，生活·读书·新知三联书店1998年版，第165页。
③ 何明升：《中国网络治理的定位及现实路径》，《中国社会科学》2016年第6期。

德，在规范属性上与虚拟整合并不匹配。而且，由于在场控制机制缺失，线下所内化的规范进入虚拟空间后将会弱化。虚拟空间这样一种非常态环境对（传统）道德规范效力的发挥构成了严峻的挑战。比如，2020年上半年因新冠疫情的暴发而进行的网络教学中，在线下课堂上被高度规训的中小学生普遍变成了线上教学的"神兽"，就是这种弱化的具体表现。对于网络空间的技术设定来说，由于技术漏洞、技术边界和技术风险的存在以及非对称的技术赋权，其所发挥的规范功能往往是有限的和不对称的（比如平台与用户之间的不对称），从而为技术作恶提供了行动空间，甚至存在和发生挑战社会规范的副作用和意外后果。

相反，虚拟整合所造就的是一种以建构性为核心的超越性社会事实。或者说，虚拟整合本身就是一种强大的、跨时空的建构性力量。在市场领域，互联网技术平台借助虚拟整合的方式建构起庞大的商业体系（比如淘宝、滴滴打车、美团等）。在社会运动领域，互联网技术能够将被空间隔离起来的"嬉笑怒骂、喜怒哀乐等情感形式和内容"聚合起来，通过情感动员的方式建构"抗拒当代中国大转型的反向运动"[1]。此外，虚拟整合还"唤醒了社会成员的自主自觉意识"和"主动的具有建构意义的社会认同"[2]。对于这个日益个体化的世界来说，虚拟整合表现出一种特殊的魔力和建构性。它能够使人们在网络空间的交往中实现从个体认同向集体认同的联结，或者强化特定维度的社会认同。一如卡斯特在《认同的力量》开篇标题（"共同体的天堂：网络社会中的认同与意义"）所表明的那样，网络空间的虚拟世界对于世界各地的人们抗拒世纪之交的全球化等系列威胁来说，事实上充当了宗教激进主义、民族主义以及地域性的共同

---

[1] 杨国斌：《悲情与戏谑：网络事件中的情感动员》，《传播与社会学刊》2009年第9期。
[2] 刘少杰：《网络化时代的社会结构变迁》，《学术月刊》2012年第10期。

第四章 虚拟整合的意外后果：网络失范与网络焦虑

体兴起的"天堂"[①]。

毫无疑问，社会生活的网络化乃至整个网络社会的崛起及其运行逻辑，都是虚拟整合及其建构性的产物。如果没有虚拟整合惊人的建构性，也就没有信息化时代无与伦比的便利与快捷，以及信息技术范式主导的再结构、再组织过程。但是，当虚拟整合的建构性施加于工业化秩序以及与之相匹配的社会基础系统（包括制度与设施）时，则意味着一种对传统秩序的解构、威胁乃至颠覆。因此，虚拟整合在造就一个新世界的同时，客观上也在破坏一个旧世界。从本质上讲，网络空间中的虚拟整合就是借助互联网的技术黏性重塑人们在市场交易、社会交往等方面的行为方式以及个体之间的结合方式，一旦虚拟空间的行为方式和结合方式被固定下来，极有可能面临着与传统世界的结构性冲突。

网络社会的崛起并不意味着工业社会的终结，而是在工业社会的基础上，围绕特定的社会生活领域或为了满足特定的社会需求而形成的一种新型社会形态或运行方式。换言之，我们所处的时代实际上是一个工业化秩序和网络化秩序并存的阶段，尽管社会生活的某些方面已经进入网络社会的轨道，而且社会生活网络化的范围也在日益扩展，但是工业化逻辑仍然是这个时代最基本的运行逻辑，特别是作为社会基础系统的制度与空间格局仍然是工业文明的产物。这种网络化逻辑与工业化逻辑并存和相互撕扯、相互冲突的结构性状况，是社会生活网络化过程中最为特殊和非同寻常的遭遇。现实时空与虚拟时空的相互影响和交织，一方面使个体在面对"规范弱化"与"技术建构"的双重影响时，有可能重新确定自己行为的分寸与尺度；另一方面也可能使两种时空的交织地带成为特定

[①] [美]曼纽尔·卡斯特:《认同的力量》，曹荣湘译，社会科学文献出版社2006年版，第4页。

·143·

行为的法外之地。很显然，行为尺度的变化和法外之地的形成，与网络失范之间存在值得进一步发现和阐释的逻辑关联。从这个意义上说，虚拟整合所导致的时空交织，对于理解网络失范提供了一种重要的观察视角。

三 时空交织与网络失范的基本图式

网络失范涉及两个具体的分析维度。第一个分析维度是网络社会的规范类型参照，即虚拟空间的两种规范来源，包括在场规范向虚拟空间的投射（实体社会层面的规范投射）和互联网的技术设定（虚拟技术层面的技术设定）。规范维度的分析旨在就规范论失范，也就是廓清相对于不同的规范类型，将会发生何种失范行为。第二个分析维度是网络失范的发生场景分析，包括时空延展（失范行为由虚拟时空向现实时空延展）和时空错位（失范行为由虚拟时空与现实时空的结构性错位所激发）。场景维度的分析旨在对失范行为进行情境辨识，也就是说明在何种时空场景下会发生何种失范行为。笔者将在规范和场景的二维框架中，借助虚拟整合及其建构力的解释工具，具体分析在时空交织的发生场景中，个体行为如何失去分寸感，或者如何形成法外之地。基于这两个维度的交互分割，网络失范可分为四种基本类型，即依赖性失范、适应性失范、侵权性失范和工具性失范（见表4-1）。

表4-1　　　　　　　　网络失范的基本图式

规范类型 \ 发生场景	时空延展	时空错位
规范投射（规范弱化）	依赖性失范（时空脱离）	适应性失范（时空错位）
技术设定（技术作恶）	侵权性失范（技术开发者）	工具性失范（技术应用者）

第四章　虚拟整合的意外后果：网络失范与网络焦虑

1. 依赖性失范

依赖性失范就是通常所说的网络上瘾，是指因虚拟空间对个体的过度整合所导致的网络依赖，在个体行为层面的表现及其危害。过度整合并不是一种强制性的约束力，而是通过强烈的诱惑性和吸引力垄断个体的注意力，或者将个体的注意力锁定在虚拟世界。依赖性失范的具体表现是，互联网平台及其特定的应用模式（网络游戏、网络社交和网络浏览）在提供服务的过程中，依靠其占据和积累的数据资源和技术优势，设计出符合用户心理特征的控制机制和激励机制（比如，互联网平台广泛使用的个性化推荐算法、微信设计的触发点、短视频应用的无限下滑菜单、网络游戏中的多变性奖励等），为用户带来沉浸式体验和不可抑制的参与动机，使之强烈地沉溺于虚拟世界而无法自拔。依赖性失范最重要的特征是，虚拟世界的参与过程与心理体验，构成行为者精神上的寄托。最典型的依赖性失范就是各种游戏上瘾、手机上瘾和网络沉溺等网络依赖症。特别严重的是，由于智能手机和移动互联网的普及，许多青少年出现了典型的上瘾症状——他们不愿意线下社交，不愿意旅行，不愿意健身，甚至不愿意工作和结婚。

依赖性失范对虚拟时空的沉溺导致虚拟整合对在场整合、虚拟关系对现实关系的侵占和挤压，从而使失范的后果向现实时空延展。在此过程中，现实时空中个体行为的正常轨迹和社会生活的规范秩序，将会由于虚拟时空的过度整合而发生紊乱，并危及个体的亲密关系和个体发展预期。依赖性失范的本质是一种时空脱离，即虚拟空间的过度整合导致个体脱离了正常社会生活的轨道。发生依赖性失范的个体处于一种前所未有的处境，即个体被虚拟整合惊人的建构力所主导，并失去了在场整合对个体的规范与驾驭。毫无疑问，这是一种危险的处境，虚拟空间的过度整合不仅打破了虚拟与现实的平衡，使个体陷入严重的冲突与撕扯，而且有可能蔓延为一种社会性危机。

虚拟整合：互联网时代社会结合方式的革命性变化

对于社会科学来说，针对依赖性失范的网络治理，需要厘清两个基本议题，即何种特定的个体容易发生依赖性失范？互联网平台及其应用模式通过何种社会机制实现对特定个体的过度整合？其中，前者涉及依赖性失范的防范，后者关乎依赖性失范的矫正。

2. 适应性失范

所谓适应性失范，就是在互联网平台及其应用程序的主导下，个体为了适应虚拟整合的建构性要求，而违背线下社会规范的行为。比如，外卖送餐员普遍发生的交通违章（包括逆行、超速和进入机动车道）；共享单车的占道经营和随意停放对公共秩序的妨碍等。网络社会的到来使社会生活分化为两种不同的时空逻辑。线上生活基于虚拟时空，线下生活依赖现实时空。互联网平台及其应用程序对个体行为的建构，体现了虚拟时空的逻辑。但是，线下生活是按照现实时空的逻辑及其制度化要求展开的。两者之间并不一致，当两种逻辑同时作用于特定个体时，虚拟整合的建构性要求及其技术红利将会激励行为者以失范的方式适应前者的要求。简单地说，适应性失范就是个体适应虚拟整合所建构的"新秩序"，却违背了在场规范和现实时空的制度化逻辑。其本质是虚拟整合的建构性对线下规范的削弱，表明线下规范投射到虚拟空间后会发生一定程度的弱化。

适应性失范发生于虚拟时空与现实时空的交织地带，两种时空的结构性错位或结构性矛盾为其提供了发生空间。在社会生活网络化的过程中，针对特定的生活需求，服务平台及其应用程序借助互联网的技术连通性和数字化的撮合机制建构了各种服务模式（比如共享单车使用模式和 App 送餐服务模式），为用户提供数字化的便捷服务。但是，虚拟整合中的线上交易系统是按照互联网逻辑进行的技术建构，而为线上服务提供线下支撑的社会基础系统（包括制度体系与社会运行设施）则是工业化逻辑的产物。在虚拟整合的支配下，个体往往会"突破"工业化逻辑及其社会基础系统所界定的行为边界。因此，适应性失范是虚拟整合的副产品，体现了虚拟整合与社会基础系统之间的不匹配，以及虚拟整合所面临的时空矛盾。

3. 侵权性失范

侵权性失范即互联网的技术开发者进行技术作恶。技术作恶的行为主体及相应的失范行为包括两类：一是主导技术开发的互联网平台，即平台的技术侵权；二是作为挑战者的技术开发者，即挑战者的技术侵权。

平台的技术侵权是指，互联网平台通过技术设置上的自我赋权，截取用户数据，并借助大数据分析和机器学习算法对用户数据进行开发和利用。在这个过程中，平台能够凭借超强的技术能力进行技术作恶，并将行为后果推及和延展到线下的社会生活体系。比如，平台可以凭借其占有的用户数据和技术优势洞察人们的社会关系、个人癖好、支付能力、商业秘密、情感和价值取向等个人隐私，并据此进行大数据杀熟等侵犯个人数据权益的商业活动。更为重要的是，平台基于用户数据和算法模型发展起来的驾驭能力，能够从经济领域拓展到更广阔的政治、社会和文化领域。个人的政治认知、政治态度、国家与公民的互动、社会信任、社会公平感、就业选择、职业观念、文化生产与传播等均受到平台的引导、建构和操控。也就是说，平台超强的技术能力不仅能够在商业领域侵权，而且能够扭曲社会舆论、建构政治认知、影响社会心态和操控政治参与。这对于整个社会安全体系来说，无疑构成重大的挑战和威胁。由于虚拟整合的建构性缺乏内生的道德修饰，一旦平台超强的技术能力被非法利用，将会同时威胁到个体层面和社会层面的基本安全系统。

挑战者的技术侵权则指挑战网络平台的技术设定而导致的失范或侵权行为，比如制造黑客、破解软件、生产病毒、入侵账户等等。

虚拟整合：互联网时代社会结合方式的革命性变化

网络化时代的社会生活实现了与互联网技术的全面结合，技术开发者或平台建设者已经建构出一整套维持虚拟整合的技术安全体系。一旦互联网平台的技术设定被篡改和攻击，也就意味着虚拟整合的技术安全体系受到威胁，并进一步从虚拟时空向现实时空、从线上技术安全向线下生活体系传导和蔓延。在这种情况下，如果技术挑战者的行为突破了纯技术范畴和知识文本的边界，通过传播病毒、窃取信息和破解软件等非法手段进行技术作恶（比如主观侵权、有意破坏以及牟利），即构成侵权性失范。因此，技术挑战一旦失控，将会破坏网络生活的基本秩序以及虚拟整合的技术安全体系。如果行为主体的技术挑战是一种由个人趣味所驱动的自证行为，则仅仅是一种潜在的网络失范。

4. 工具性失范

工具性失范主要是技术应用者对互联网技术功能的非法利用所导致的结果失范。相较于技术开发者的侵权性失范，工具性失范的行为主体是技术应用者。它具有两个基本特征：一是行为手段上表现为技术应用者对互联网技术的非法利用；二是行为目的上表现为在法律上和道德上的非正当性。从手段服务于目的的关系来看，工具性失范也包括两个具体的亚类，即网络牟利和网络暴力。

网络牟利就是非法利用互联网工具获取不正当利益。比如网络诈骗、网络售假、网络传销、网络色情和网络赌博等。在网络牟利的发生逻辑中，对互联网工具的非法利用包括两种具体的行动策略：一是网络欺骗，也就是行为主体熟练掌握互联网平台的应用功能，充分利用虚拟时空与现实时空的结构性错位而形成的验证盲区[①]，设计一

[①] 比如，对于长期通过社交软件或通信工具进行日常交往的熟人来说，由于熟人关系且频繁地发生日常互动，具有较高的信任程度，在这种情况下就会在虚拟交往与现实社会之间形成一个验证盲区。一旦社交媒体或通信工具的账号被盗，或者通过特定技术假冒熟人账号（或公共部门账号），就容易借助虚拟与现实之间的验证盲区进行网络诈骗。

套相互配合的行动策略和获信机制施加于特定群体，进行非法牟利；二是网络掩饰，也就是借助虚拟时空和虚拟整合的隐蔽性，掩饰在现实生活中容易暴露的失范行为（比如性交易、赌博等），试图建构一个失范行为的法外之地，在法律边缘地带获利。

网络暴力是指利用互联网的传播效应对特定事件中的具体对象（事件当事人、责任者、冒犯者等）进行扩大化的攻击。比如，通过人肉搜索、网络曝光、传播言论和制造舆论等方式进行人身攻击或影响事态的发展。网络暴力所借助的网络工具主要是搜索引擎和传播平台（比如微信、微博等）。其内在逻辑是利用虚拟整合强大的建构力，将现实时空中的特定事件定义、传播和转化为虚拟时空中的网络事件和网络舆论，进而对事件中的特定对象施加影响或形成舆论风暴。从本质上讲，网络暴力是虚拟时空特有的一种事态影响力，也是对虚拟整合建构力的非法利用。对网络暴力的制造者来说，现实时空与虚拟时空在事态影响力上的落差，将会产生一种时空错位激励，即将现实时空中有限的行动能力转向虚拟时空，借助虚拟整合跨时空的建构力制造事端和进行针对性的攻击，通过互联网的倍增效应扩大事态影响力。网络暴力的一个重要特点是，由于网络舆论的攻击过于强大且难以控制，因此网络暴力往往会造成过度攻击和过度伤害。

四 小结

在纵向的场景维度上，网络失范的基本图式区分出时空延展与时空错位两种不同的发生场景。依赖性失范和侵权性失范主要是由虚拟整合的数字化建构所支配的失范行为。其中，依赖性失范表现为虚拟整合的数字化建构造成网络沉溺；侵权性失范则表现为技术开发者利用虚拟时空的建构性力量进行技术作恶。尽管这两种由互联网的技术建构所支配的行为发生于虚拟时空的场景中，但其后果则延展至现实时空和线下生活。前者导致个体行为脱离现实时空的正常轨迹和生活秩序；后者导致对个体线下生活的宰制和侵扰。简言之，"行为"发生于虚拟时空，"失范"困扰着现实时空。适应性失范和工具性失范的发生逻辑则是由虚拟时空与现实时空的结构性错位所产生的一种激励性选择。其中，适应性失范表现为结构性错位激励个体通过现实时空中的"失范"去适应虚拟整合对行为的建构性要求；工具性失范表现为结构性错位激励个体非法利用网络平台的技术功能去实现非正当的目的。简言之，虚拟时空和现实时空之间的错位为失范行为提供了机会结构，驱动着个体游走于虚拟与现实之间追逐单一时空结构中无法实现的目标。

在横向的规范维度上，网络失范的基本图式进一步区分出规范弱化和技术作恶两种失范类型。其中，规范弱化是指基于在场整合发展出来的社会规范（即原本内化于个体心智结构的社会规范）投射到虚拟空间之后，由于在场维持机制的缺乏，其约束力将会发生不同程度的弱化。在这种情况下，趋于弱化的规则体系显然难以对抗虚拟空间中互联网技术对个体行为的数字化建构，因此，沉溺于虚拟生活的依赖性失范和被数字化机制所诱导的适应性失范，主要是由于规范弱化所导致的意志崩溃和自我妥协，从而将个体行为主导权"让位于"虚拟整合的技术建构。技术作恶是指对互联网技术的"非法"利用所导致的负面后果。作为虚拟整合的社会组织形式，互联网平台的技术设定和技术功能在建构虚拟生活的同时，也意外地导致技术开发者的数据侵权（侵权性失范），或者为技术应用者创造出失范行为的"新工具"（工具性失范）。由于缺乏内在的道德修饰，因此虚拟整合的建构性充满着"技术野性"和"技术侵略性"，既可以被技术开发者（网络平台）用以驾驭和宰制用户的生活世界，也可以被技术应用者借以在时空错位的机会结构中"制造事端"。

第四章 虚拟整合的意外后果：网络失范与网络焦虑

总体上看，网络失范的基本图式展现了一个重要的时空特征，即虚拟时空和现实时空的相互交织。无论是被数字化机制所支配的依赖性失范或利用数字化机制进行的网络侵权，还是由时空错位所激励的适应性失范和工具性失范，皆因虚拟整合的技术建构而发生，因违背现实规范或破坏现实生活秩序而失范。故时空交织构成理解网络失范的重要社会情景。非此，不足以准确把握网络失范。相对工业化秩序的时空场景来说，互联网的技术建构不仅塑造了虚拟时空的行为场景，使个体同时置身于技术设置和社会规范的双重影响中，而且成就了个体在两种时空相互转换中的行为能力。无论是作为意外后果的网络失范，还是工具论意义和机会主义的网络失范，都包含着两种时空的相互关涉、相互卷入和相互影响。简言之，所有的网络失范都是在时空交织的场景中发生的。

虚实交织的时空场景导致了网络失范在治理结构上的困境。第一，当以虚实交织和时空转换为基本特征的网络失范危及现实的生活秩序与安全系统时，却无法以传统的方式廓清责任边界和作出即时性的治理反应。比如，无法以现有法律体系中的时空概念去定义、识别和锁定网络失范的治理对象。① 正因为如此，网络犯罪的出现，使得以属地管辖原则为主的法律空间效力原则受到很大的冲击②，从而削弱了传统治理体系的治理能力。第二，虚拟整合的建构性具有"集中涌现"的特征③，因此，作为虚拟整合建构性的产物，网络失范很少以孤案、个案的形式发生，通常表现为以技术平台为依托，大面积、跨时空地发生于虚拟整合所及的整个时空范

---

① 现有法律体系的时空概念体现的是工业化秩序，代表着工业文明的制度边界和身份识别体系，比如出生时间、年龄、工作经历、方言、籍贯、居住地、工作机构等带有时空含义的身份识别标准，在虚拟时空中已经失去身份识别的意义。
② 郑泽善：《网络犯罪与刑法的空间效力原则》，《法学研究》2006年第5期。
③ 张兆曙：《互联网的社会向度与网络社会的核心逻辑》，《学术研究》2018年第3期。

虚拟整合：互联网时代社会结合方式的革命性变化

围。这意味着以案件为抓手的传统治理模式无法匹配跨时空失范的治理要求，单个案件的治理往往收效甚微。

进入互联网时代之后，社会即裂分为两个不同的面相，即基于虚拟整合和互联网逻辑的平台社会（网络社会）和基于在场整合与工业化逻辑的实体社会。从本节的分析来看，网络失范的治理困境是由虚拟时空与现实时空之间的相互交织和结构性不适所导致的，其本质是网络化秩序与工业化秩序之间的矛盾与冲突。具体而言，传统治理方式和手段体现了工业化秩序和在场整合的逻辑，但网络失范的主要根由是虚拟整合的技术建构以及虚拟整合导致的规范弱化。这就需要改变以案件（事件）为抓手和属地分割管辖的工业化治理模式，围绕虚拟整合的技术建构及其基本组织形式（即平台），建构一种能适应虚拟整合和互联网逻辑的规范体系和治理模式——以平台为中心的网络治理模式。在网络失范的基本图式中，四种网络失范背后的技术建构（包括直接的技术建构和技术建构的意外后果）都是通过平台加以实现的。因此，网络平台实际上充当着网络失范的控制枢纽，以平台为中心的网络治理，就是通过对网络失范的控制枢纽（平台）进行干预，从发生机制上消除网络失范的技术根源。其核心是确立平台技术服务和内部治理的主体责任，构建互联网平台的技术责任体系和合规控制体系，实现平台对网络失范的自我根治；干预平台的内容生产与系统算法，促进设计向善，实现网络失范的源头治理。

第二节　虚拟整合与网络焦虑[*]

2019年1月29日，一篇名为《一个出身寒门的状元之死》（简

---

[*] 本节以《虚拟整合与网络社会的群体性焦虑——以网络刷屏为例》为题发表于《江苏行政学院学报》2021年第5期。

称《寒门状元之死》）的文章刷爆朋友圈，迅速达到"10万+"级别的阅读量。文章讲述了一个寒门子弟逆袭成为高考状元，但其成为状元之后仍然难以挽救寒门之苦而被厄运击倒，最终患病身亡的故事。从网友的留言和评论来看，《寒门状元之死》无疑击中了弱势群体的制度性困境，大范围地触发了读者的"痛点"。然而，事态在次日即发生反转，以《〈寒门状元之死〉刷屏，一窝咪蒙扑面而来》为代表的多篇揭露《寒门状元之死》编造事实博取"泪点"的文章，同样刷爆朋友圈，点击量惊人。网友们纷纷指责《寒门状元之死》的作者及其背后团队，进行无底线的精神营销。最后，事件如闹剧般地以删除文章和停号而结束。这种"消费"大众情感的网络营销及其对网络舆论的误导已经成为网络空间最常见的"负能量"事件，也是网络信息管理部门进行网络治理的重要领域和主要抓手。但是，这一事件的展开过程包含着一道网络社会的重要景观，即以刷屏为基本形式的网络舆论已经成为互联网时代日常生活的一部分。在微信朋友圈，我们几乎每天都能感受到或者直接参与各种各样的刷屏事件。"刷爆朋友圈"这道独特的景观已经日常化地呈现于我们的生活世界。许多人习惯了刷屏和自媒体的喧嚣，反而不太适应安静的自媒体。这是信息化时代的重要特征，也是传统工业化时代难以想象的社会事实。对于刷屏这样一种社会舆论的时代征候，社会学的洞察力不仅要求我们对其心理基础进行诊断，即以刷屏为基本形式的网络舆论反映了一种什么样的社会心理特征？而且要求进一步揭示其动力机制，即以刷屏为基本形式的网络舆论何以可能？

一　网络刷屏的批判性向度及其基本特征

刷屏的原始含义是指在网上论坛、留言板、BBS以及即时聊天室、网络游戏聊天系统等网络空间，同一ID或少数ID在短时间内重

虚拟整合：互联网时代社会结合方式的革命性变化

复或集中发送大量内容相同的信息,进而覆盖整个屏幕或淹没屏幕上的其他信息。后来被引申为互联网空间某一类信息的集中呈现,尤指微博、微信等自媒体对某一公共事件或重大事件的传播,引发网民的广泛关注并主动参与评论、讨论、分享等信息再生产和交互传递,并在较短时间内实现信息的"快速聚合"①,形成舆论风暴或者垄断自媒体的注意力。实际上,网络刷屏有广义和狭义之分。广义的网络刷屏是指互联网空间中任何类别信息的集中呈现,具体包括三类:第一类是由国家推动的、对"正能量"的集中传播(简称"正能量刷屏");第二类是由社会推动的、针对政府部门和市场领域的批判信息和行动诉求集中涌现(简称"批判性刷屏");第三类是由市场推动的、旨在实现特定市场目的的信息"轰炸"和信息营销(简称"营销性刷屏")。狭义的网络刷屏主要是指批判性刷屏。除此之外,还存在一种"假批判之名、行营销之实"的刷屏,也可归入狭义刷屏(或批判性刷屏)之列。所谓"假批判之名、行营销之实",就是在信息传播的形式上和名义上以质疑、批判和表达诉求为手段,吸引网民的关注与参与,但最终是为了实现特定的营销目的。比如,基于流量思维的公众号营销等。

本节所关注的网络刷屏,就是具有批判向度的网络刷屏。这种鲜明的社会批判向度,包含着众多网民特定的行为和表达,并具有重要的政治与社会含义,容易产生较大的社会影响和社会后果,往往受到政府部门和学术界的特别关注。一旦自媒体空间发生了批判性网络刷屏,往往会伴随着舆论的反转和网络拉锯战,甚至形成重大的、影响深远的网络事件。刷屏的标志是传播指数,比如"10万+"级别的点击量或阅读量。很显然,在网络舆论的发生语境中,刷屏的含义已经远远超过了其原始含义所指的"同一ID或少

---

① 张兆曙:《网络舆论的反转何以可能——基于发生结构的视角》,《学海》2018年第4期。

第四章　虚拟整合的意外后果：网络失范与网络焦虑

数 ID 集中发送重复信息"。作为自媒体空间的独特景观，网络刷屏的本质是一种通过传播指数加以体现的行动结果和群体态度，是成千上万个 ID 共同关注与广泛参与的结果。总体上看，具有批判向度的网络刷屏表现出三个基本特征。

第一，事件性。事件性意味着网络空间出现异常，也就是超出网络生活的基本脉络和正常状态，或者打破了网络生活的均衡。在正常状态下，自媒体空间的不同 ID 会基于个人偏好，传播和分享各种不同类型的信息，从而构成丰富多彩的网络生活。但是，在某些特定时间，我们常常会突然发现，相当比例的 ID 都在传播同一个公共事件或重大事件。此时，自媒体空间对信息传播的均衡状态就被打破。因此，网络刷屏始于互联网对公共事件或重大事件（以下简称"异常事件"）的传播，而互联网用户对事件的关注、评论、讨论以及进一步传播所导致的网络刷屏，本身也构成一种网络事件。从这个意义上说，网络刷屏的事件性特征表现为两个层面：一是互联网（特别是自媒体）对现实生活中异常事件的传播；二是自媒体空间中传播结构的异常状态，即自媒体用户对异常事件的广泛关注和共同参与，打破了自媒体空间的均衡状态，导致刷屏。简单地说，网络刷屏的事件性表现为，现实生活中的异常事件引发了网络空间的异常状态或非均衡状态。

第二，集体性。刷屏是一种指数级别的关注、表达和传播行为的结果，是数以万计、十万计乃至更多数量的自媒体用户自发参与对异常事件的传播所形成的网络群像。从本质上讲，网络刷屏就是一种虚拟空间中的集体行动与政治参与。但是，相较于线下的集体行动，网络刷屏并不需要以共同在场、组织体系和人际沟通为基础的动员结构。相反，刷屏所依赖的是一种全新的动员结构，即以自媒体平台为舆论中心，以交互延伸的社交网络为传播渠道，以传播信息为参与方式。简单地说，网络刷屏的动员结构包括舆论平台、社交网络和信息流三个基本结构性要素。[①] 但是，其中的每一个结构性要素都需要互联网的技术赋能，才能形成集体行动的政治效能。没有互联网的技术赋能，就没有以网络意见领袖[②]为中心的舆论平台和围绕异常事件进行讨论和交流的公共领域；没有互联网的技术赋能，就没有低成本和快速的信息流以及全新的政治机会结构；同样，没有互联网的技术赋能，个人独立的社交网络就不可能融合为一个相互通达的传播体系，进而为构建不同用户之间的关联行动和集体表达奠定基础。

第三，情感性。普通的自媒体用户推动网络刷屏的基本方式是积极传播和分享网络意见领袖对异常事件的定义和言说，通过点赞（支持）、评论与讨论（认知）以及转发（传播）来表明态度和表达认同。网络刷屏的展开过程，首先是网络意见领袖对现实生活中发生的公共事件或重大事件等异常事件进行一种社会归因和社会定义，从而使异常事件变成一个公共议题。这个过程不仅为普通自媒体用户提供了认知框架，而且建构了一种情感动员的策略，即触发社会的"痛点"和勾连起普通网民的公平、正义及权利意识。在此基础上，持认同立场的自媒体用户基于对基本安全系统的担忧或对异常事件中特定遭遇的同理心，而对网络意见领袖建构的议题和认知框架进行积极的回应、热情的参与、愤怒的表达、疯狂的传播，进而快速形成刷屏之势。从这个意义上讲，在网络刷屏的背后，是互联网（自媒体）对于异常事件的传播而引发的一种情感聚集或群体性的情感表达。这种情感聚集和情感表达不仅体现在单一面相的网络刷屏中，而且也体现在舆论反转和舆论拉锯战等对立面相乃至多面相的网络

---

① 黄荣贵：《互联网与抗争行动：理论模型、中国经验及研究进展》，《社会》2010年第2期。

② "网络意见领袖"是仅就其在批判性的网络刷屏中对普通网民所起的引领作用而言的，是一个中性的表达，并不代表其言论和观点的正义性和正当性。

刷屏中。因此，网络刷屏的过程总是表现得激情四射、愤世嫉俗，甚至充满暴戾之气。

二 异常事件与网络空间的群体性焦虑

就事件性、集体性和情感性三个基本特征来看，事件性代表网络刷屏的表现形态，即异常事件引发的网络异常；集体性代表网络刷屏的参与结构，即网络动员所产生的集体行动；情感性代表网络刷屏的心理状态，即互联网技术与异常事件的结合所激发的情绪反应。据此，我们可以进一步把网络刷屏理解为一种现实生活中的异常事件在互联网逻辑的作用下而形成的一种网络镜像。从本质上看，这种网络镜像就是网络社会的集体表象、集体意识或集体情感。不过，网络刷屏中的集体情感显然不同于涂尔干所揭示的以"在场整合"[①]为基础的集体情感。机械整合与有机整合的集体情感或集体意识，都是个体结合的产物，并表现出维护集体存续的鲜明倾向。但是网络刷屏中的集体情感并不是个体结合的产物，而是以异常事件为中心、以互联网为媒介而发生的情感聚集和情感表达。网络刷屏的参与者尽管通过各自的社交网络融合为一个庞大的信息传播体系，但是这些指数级别的参与者并没有结合为一个机械整合和有机整合意义上的实体。随着针对异常事件的传播过程逐渐走向"终结"或者事态的逐渐平息，围绕异常事件所聚集起来的集体情感将会自动消散。[②]

也就是说，以在场整合为基础的集体情感在观念形态与物质形态上是相互统一的，观念形态的集体情感以物质形态的实体或组织

[①] 基于"共同生活"的机械整合和基于"独立生活"的有机整合，本质上都是一种以面对面接触为基础的"在场整合"。其中的差别在于，机械整合的面对面基础局限于身体可及范围内的面对面接触；有机整合的面对面基础表现为不断传递的面对面接触。

[②] 张兆曙：《从在场整合到虚拟整合——兼论网络社会中的个体行动与集体意识》，《天津社会科学》2021年第1期。

虚拟整合：互联网时代社会结合方式的革命性变化

为基础。但是，网络刷屏中的集体意识则缺乏物质形态的实体或组织基础，仅仅表现为因异常事件的传播而在虚拟空间临时聚集起来的观念形态。尽管如此，网络刷屏中的集体情感与在场整合的集体情感一样，都是以某种共同的心理特征为基础的情感类型。在网络刷屏中，自媒体用户共同的心理特征是焦虑，也就是由异常事件的网络传播而引发的社会焦虑。笔者将其定义为网络社会的群体性焦虑或网络焦虑。在异常事件引发的网络刷屏中，自媒体用户之所以相互支持、讨论和分享信息，就是因为他们具有相同的焦虑。而导致网络刷屏的点赞、评论和转发则是自媒体用户释放焦虑的具体方式。进一步而言，网络焦虑可分为两个层面，即微观层面对本体性安全的普遍焦虑和宏观层面对社会秩序的普遍焦虑。

批判性刷屏是因异常事件的网络传播所引发的。异常事件有一个重要特点，即事件的发生往往意味着或伴随着特定个体的现实遭遇或行动困境，包括权利被侵犯、财产被剥夺、生命受到威胁、关系破裂以及生存危机等。比如"江歌事件"[①]，莫不如此。这些现实遭遇或行动困境在本质上均属于个体稳定的预期失去保障。个体稳定的预期包括日常生产、日常消费和日常交往中个体在权益上的保障、关系上的维持、结果上的可期待性以及过程上的例行化特征。从个体体验来看，稳定的预期体现了社会生活的展开脉络和基本秩序，构成个体的基本安全系统并为个体带来安全感，也就是吉登斯所说的本体性安全。因此，在引发网络刷屏的异常事件中，特定个体的现实遭遇与行动困境实际上就是一种安全危机。

从宏观层面看，在异常事件的广泛传播并引发网络刷屏的过程

[①] "江歌事件"是指，在日本东京留学的青岛女大学生江歌，为保护自己的朋友刘鑫而被残忍杀害。在江歌遇害之后，因刘鑫被指对江歌之死表现得冷漠无情，而引发强烈的网络舆论。

第四章　虚拟整合的意外后果：网络失范与网络焦虑

中，还存在一个重要的转化机制，即围绕异常事件的社会含义将其建构为一种公共议题或社会议题。这个过程往往是由基于公众立场发声的知识分子、基于流量营销而发声的网络写手和基于事件当事人个体利益而发声的网络代理人所构成的"网络定义者"，对异常事件中特定个体的现实遭遇与行动困境进行一种社会归因。也就是将异常事件中的现实遭遇与行动困境"定义"为社会的产物，是由社会原因造成的。如果从日常生活的感受出发，几乎所有引发刷屏的网络事件，都会被人们视为一种社会"乱象"。这种日常感知中的"乱象"所反映的就是一种秩序危机。比如"郭美美事件""广场舞噪音扰民事件""魏则西事件"和"张扣扣事件"[①] 等，所暴露的都是各种秩序方面的危机。

简言之，异常事件的网络传播与网络刷屏暴露出个体层面的安全危机和社会层面的秩序危机。然而，社会生活中的异常事件是普遍存在的，事件本身包含的个体安全危机以及事件映射出的社会秩序危机，也是一种有限危机和可控危机。在传统媒体时代，如果没有系统的、有效的政治动员，绝大多数异常事件在意识层面并不会形成大规模的集体表象，或者引发大规模的情感聚集。在以在场整合为基础的农业社会和工业社会中，异常事件背后的安全危机和秩

---

① "郭美美事件"是指，2011年6月20日，郭美美在微博上高调炫富，并宣称自己担任"红十字会商业总经理"，引发了公众的强烈质疑和网络舆情，并使中国红十字会的声誉降低到冰点。"广场舞噪音扰民事件"是指各地频繁发生的广场舞扰民而引发的冲突事件。媒体对此类事件多有报道。比如发生于温州的"高音炮对抗广场舞事件"；发生于武汉的"高楼泼粪抗议广场舞事件"等等。"魏则西事件"是指，西安电子科技大学学生魏则西，罹患"滑膜肉瘤"晚期，通过百度搜索得知"武警北京总队第二医院"可通过从斯坦福引进的生物免疫疗法进行医治，魏则西在武警北京总队第二医院先后进行了4次治疗，但最终未能挽救其生命。后经媒体报道后，引发网民对百度搜索和莆田系医院的强烈谴责。"张扣扣事件"是指，陕西省汉中市村民张扣扣，对1996年王正军故意伤害其母致死一事怀恨在心，伺机报复，于2018年2月15日经过精心准备杀死王正军一家三口。在此案件中，张扣扣及其家人宣称的"司法不公"和"为母报仇"的杀人动机，博取了网民广泛的同情和复杂的情感，引发大规模的网络争议。

序危机，并不一定会引发指数级别的群体性焦虑。受制于在场整合的时空边界，异常事件的有限危机很难波及遥远的世界，影响陌生人的心理状态。因此，在网络刷屏的社会场景中，异常事件的有限危机转化为跨时空的群体性焦虑，以及这种群体性焦虑的反复上演，实际上代表着一种重大的变化——它是网络社会特有的集体表象和社会群像。

三　虚拟整合与制造焦虑

毫无疑问，在有限危机与群体性焦虑之间存在着一个需要进一步敞开的"黑匣子"，即异常事件的有限危机如何转化为跨时空和指数级别的群体性焦虑？从网络社会学的角度看，这个转化过程实际上是一个制造焦虑的过程。也就是说，网络刷屏中的群体性焦虑或网络焦虑并不是一种原生状态，而是被建构出来的一种大众心理。所谓制造焦虑，就是在自媒体对异常事件的传播过程中，特定的传播主体借助虚拟整合跨时空的建构性力量，营造一种针对个体安全与社会秩序的心理体验，进而唤醒自媒体用户的不安全感和危机意识，并最终通过参与网络刷屏的具体方式（点赞、评论和转发等）表达和释放焦虑情绪。由此可见，有限的危机之所以能够被转化为群体性焦虑，归因于虚拟整合特有的建构机制。

虚拟整合就是通过"互联网的技术黏性"或"数字化机制"，使虚拟空间中基于特定需求而发生的非面对面接触，形成一种稳定联系和团结状态。[①] 在网络平台及其客户端应用程序的再组织下，所形成的虚拟社交网络就是虚拟整合的产物。然而，由于在场维持机制的缺失，虚拟整合无法像在场整合那样，因个体之间的结合而形成一种

---

① 张兆曙：《从在场整合到虚拟整合——兼论网络社会中的个体行动与集体意识》，《天津社会科学》2021年第1期。

第四章　虚拟整合的意外后果：网络失范与网络焦虑

内生性规范。按照涂尔干的社会学主义，个体一旦结合起来，就会突生出某种超越个体层面的社会事实。① 在场整合所产生的超越性社会事实，就是一种内生性规范，包括观念形态的集体意识或集体情感和物质形态上的结构性力量。但是，个体在虚拟空间中的结合，却无法产生内生性规范。虚拟空间的规范要么来自现实世界的道德、习俗和法律等社会规范在网络空间的投射；要么属于网络空间的一种技术设定，即内嵌于代码的网络技术。② 换言之，存在于网络世界的规范，并不是人们在虚拟空间中相互结合的产物。但是，按照涂尔干的理论逻辑，虚拟整合同样会产生一种超越性社会事实，但这种超越性社会事实并不表现为一种规范性力量，而是一种建构性力量，一种跨越时空的建构性力量。

虚拟整合的建构性力量具有惊人的潜力，能够跨越传统工业化时空中任何群体、组织、阶层、种族和地理的区隔，使分属于不同生活世界和处于小概率或零概率交往状态的个体借助互联网而进入一种稳定联系和团结状态。从信息传递的角度看，虚拟整合的建构性表现为两个层次，即个体社交网络的融合和跨平台传播。第一个层次是将自媒体用户的社交网络融合为一个庞大的信息传播体系。实际上，每个自媒体用户都有个人的社交网络，而且所有个体的社交网络都是相互嵌入的，理论上可以延伸为一个超级社交网络。但这个超级网络只是一种理论上的可能性，如果没有互联网技术的支持，人际层面的信息传递将会主要局限于乃至止步于"身体可及"的时空范围，跨网络的传播将会随着空间的拓展和时间的推移而逐渐弱化和变异。但是，虚拟整合的建构性力量却能够借助微信、微博等互联网平台及

---

① ［法］埃米尔·涂尔干：《社会分工论》，渠东译，生活·读书·新知三联书店2000年版，第127、30页。
② 张兆曙：《从在场整合到虚拟整合——兼论网络社会中的个体行动与集体意识》，《天津社会科学》2021年第1期。

| 虚拟整合 |：互联网时代社会结合方式的革命性变化

其客户端应用程序，激活从未兑现日常社交价值的超级网络，使其从理论上的可能性变成一种现实的传播力。正是在这个意义上，自媒体平台的所有用户在信息传递上实现了相互通达，每个用户都充当一个信息传递的节点，既是信息接收者也是信息发布者。第二个层次的建构性表现为跨平台传播。虚拟整合打通了不同自媒体平台之间的信息藩篱，实现了平台之间的信息共享。自媒体已经在事实上瓦解了传统媒体对独家信息的垄断权及其传播思维，比如，微博、微信和今日头条等商业性的自媒体平台在传播内容上均能够快速实现跨平台传播。

虚拟整合的建构机制（包括社交网络的融合机制与跨平台传播机制）使得异常事件中特定个体的现实遭遇与行动困境得到前所未有的传播，其传播范围之广、传播对象之多和传播密度之大，是传统媒体所无法比拟的。从时空特征来看，虚拟整合的建构性塑造了互联网时代异常事件传播的两个基本特征，即充分传播和密集涌现。其中，充分传播是指在异常事件的网络传播中，地不分南北西东、人不分男女老幼，均构成异常事件传播的范围和对象。现实生活中发生的事件，只要具有网络传播的价值和传播要素①，随时都能传播至遥远的世界。密集涌现则包含两个方面（即传播密度和传播进程）的含义。一方面，对于作为受众的自媒体用户来说，世界上任何一个角落发生的异常事件，都以一种近乎"收敛"的方式高密度地呈现于用户的关注范围，导致其自媒体空间充斥着令人不安的异常事件。来自互联网的海量信息，就包括了大量异常事件的传播信息。另一方面，在"非序列化"的时间结构中，虚拟整合的建构性借助互联网技术的"进程压缩"，能够在最短的时间实现对异常事件的充分传播，并

---

① 异常事件是否具有网络传播的价值和传播要素，主要体现为事件的性质和后果（包括当事人的遭遇）能否在情感上引发网民广泛的关注、讨论以及激发进一步的传播。

第四章 虚拟整合的意外后果：网络失范与网络焦虑

伴随着一种瞬时的结构性优势和相对于工业化逻辑的倍增效应。[①]

相对于工业化秩序内在的中介体制及其序列化进程，互联网技术以难以置信的方式加快了信息传递的速度。网络社会的时间结构开始从一种表现事项推展进程的序列结构逐渐转变为一种"非序列化时间"。"非序列化时间"作用于社会生活的结果，使整个世界开始表现出不同于工业化的逻辑及其空间秩序。我们可以从互联网时代信息传递的进程中清晰地感受这种新的特征：由于虚拟整合对个人社交网络的融合和跨平台传播机制的作用，网络社会的信息传递不再按照工业化逻辑的固有节奏在空间上渐次推进和逐步拓展；相反，虚拟整合的建构机制与"非序列化时间"的结合，使信息传播可以在不同的空间位置上"遍地开花"，极大地压缩了信息传播的进程（即进程压缩）。卡斯特曾借用詹姆斯·格列克的描述指出："我们社会里'每件事物'的加速，无情地压缩一切人类活动领域中的时间。压缩时间直到极限，形同造成时间序列以及时间本身的消失。"[②]

综上所述，网络刷屏动辄指数级别的传播和参与行动，实际上是社交网络融合与跨平台传播这两种建构机制的结果。就进一步的后果而言，充分传播和密集涌现的时空特征，改变了异常事件的"远""近"关系并带来既"发散"又"收敛"的奇妙体验，从而将来自遥远世界的异常事件及其所暴露的危机"近邻化"。对于参与异常事件传播的个体来说，发生于千里之外的异常事件如同"亲身体验"。网络社会中的"传递经验"似乎也能产生"切肤之痛"。"自主自觉的个体在网络交流和意义沟通中，能够更加清楚地认识相似个体的

[①] 张兆曙：《互联网的社会向度与网络社会的核心逻辑——兼论社会学应该如何理解互联网》，《学术研究》2018年第3期。
[②] [美]曼纽尔·卡斯特：《网络社会的崛起》，夏铸九、王志弘等译，社会科学文献出版社2006年版，第403页。

虚拟整合：互联网时代社会结合方式的革命性变化

共同处境和共同利益，并进而对周围的事实形成共识。"① 这就在虚拟空间人为"制造"出一种风声鹤唳、草木皆兵的自危情境。特别是异常事件的密集涌现，进一步诱发了自媒体用户或网络受众的不安全感和对社会秩序的担忧。在异常事件引发的网络刷屏中，人们普遍担心异常事件中特定个体的现实遭遇和行动困境会降临自身。简单地说，虚拟整合的建构机制使异常事件的网络传播表现出充分传播和密集涌现的时空特征，这种时空特征改变了异常事件有限危机的时空界限，进而将事件遭遇者的个体危机传递和转化为自媒体用户或网络受众的群体性焦虑。

四 网络焦虑的平台化生产

如果说虚拟整合就是个体在非面对面的条件下建立起稳定的联系，那么平台则是实现虚拟整合的技术支持系统和具体组织形式。网络社会的个体正是依靠平台提供的技术服务和组织形式，才实现了非面对面条件下的稳定联系和团结。如果没有平台，就没有虚拟整合，也就没有网络社会。社会生活网络化的每一个方面，市场交易、社会交往、信息传播、游戏娱乐、电子政务等都需要平台的技术支持或借助平台才能得以实现。从某种意义上说，网络社会就是一种"平台社会"，平台已经成长为网络社会运行的主导形态。因此在网络社会中，平台既是一种技术支持系统，又是一种虚拟整合的组织形式和运行机制。虚拟整合所建构的一切后果，同时也是平台的产物。网络焦虑作为虚拟整合建构出来的群体心理，也是以平台的方式生产出来的。在网络焦虑的生产过程中，个人社交网络的融合与异常事件的跨平台传播，都离不开平台的技术支持和运作机制。

互联网平台建构了一种新型的社会生产结构，即平台型社会生

---

① 刘少杰：《网络化时代的社会结构变迁》，《学术月刊》2012年第10期。

第四章　虚拟整合的意外后果：网络失范与网络焦虑

产结构。其基本架构是以互联网平台的第三方技术服务为中介，对供给方与需求方进行市场性撮合，由三方共同参与社会生产。其中，共同生产的内容不仅包括传统意义上的产品和服务，也包括以社交为基础的自媒体信息和文化产品。平台型社会生产结构的本质是一种按照互联网逻辑运行的社会生产参与结构，体现了网络社会在生产方式上的革命性变化。在实体层面的工业社会中，社会生产的参与结构是一种专业型社会生产结构，也就是按照工业化逻辑和社会分工范式运行的社会生产体系。其基本特征是由专业组织或职业团体（公司、企业、医院、学校等），基于社会分工的原则和传递交易的方式组织社会生产。在平台型社会生产结构的三方参与结构中，互联网平台处于核心位置，并主导着平台型社会生产结构的运行。平台的神奇之处在于，从技术服务与运行机制两个层面将虚拟整合的建构性变成现实的生产力。异常事件的有限危机向群体性焦虑的转化，正是平台型社会生产结构的产物。在群体性焦虑的生产场域，平台型社会生产结构更具体地化身为一种平台型信息生产结构，也就是由平台对用户（包括发布者与接收者）进行社交性联结，形成网络信息生产的三方参与结构。

平台型信息生产结构的运行和社会化的信息生产依赖于平台的技术赋权，包括对外赋权（即对用户赋权）和自我赋权。平台对外（用户）的技术赋权，就是通过平台开发的应用程序使用户在虚拟空间结合起来，并进行跨时空的互动和信息传递。从组织方式上看，平台的对外技术赋权不仅为用户带来了前所未有的便捷体验，而且从根本上改变信息生产的参与结构。在电视和报纸所主导的传统媒体时代，信息生产是专业型信息生产结构的产物，也就是基于社会分工原则由专业化的机构和媒体生产出来的。发布者与接收者之间存在一条清晰的界线，双方类似于市场领域的生产者与消费者或产品供

虚拟整合：互联网时代社会结合方式的革命性变化

需关系。但是，在平台型信息生产结构中，平台的技术赋权通过解构信息生产的职业边界重新定义了信息发布者与信息接收者。在微博平台上，信息发布者与接收者并不存在严格的界线，用户既可以作为接收者，在微博上浏览个人感兴趣的信息；也可以作为发布者；在微博上发布内容供其他人浏览。对于异常事件的发生，只要有微博用户在场，即可实现信息的即时分享和传播。同时，平台的技术赋权还通过用户关系的技术连通（比如微博关注机制、微信朋友圈）重新定义了信息传播路径和传播结构。一旦平台用户通过即时通讯功能发布和分享事件信息，不仅能快速通达"饭圈"、订阅用户等用户关系群体及其在线社交网络，而且作为接收者的用户也可以通过评论、加工、转发等方式，对事件信息进行"接力式广播"，从而将异常事件中的有限危机推及理论上无限延伸的社交网络。总体上看，平台的技术赋权使网络社会的信息生产结构发生了两个根本性的变化：一是传统媒体时代作为信息传播对象的信息接收者，成为信息生产的直接参与者；二是平台用户的个人社交网络，成为信息传播路径和传播结构的重要部分。

平台对用户进行技术赋权的同时，也围绕用户数据进行自我赋权。当用户按照相应的技术要求在虚拟平台中结合并逐渐沉淀下来之后，用户行为所产生的个人数据，对于平台来说具有重要的意义。平台的自我赋权就是平台利用技术优势对用户数据进行收集、储存、整理和开发，以满足平台作为私利性企业的商业目的。简言之，就是平台利用先天的技术优势将用户数据转变为平台的重要资产和新的生产要素。围绕用户数据进行自我赋权产生了一个重要的社会后果，即将平台型社会生产结构塑造为由算法驱动的运行系统，从而重新定义了平台与用户的关系。作为一种"互联网+"的企业，平台对外赋权的目的在于，通过为用户提供技术服务分享互联网的技术红利。但是，平台自我赋权的结果却意外地使平台在提供技术服务的同时，获得了对用户的控制能力。比如，平台的搜索和推送功能，表面上是平台对用户的技术服务，但其背后却隐藏着系统对用户的操控。平台可以通过广告竞价的方式，提供产品搜索的置顶服务；还可以通过算法掌握用户行为特征，进行投其所好式的推送服务。更为重要的是，平台一旦获得了对用户选择的控制能力，即有可能将控制能力从用户选择扩展到用户认知，也就是有针对性地引导和建构用户认知。在平台型信息生产结构中，无论是对用户选择的控制，还是对用户认知的引导和建构，都能够强化平台对信息传播的控制能力，或者通过"头条化"的推荐引擎等技术手段将用户纳入到平台对信息传播的控制轨道。

平台对外赋权的本质是平台作为具有公共性取向的市场或社交网络建构者，通过提供技术服务扩大市场或社交网络规模；而平台的自我赋权则是平台作为具有私利性的企业主体，通过对用户数据的开源创新实现利益最大化。在没有外部力量抑制的情况下，平台的双向技术赋权将会形成"鸡生蛋，蛋生鸡"的正向反馈和流量的循环性积累，这就是平台型社会生产结构的自我增强机制。在市场领域中，平台型社会生产结构的自我增强机制表现为强大的互联网投资风口和行业收割能力；而在传播领域，平台型信息生产结构的自我增强机制则表现为强大的传播动能和惊人的传播力。异常事件一旦被"网络定义者"的注意力所"捕获"（包括现场"捕获"和跨平台"捕获"），并对异常事件所暴露出来的潜在危机进行相应的议题化建构和网络表达，将会快速"激活"平台型信息生产的参与结构和新的传播路径，使用户的社交网络在异常事件的传播中被连接和动员起来，共同参与事件信息的再生产和传播。在这个过程中，平台的自我增强机制为异常事件提供了充沛的传播动能。以充分传播和密集

虚拟整合：互联网时代社会结合方式的革命性变化

涌现为基本特征的网络刷屏，正是平台的自我增强机制所释放出来的一种传播效果；异常事件的有限危机也由此转化为社会心理层面的群体性焦虑。

实际上，虚拟整合与平台机制所生产出来的网络焦虑，并不限于异常事件的网络传播而引发的网络刷屏。在社会生活网络化的许多领域，虚拟整合的建构性与平台型社会生产结构的自我增强机制都能够引发不同性质、不同程度和不同范围的网络焦虑。比如，社交网络分享"打卡学习""打卡健身"的参与记录和打卡成就引发的"发展焦虑"，网络舆论的"反转""对峙"和"拉锯战"引发的"分裂性焦虑"，等等。从网民或网络用户个体的角度看，所有的网络焦虑均不是原生的心理状态，而是由虚拟整合的建构性和平台化的生产机制所"制造"的。但是从平台型社会生产结构的运行及其自我增强机制而言，制造网络焦虑的过程也具有创造流量的价值，还能够促进个体参与到消除焦虑的行动中去。这不仅构成各种网络营销号的生存法则，而且成为各种商业平台驱动用户选择的重要机制，比如通过制造焦虑驱动用户购买付费学习课程、加入打卡健身 App 等等。

五 小结

本节从网络刷屏的批判向度及其基本特征出发，将网络刷屏理解为因异常事件的传播而在虚拟空间临时聚集起来的集体情感。其共同的心理特征是焦虑，也就是由异常事件的网络传播而引发的群体性焦虑，包括对本体性安全和社会秩序的普遍焦虑。然而，异常事件本身所暴露的个体安全危机和社会秩序危机都是一种有限危机，网络刷屏则是一种指数级别的群体性焦虑和大众心理。因此，网络刷屏所表达的群体性焦虑并不是一种原生心理，而是由虚拟整合"制造"出来的群体心理，其生成根源在于虚拟整合跨时空的建构性。

在异常事件的网络传播中,虚拟整合的建构性表现为个体社交网络的融合和跨平台传播。网络刷屏动辄指数级别的传播和参与行动正是这种传播结构的产物。它使异常事件的网络传播,表现出充分传播和密集涌现的时空特征,并突破了异常事件有限危机的时空界限,进而将其传递和转化为自媒体用户或网络受众的自我焦虑。进一步而论,作为一种被"制造"出来的大众心理,群体性焦虑实际上是平台型社会生产结构的产物。在平台型社会生产结构中,平台对外和对内的双向技术赋权,形成了以正向反馈和循环性积累为基本特征的自我增强机制。平台型社会生产结构的自我增强机制,在市场领域表现为强大的互联网投资风口和行业收割能力;在传播领域则表现为强大的传播动能和惊人的传播力。因此,以充分传播和密集涌现为基本特征的网络刷屏,是平台的自我增强机制所释放出来的一种传播效果。

以批判性网络刷屏为主要形式的网络舆情和网络舆论,是网络信息管理部门进行网络治理的重要领域,对此进行有效治理也是净化网络环境和营造清朗网络空间的重要抓手。作为网络治理的认识前提,我们必须把握批判性网络刷屏的三个方面:第一,从本质属性来看,网络刷屏是网络社会集体情感的重要表达方式;第二,从转化过程来看,网络刷屏是由异常事件的网络传播引发的群体性焦虑;第三,从发生机制来看,网络刷屏是由虚拟整合和平台型信息生产结构制造出来的网络群像。针对网络刷屏事件的网络治理,必须立足于上述三个基本认知,进行以消除焦虑为基本取向的情感治理、内容治理和过程治理。具体表现为,立足于网络刷屏在心理层面的本质属性,在治理理念上定位于以回应网民社会关切为出发点的情感治理,重点是避免群体性焦虑的升级、社会信任体系的撕裂以及向集体行动的转化;立足于网络刷屏的转化过程,在治理路径上定位于以"干预"异常事件的"网络定义"为手段的内容治理，重点是进一步优化制度化的信息披露机制，以事实引导舆论；立足于网络刷屏的发生机制，在治理责任上定位于以充分发挥自媒体平台的主体责任为落脚点的过程治理，重点是推动自媒体平台内部的合规控制体系建设。

第五章

虚拟空间中的社会性建构：网络事件与网络舆论

第一节 议题建构与网络事件的转化*

网络社会的一个重要特征是互联网放大了社会风险。这种风险很大程度上来自层出不穷的网络事件对社会秩序、社会舆论、集体认知和大众心理的冲击。在虚拟空间，网络事件充当着聚集集体意识和释放集体情感的载体，其所产生的挑战和威胁不仅会导致虚拟世界的信息内爆和集体欢腾，而且会激发、诱导线下的集体行动，导致严重的和非预期的后果。正因为如此，网络事件成为网络治理的重要内容，甚至形成一种以事件为中心的网络治理模式。然而，在具体的网络治理实践中，以事件为中心的网络治理在一定程度上仍然固守着传统的维稳思维，简单地以"威胁""扰乱""危害"等消极面相来定义网络事件和以平息事态为标准衡量治理效果。因此，以事件为中心的网络治理，往往视网络事件为洪水猛兽，主要以信息管控和信息阻断为手段"净化"网络空间。[①] 这种治理方式表明相关部门对网络

---

* 本节以《议题化与网络事件的社会建构》为题发表于《学术研究》2021年第9期。
① 张兆曙：《以事件为中心：中国网络治理的基本模式》，《浙江学刊》2019年第3期。

虚拟整合：互联网时代社会结合方式的革命性变化

事件的焦虑、不安、担忧乃至恐惧，其本质上是一种基于网络事件单一面相、脱离网络事件发生机制的粗放治理和表象治理。从国家治理现代化的角度讲，只有从网络事件的整体面相出发，立足于网络事件的发生机制，才能避免粗放治理和表象治理所造成的种种问题（比如追求以平息事态为标志的形式绩效导致社会信任体系的撕裂等），并形成对待网络事件的恰当方式。

一 网络社会的集体意识与网络事件

网络社会的构成是一种基于非面对面接触而形成的虚拟整合状态。相对于在场整合（机械整合和有机整合）而言，虚拟整合最重要的特征在于，由于在场维持机制的缺失，虚拟整合无法像在场整合一样，产生一种超越个体的社会规范。虚拟空间的规范要么来自现实世界的道德、习俗和法律在网络空间的投射；要么属于网络空间的一种技术设定，即内嵌于代码的网络技术规则。[1] 简言之，网络社会的规范不是个体结合的产物。进一步而言，既然虚拟整合不会产生规范，自然也不会产生维持规范的集体意识。但是，网络社会并不缺乏集体意识，个体在将现实世界中的行为规范带入虚拟空间时，相对应的集体意识也被一同携带进入虚拟空间。只不过，由于集体的虚化，网络社会中的集体意识往往处于一种不能随时感知的隐性状态。只有在特定情境下并借助特定的载体，才能直接感知到虚拟世界中的集体意识。网络社会的集体意识犹如大气层中的水汽，只有在遭遇冷锋等特定条件下，才会以漂浮尘埃及其他微粒为凝结核聚集成水滴，并最终形成降雨。而在网络社会中，聚集集体意识的"凝结核"或载体，就是网络事件。如果没有网络事件，人们很难感知到网络社会的集体意识。从这个意义上说，网络事件对于理解网络社会具有重要

---

[1] 张兆曙：《互联网的社会向度与网络社会的核心逻辑》，《学术研究》2018 年第 3 期。

第五章 虚拟空间中的社会性建构：网络事件与网络舆论

的意义。

本节所讨论的网络事件是一种广义的理解，凡是基于互联网的技术特征及其传播效应而引发的、反映一定社会诉求或者造成严重社会后果的重大公共事件，都属于网络事件的范畴。毫无疑问，网络事件首先是一种公共事件。因此，事件性和公共性是网络事件不可或缺的两个基本特征。事件性意味着网络空间发生了异常，也就是超出了网络生活的基本脉络和正常状态，打破了网络生活的均衡。网络事件的公共性表现为两个方面：一是网络事件往往伴随着公众大规模的行动卷入和社会参与而成为一个公共议题；二是网络事件往往具有重大和广泛的社会影响而具有公共性后果，或者说，网络事件导致的后果并不仅仅局限于事件当事人和直接利益相关者。

其次，网络事件不是一般意义上的公共事件，而是受互联网影响的公共事件。从本质上看，网络事件是互联网技术作用于具体事件而呈现出的一种特定社会后果或社会向度，是由互联网的技术特征及其传播效应转化而成的。因此，转化性构成网络事件的第三个特征。从这个意义上讲，网络事件包含两种形态："网络事件的原始形态"（或原始事件）和"网络事件的转化形态"（或转化事件）。转化性意味着网络事件存在一个从"原始形态"到"转化形态"的变异过程。毫无疑问，这个变异或转化是互联网的技术特征及其传播效应的产物。由于空间维度上的虚拟整合和时间维度上的进程压缩，原始事件在网络空间中往往能够在最短的时间实现最大范围的传播，从而放大了原始事件的异常性和公共性，并表现为强烈的冲击性。因此，相对于一般意义上的公共事件而言，转化性导致网络事件的异常性更为突出，公共性程度更高，即公众的行动卷入和参与程度更高、所产生的社会影响更大更广泛。

综上，网络事件表现出三个基本特征，即事件性、公共性和转

虚拟整合：互联网时代社会结合方式的革命性变化

化性。其中，事件性和公共性是所有公共事件的共同特征；转化性则是网络事件独有的特征，也是网络事件最重要的特征。因此，转化性是理解网络事件的关键。无论是网络事件的发生机制，还是围绕网络事件所进行的网络治理，都不能脱离网络事件的转化性特征。

网络事件的原始形态通常是某种带有独特含义的个体事件或公共事件，如果没有互联网的参与，其传播范围往往较小或者很容易控制事件的传播，不会发展成为以强烈的网络舆论（以及由网络舆论所引发的后续反应）为主要形式的网络事件。现实生活中发生过难以计数的个体事件和公共事件，但是绝大多数原始事件并未转化成为网络事件，仅有少数的原始事件能够引起网络上的剧烈反应。这就涉及原始事件转化为网络事件的一个基本前提，即原始事件的独特性足以吸引广大网民的持续关注。在这个前提下，互联网的跨时空特征及其虚拟整合机制为网民的持续关注提供了技术上的支持，从而使原本传播范围有限或容易控制传播的原始事件转化为不受控制的网络事件。但是，大规模网民持续关注的动力则来自原始事件本身的独特性。简言之，原始事件之所以得以转化为网络事件，在于原始事件的独特性与网民之间某种潜在的联系被互联网的传播效应所激发。这种潜在的联系使得后者成为可以在情感上进行动员的行动者，或者可以达成行动共识的行动者。

原始事件的独特性并不是基于某种文化差异而表现出的新奇特征，而在于原始事件背后的社会含义。如果原始事件独特的社会含义被定义和传播后，引起了网民的广泛关注、讨论以及由此激发的其他反应（比如网络共识、意见对峙、人肉搜索、网络攻击或线下行动等），那就实现了原始事件向网络事件的转化。因此，原始事件向网络事件的转化在本质上是一个议题化的过程。也就是围绕原始事件的社会含义，形成一个社会性的议题，并引发网络的广泛参与表达。网络事件的议题化包括两个面相，即行动层次的议题建构和意识层次的情感动员。

二 原始事件与网络定义者的议题建构

从客观事实的层面上看，原始事件能否转化为网络事件，首先取决于原始事件特定的社会含义是否构成一个共同关切的公共议题。从社会学的角度看，社会生活中发生的所有原始事件都具有个体与社会关系方面的社会含义。原始事件之所以能够转化为一种被广泛"凝视"的"事件"，而不是停留于人们熟视无睹的日常活动，就在于其内在地包含着或造成了个体与社会之间的某种紧张。当个体与社会关系处于正常状态或相对均衡的阈值范围时，则双方共同建构和维持着日常生活的展开过程。但是，当个体与社会关系陷入紧张直至突破关系极限时，则会发生偏离日常生活的"事件"。从这个意义上，"事件"要么意味着社会对特定个体造成的困境或遭遇，要么意味着特定的个体行为对社会秩序的冲击或公共利益的损害或集体情感的伤害。前者如"雷洋事件""魏则西事件""孙志刚事件"等；后者如"张扣扣事件""李天一事件""孙小果事件"以及"郭美美事件"等各种反社会事件、特权事件以及挑衅公众情感的事件。这些"社会含义特别严重"的原始事件经互联网的介入，无一例外地转化为重大的网络事件。实际上，现实生活中还存在很多"社会含义不足"的原始事件，或者缺乏互联网的介入，或者即便有互联网的介入也未能引起广泛的关注。因此，"社会含义的严重程度"是原始事件能否形成共同关切的公共议题，进而转化为网络事件的基本条件。但是，"社会含义的严重程度"并不是指事件本身的"严重程度"，比如，许多刑事案件未必会形成

虚拟整合：互联网时代社会结合方式的革命性变化

社会性的议题和网络事件。

然而，"社会含义的严重程度"并不足以使原始事件转化为网络事件。许多社会含义足够严重的原始事件由于无法被媒体（特别是互联网）捕获和传播，只能封存于特定物理空间和特定群体而降低了其潜在的社会影响。也就是说，即使原始事件的社会含义足够严重，也需要一个议题化的建构过程，才能转化为具有冲击性的网络事件。

议题建构的首要任务是定义原始事件的社会含义。通俗地讲，任何一个"事件"的发生都意味着"出事儿"了。但是，从日常认知的角度来看，"出事儿"在绝大多数情况下仅仅被理解为事件当事人的某种个体困境和遭遇，或者从个体层面进行归因。很显然，对于原始事件的日常认知是一种缺乏洞察力、没有捕捉到社会含义的理解方式。在这种日常认知环境中，原始事件的影响仅仅限于特定空间和特定群体中的通感体验和人际诉说。但是，一旦出现原始事件的网络定义者，事态的性质将会发生根本性的变化。网络定义者主要包括三种类型：一是指因学术素养和公共关怀而赢得众多支持者和追随者，基于公众立场发声的知识分子；二是在新浪、腾讯和网易微博平台上获得个人认证，拥有众多"粉丝"的微博用户，主要指基于流量营销而发声的"网络大V"；三是受当事人委托，基于事件当事人个体利益而发声的网络代理人（比如事件当事人的律师或其他代理人）。[①]网络定义者在议题建构的过程中，发挥着网络意见领袖（或者舆情推进者）的作用，能够使局限于特定地域和特定群体的原始事件变成共同关切的话题。正是在这个意义上，网络意见领袖的兴起，被普

---

① 需要说明的是，前两种类型的区分是纯粹意义上的区分。就现实状况而言，第一种类型（即基于公众利益的公共知识分子）也可能具有"网络大V"的身份；第二种类型（即基于流量营销的"网络大V"）也有可能假公共知识分子之名（即所谓的"伪公知"）而发声。

遍认为对公共议题的建构以及对社会舆论的形成、发展产生了重要的影响，尤其在网络热点事件中发挥着左右舆论的作用。[1] 网络定义者建构网络议题的行动策略是对原始事件背后的社会含义进行"揭示""分析""定性"和"评论"，并通过互联网（特别是微博、微信等自媒体）传播其对原始事件的界定，从而使原始事件从一种个体困境或遭遇上升为一个社会性的问题。

网络意见领袖对原始事件社会含义的定义，不仅借助互联网的传播使原始事件的影响跨越地域和群体界线，而且为普罗大众提供了一种理解原始事件社会含义的认知框架。也就是说，网络定义者将原始事件置于一个社会性议题的认知框架中呈现于大众视野。这个过程对于原始事件的转化具有关键的意义。框架化的传播或议题化的传播使受众在关注原始事件的同时，也获得了一种"组织事件的心理原则和主观过程"[2] 或者"将社会真实转换为主观思想的重要凭据"[3]。从实际影响来看，原始事件的框架化（议题化）传播对网络受众具有一种"认知赋能"的作用，即将认知焦点从"事件当事人的遭遇"向"事件社会含义"转移。网络受众对原始事件的认识不再局限于个体层面的归因，而是沿着网络意见领袖或网络定义者设定的框架进行社会归因（包括制度归因、结构归因、体制机制归因、历史归因以及文化归因等）。

经过网络定义者的议题建构和传播之后，原始事件本身（或事

---

[1] 李良荣、张莹：《新意见领袖论——"新传播革命"研究之四》，《现代传播（中国传媒大学学报）》2012年第6期；董玉芝：《自媒体时代微博意见领袖的舆论效应及其引导》，《中州学刊》2014年第4期；曾繁旭、黄广生：《网络意见领袖社区的构成、联动及其政策影响：以微博为例》，《开放时代》2012年第4期；白贵、王秋菊：《微博意见领袖影响力与其构成要素间的关系》，《河北学刊》2013年第2期。

[2] Gregory Bateson, "A Theory of Play and Fantasy", *Psychiatric Research Reports*, Vol. 39, No. 2, 1955, pp. 39–51.

[3] Erving Goffman, *Frame Analysis: An Essay on the Organization of Experience*, Cambridge: Harvard University Press, 1974, pp. 10–11.

实本身）的重要性开始下降，围绕其社会含义设定的议题框架反而上升为影响事态走向的决定性因素。事件本身仅仅沦为一个表达情绪的载体、支撑点、介入途径或者名义，激进的网络定义者甚至仅仅依靠对事实的想象而设定议题框架。在信息披露的制度化程度较低的环境中，依靠"信息管控""选择性发布""阻断干预""捂盖子"等手段进行"以平息事态为标志"① 的网络治理，反而更加容易导致脱离事实本身的议题建构和框架化传播。在这个意义上，无论对于哪一种类型的网络定义者来说，原始事件的社会含义都比事件本身或事实真相重要。比如，公共知识分子需要表达的公共关怀、"网络大V"的流量营销或仅仅为了影响力而进行的传播，都需要借助原始事件的社会含义来表达或实现，即便是原始事件的网络代理人对当事人利益的维护，也需要通过围绕社会含义进行的网络动员将事态扩大而实现。

三 网络事件的框架动员与情感聚集

围绕社会含义进行的框架化定义与议题建构极大地增强了原始事件的传播力。经框架化定义所完成的"认知赋能"和社会归因，将会制造一种共享的心理图式。这种共享的心理图式为受众统一提供行动的意义、行动依据乃至行动路径和程序。简言之，网络定义者对原始事件社会含义的界定和传播，不仅为受众提供了一种框架化的理解方式，而且建构了一种框架动员和情感聚集的行动策略。对于普通的网络受众来说，网络定义者就原始事件所进行的解读、分析、评论和批判，无异于一场对"社会学想象力"的"观演"和认知上的"洗礼"。特别是作为"粉丝"的网络受众面对其所支持的公共知识分子和"网络大V"等意见领袖时，影响更甚。当意见领袖从原

---

① 张兆曙：《以事件为中心：中国网络治理的基本模式》，《浙江学刊》2019 年第 3 期。

第五章 虚拟空间中的社会性建构：网络事件与网络舆论

始事件当事人的个体困境或遭遇洞察到其背后的社会含义时，不仅改变了追随者和支持者的社会认知，而且触发了其对于事件当事人情感上的支持和共鸣。

在普通网络受众的认知结构中，网络定义者的"认知赋能"和社会归因意味着，经重新定义和网络传播的原始事件已经从个体事件上升为公共议题，从小众议题上升为大众议题。这将产生两个方面的意外后果：一是触发了社会的"痛点"（或"泪点"）。网络定义者对原始事件中个体遭遇或困境的社会归因，经互联网的传播之后触发了特定群体或阶层对基本安全系统的普遍担忧（也就是吉登斯所说的"本体性安全"受到威胁），从而引发了网络受众的移情想象。网络意见领袖试图塑造一种基本的认知图像，即原始事件中的个体困境或遭遇实际上是一种社会问题的结果与表象。这种社会问题的存在对每一个相同地位特征的个体都是一种潜在威胁。比如，在"魏则西事件"引发网络舆情之后，许多网友在评论区表达了类似"我们都是魏则西"的留言。网友们普遍担心自己成为"莆田系"和"百度竞价排名"的牺牲品。二是勾连起网络受众的公平、正义和权利意识。原始事件及其框架化的议题建构和传播，不仅激发了网络受众对于事件当事人个体遭遇或困境的同理心，而且促使网络受众认识到，只有"针对社会的行动"以及改变社会在公平、正义和权利方面的非均衡状态，才能避免事件当事人的个体遭遇或困境。

在这种情况下，网络定义者对网络受众认知结构的塑造，实际上充当了一种行动框架，或者说产生了一种框架动员的潜力。首先，围绕网络事件的社会含义所进行的议题建构，不仅能够不断吸引网络受众的持续关注和广泛认同，而且能够将其拉进一个统一行动的框架中。基于认知结构的变化，普通网络受众意识到，支持网

虚拟整合:互联网时代社会结合方式的革命性变化

络事件中特定遭遇的当事人,在某种程度上是一种对自己的保护。其内在逻辑是,他们期待原始事件的议题化所激发的"针对社会的行动",能够使自己在未来免受事件当事人一样的遭遇。其次,对原始事件的社会归因发挥着一种情感动员的功能,能够激发和调动网络受众的情绪反应。具体包括两个机制:一是同情转化机制,即网络受众对当事人遭遇的同理心,借助社会归因的认知框架转化为针对原始事件社会含义的情绪化表达(包括戏谑、怨愤、言语攻击等等);二是借题发挥机制,即网络受众在社会生活中郁结起来的社会不满情绪,借助原始事件的议题建构集中释放出来。网络空间之所以被指责充满了暴戾之气,在很大程度上是因为频繁爆发的网络事件充当了社会怨气的出口。因此,原始事件经由网络定义者的议题建构和传播,即在网络空间形成了一个聚集集体情感和集体意识的载体。

议题化和情感聚集标志着原始事件基本完成向网络事件的转化。这个转化过程包含着四种议题的展开形式。第一种议题的展开形式是网络受众的回应性表达。网络意见领袖或网络定义者的议题建构和传播首先会得到"粉丝"的回应,即通过表情符号、图片、文字评论等方式参与网络议题的讨论。网络受众的回应和讨论包含着两方面的态度:一是对网络定义者确定的认知框架和社会归因的接受与认同;二是在给定框架和归因逻辑中表达自己的情感态度。由于网络定义者的给定框架和归因模式是指向社会的,因此网络受众参与讨论和议题建构的方式往往带有一种"抗争性谈话"[1]的倾向而富有激情和批判性。第二种议题的展开形式是网络受众向传播者的转化。作为议题框架的接受者和认同者,网络受众不仅参与议

---

[1] Charles Tilly, "Contentious Conversation", *Social Research*, Vol. 65, No. 3, 1998, pp. 491–510.

第五章　虚拟空间中的社会性建构：网络事件与网络舆论

题的讨论，而且积极地传播网络定义者所建构的议题框架，从而实现网络受众向传播者的转化。同时，自媒体"交互传播结构"的"充分传播效应"和"快速聚合效应"[1]将会使上述转化快速释放出巨大的传播力。这个过程往往会爆发强烈的网络舆论，加速原始事件向网络事件的转化。第三种议题的展开形式是竞争性议题框架的出现。对于社会含义或社会后果特别严重的原始事件，可能同时存在多个意见领袖的关注及其建构活动，或者在议题化的展开过程中引起新的意见领袖的关注（比如出现新的舆论推进主体）及其建构活动，或者原始事件的"信息控制主体"对舆论的干预，导致同时出现或先后出现竞争性的议题框架以及更广泛的网络参与，从而引发网络舆论的强烈共振或网络舆论的"拉锯战"。第四种议题的展开形式是线下行动。如果网络事件引爆的社会矛盾以及卷入网络事件的网民规模和情感投入程度，使其失去了"社会安全阀"的作用，那么网络事件极有可能延伸到线下的行动（包括声援、抗议等），以更激进的方式挑战现有秩序。

四　网络议题的基本类型

综上所述，议题框架的建构、框架动员与认同、议题展开等三个逐渐推进的过程，构成原始事件向网络事件转化的完整序列。其中的每一个过程都是围绕原始事件的社会含义所建构的公共议题展开的。因此，议题化构成原始事件转化为网络事件的核心机制。议题化的过程体现了网络事件的社会建构性，即网络定义者和网络受众借助互联网的技术特征及其传播效应，共同对原始事件所进行的一种社会建构。从这个意义上说，网络事件的转化性特征是社会建构的结果，

---

[1] 张兆曙：《网络舆论的"反转"何以可能？——基于发生结构的视角》，《学海》2018年第4期。

或者说议题化的过程就是一个社会建构的过程。鲜明的建构性特征意味着网络议题并不是对原始事件的一种复制和传播，而是对原始事件所进行的一种深度加工和社会修辞。网络事件的这种社会建构，意味着小事件可以建构为大议题，甚至有可能发生"无中生有"的社会建构，即脱离事实或虚构事实而进行的人为建构。比如2019年1月29日，一个名为"才华有限青年"的微信公众号，发表题为《一个出身寒门的状元之死》的文章，瞬间刷屏微信朋友圈，引发舆论风暴。文章讲述了一个寒门子弟逆袭成为高考状元，最终又被厄运击倒患病身亡的悲惨故事。后来证实这是一个通过编造事实刻意煽动泪点的虚假故事。对这一网络事件的反思，主要集中于作者虚构事实和公众号进行"精神传销"的问题。但更重要的问题是，《一个出身寒门的状元之死》所折射的公共议题本质上是一种脱离事实的社会建构。在这个过程中，除了作者对事实和议题的建构之外，参与讨论和传播的网民也是这一网络事件的建构者。

尽管原始事件涵盖社会生活的方方面面，事件所暴露的问题也形色各异，但在原始事件向网络事件转化的过程中，议题建构的逻辑和路径却有章可循。每个原始事件都是个案。议题化就是将个案所暴露的问题建构为公共议题。这就内在地包含着一个要求，即建构出来的公共议题要与个案所暴露的问题存在逻辑上的关联。公共议题不能凭空建构，而是将原始事件所暴露的问题放在个体与社会关系（特别是个体与社会之间的紧张关系）中进行理解，对其中的个体遭遇（或原始事件作为个案所暴露的问题）进行社会溯源，进而在社会层面建立一种解释个体遭遇（或个案问题）的公共议题。更具体地讲，公共议题的建构往往将原始事件所暴露的问题视为社会的产物。如果纯粹从分析的角度看，指向社会的议题建构包括两种具体的归因方式和类型：一是结构性议题；二是变迁性议题。但在某些具体的网络事件中，可能建构出包含双重含义（即结构性和变迁性）的公共议题。接下来本节将分别从关系遭遇、制度困境和传播记忆[①]三个维度分别呈现结构性议题和变迁性议题如何围绕原始事件的可辨特征[②]建构起来的（见表5-1）。

表5-1　　　　　　　　　　网络议题的基本类型

议题类型 议题维度	结构性议题		变迁性议题	
	原始事件的可辨特征	网络议题建构	原始事件可辨特征	网络议题建构
关系遭遇	结构性的强弱关系	社会特权议题	颠覆性的角色关系	社会失序议题
制度困境	制度性的弱势群体	社会支持议题	对新问题的群体焦虑	社会焦虑议题
传播记忆	污名化的制度实践	社会信任议题	道德上的污名化	社会公德议题

网络事件中的结构性议题是基于以下事实而建构起来的，即某种相对固定的结构或关系格局对其中的特定群体所造成的个体遭遇或困境。其中，相对固定的结构或关系格局，包括阶层结构、城乡结构、体制关系、制度结构和政策体系以及由此而造成的权力和利益格局。从关系遭遇、制度困境和传播记忆三个维度看，结构性议题的建构取决于原始事件是否表现出以下三个可辨特征，即结构性的强弱关系、制度性的弱势群体和污名化的制度实践。（1）结构性的强弱关系是指，在上述相对固定的结构或关系格局中，由于社会地位上的强烈对比所表现出的强弱关系。如果原始事件表现出明显的地位反差和强弱关系，那么根据网络议题的归因逻辑，据此形成社会特权议

[①] 在这三个维度中，关系遭遇是指特定关系对事件当事人制造的遭遇；制度困境是指现行制度和政策体系对事件当事人造成的困境；传播记忆是指同类事件的网络传播所形成的社会记忆。需要说明的是，这三个维度是相互独立的，原始事件表现出任何一个维度的可辨特征，即能围绕此特征建构公共议题，进而发展成为网络事件。

[②] 原始事件的可辨特征是指，在原始事件的初步传播中外显出来的、比较醒目的、不完整的和未经证实的，但容易被用来判定事件性质的重要信息。

题。比如，以"我爸是李刚事件""5.7杭州飙车案"为代表的"官二代""富二代"与案件受害者之间在社会地位上的强烈对比。这两起事件在网络舆论中的核心议题就是特权。（2）制度性的弱势群体是指在现有的制度安排和政策体系中处于弱势地位的群体，由于社会支持不足而导致的生活困境或悲惨遭遇。比如"孙志刚事件"和"驱逐低端人口事件"中的当事人（甚至《一个出身寒门的状元之死》中虚构的当事人）均属于这种制度性的弱势群体。如果原始事件的可辨特征是弱势群体的制度性困境，相应的网络舆论将会据此形成社会支持议题。（3）污名化的制度实践是指某些特定的（比如垄断性、潜规则盛行、过于专断等）制度实践因屡屡发生恶劣的社会影响而被污名化，如果事件当事人的遭遇或困境与污名化的制度实践有关，那么根据标签化的传播记忆，很容易围绕这类污名化的制度实践建构起社会信任议题。比如，在"郭美美事件""雷洋事件""李文亮事件""魏则西事件"的背后，都存在污名化的制度实践。针对网络事件的经验观察表明，只要原始事件具备三个可辨特征，即能在网络空间形成相应的结构性议题。从某种意义上说，原始事件的真相越模糊（或信息越不透明），越容易根据这些外显特征建构公共议题和引发网络事件。反之，如果原始事件的信息越透明，反而越容易降低可辨特征作为事实依据的可靠性。

　　网络事件中的变迁性议题所依赖的事实基础是，社会生活的特定领域所发生的深刻变迁对人们带来的普遍性不适或产生的强烈冲击。其中的变迁涉及社会生活的方方面面，既包括结构和组织层面的变迁，也包括观念和行为层面的变迁。同样，从关系遭遇、制度困境和传播记忆三个维度看，变迁性议题的建构取决于原始事件是否表现出以下三个可辨特征，即颠覆性的角色关系、新问题引发的群体性焦虑和道德上的污名化。（1）颠覆性的角色关系。社会生活嵌入各种基本角色关系，比如师生关系、医患关系、干群关系等等。基本角色关系构成社会秩序何以可能的微观基础。如果原始事件中的基本角色关系出现颠覆性的变化，经由网络定义者的社会归因和传播，原始事件作为个案所暴露的问题将会被建构为一种宏观层面的社会失序议题。比如，教师权威一直是高校师生关系的一个基本特征，但是近年来部分高校发生的"监视老师""学生告密"等事件，完全颠覆了师生关系的传统，由此引发的数起网络舆论的核心就是社会失序。（2）新问题引发的群体性焦虑。在社会变迁过程中，社会生活面临着一些重要的新问题带来的普遍困扰和焦虑。这些群体性焦虑，投射到网络空间即形成社会焦虑议题。比如，转基因争论带来了现代性焦虑，围绕中小学生的课业负担引发的育儿焦虑，近几年来华留学生的超国民待遇引发的公平焦虑，等等。（3）道德上的污名化。互联网的传播记忆对于类型化事件的污名史具有一种标签效应和刻板印象，并在网络议题的建构中将个案性质的污名史扩展至同类事件，进而施加一种社会舆论的道德审判，形成社会公德议题。最典型的事件莫过于2006年发生于南京的"彭宇扶老被讹案件"，此后全国各地屡屡上演不同版本的"扶老被讹"事件，无一例外地在网络舆论中被上升为社会公德议题。类似的情形还发生于全国各地的"广场舞噪音扰民事件"中。

五 小结

网络事件作为虚拟世界中一道重要的社会景观，也是网络表达、网络情感、网络舆论、网络行动、网络动员和网络运动的表现形式。因此，网络事件的发生机制既是网络社会学的理论命题，也是网络治理的经验依据。毫无疑问，虚拟世界的网络事件与现实世界的原始事件相对应，但网络事件不是对原始事件的简单复制和再

虚拟整合：互联网时代社会结合方式的革命性变化

现，而是以原始事件为基础所进行的一种社会性建构。网络事件既具有一般公共事件的基本特征，也具有一般公共事件所没有的转化性特征。从原始事件向网络事件的转化是一个议题化的建构过程，也就是网络定义者和网络受众借助互联网的技术特征围绕原始事件的社会含义所进行的一种公共议题建构。议题框架的建构、框架动员与认同、议题展开构成原始事件向网络事件转化的完整序列。网络事件就是在这个过程中被建构出来的。从议题建构的社会归因来看，网络议题包括结构性议题和变迁性议题两种基本类型。其中，结构性议题包括社会特权议题、社会支持议题和社会信任议题三个次级类型；变迁性议题同样包括社会失序、社会焦虑和社会公德议题三个次级类型。

尽管网络事件是一种社会建构的产物，但围绕网络议题的社会建构过程却是客观存在和无法消除的。原因在于原始事件是不可消除的；具有公共关怀的知识分子和新媒体的技术赋权所造就的"网络大V"等网络定义者是不可消除的；参与讨论和传播的网络受众是无法消除的；互联网的技术环境是不可逆转的。因此，在"以事件为中心"的网络治理模式中，针对网络事件建构过程的信息阻断干预机制，并不构成长效治理机制。正如2020年3月10—11日针对武汉市中心医院艾芬医生的专访报道《发哨子的人》所进行的阻断干预引发的网络接力事件一样，不仅没有实现平息事态，反而导致《发哨子的人》这篇人物专访，以50多种不同形式和版本顽强地"复活"。特别需要说明的是，网络议题的社会建构是在信息不充分的条件下，基于原始事件的可辨特征所进行的一种社会想象而进行定义、传播、动员和讨论的结果。有关原始事件的信息越不充分，越容易激发建构者的想象力和议题建构的空间。也就是说，处于信息黑箱状态的原始事件，更容易被建构出偏离事实的网络议题。因此，只有确保信息充分披露的制度化建设,才能够缩小网络议题建构的想象空间和议题偏误,进而降低网络事件的影响。

第二节 信息博弈与网络舆论的反转*

互联网的发展彻底打破了物理时空的局限,不仅从技术上对社会成员的自由表达提供了支持,而且能够使围绕特定事件的网络表达快速聚合,形成强大的网络舆论。正如卡斯特所言,电脑空间俨然已变成全球性电子集会场所,在此空间中五花八门的不满以不愉快的口音迸发了出来。① 网络舆论有两个基本特点:一是网民对特定事件的讨论和表达往往夹杂着来自其他方面的情绪,从而超出事件本身的界限;二是网络表达中的相互强化和情绪共振。上述两个特点极容易导致舆论升级,形成重大的网络舆情。从某种意义上说,网络舆论本身已经成为一种重要的网络现象或网络事件,其背后的社会意义甚至超过了引发网络舆论的事件本身。据第41次中国互联网发展状况统计报告显示,截至2017年12月,我国网民规模达到7.72亿,互联网普及率为55.8%。巨大的网民规模与正处于社会矛盾多发期这两个基本事实的结合,意味着此起彼伏和日益严峻的网络舆情正在或已经成为中国社会生活的一种常态。

毫无疑问,社会舆论的形成与信息的传播媒介有关。在传统的媒介环境中,社会舆论在特定手段的引导和控制下,往往表现出较强的稳定性。也就是说,社会舆论作为公众对某一公共话题所持有的群体性认识和态度,其形成和发展往往表现出相对稳定的倾向性,不会轻

---

* 本节以《网络舆论的"反转"何以可能?——基于发生结构的视角》为题发表于《学海》2018年第4期。

① [美]曼纽尔·卡斯特:《网络星河:对互联网、商业和社会的反思》,郑波、武炜译,社会科学文献出版社2007年版,第151页。

虚拟整合：互联网时代社会结合方式的革命性变化

易发生舆论指向上的变化。然而，针对近十多年以来中国重大网络舆情的经验观察表明，互联网时代（特别是博客、微博、微信等自媒体和移动互联网的广泛使用）的社会舆论似乎失去了其惯常的稳定性。许多网络舆情的产生和发展过程，都存在一种舆论倾向的"反转"现象，或者舆论倾向的群体性转向。在一些重大的网络事件中，甚至发生多次"反转"和舆论拉锯战。频繁的舆论"反转"给习惯于掌控舆论走向的管理者带来了某种焦虑、不安和担忧。但是，相关部门回应事态发展的方式仍然是强化传统媒体环境中的控制手段（主要是加强舆情监测、舆论引导以及必要的信息阻断），试图为网络舆论的形成和发展铺设一道传统的轨迹。从实际效果来看，尽管治理网络舆论的资源投入和社会设置在不断增加，但网络舆论"反转"的发生频率并没有因此而得到有效控制，舆论"反转"所掀起的网络热浪也没有因此而平息，反而使管理者在对待和处理网络舆情上陷入了较为被动的局面。在此，互联网时代社会舆论的新特点已经对社会科学提出了新要求，即从发生机制上系统回答网络舆论的"反转"何以可能？以便选择和确定对待网络舆论的正确方式。

本节的分析主要是针对公共事件所引发的网络舆论。这里的公共事件是指具有重大社会影响或严重社会含义，并引起网民广泛关注乃至参与其中的社会性事件（但不包括纯粹文化意义上的网络事件），它包含两个基本要素：第一，直接或间接与政府职能、职责存在某种关联；第二，直接或间接危及公共安全，以及直接或间接对公众造成情感上的伤害。本节将首先梳理和检视网络舆论"反转"的传播学逻辑；然后，在此基础上提出发生结构的分析视角，并将网络舆论"反转"的发生结构具体化为"信息控制主体和舆情推进主体"的分析框架；最后，在两类行动主体的行动逻辑及其互动关系中解释网络舆论"反转"的社会机制。

第五章　虚拟空间中的社会性建构：网络事件与网络舆论

一　网络舆论"反转"的传播学逻辑

在互联网舆论的发展过程中，"反转"作为一种舆论倾向的变化本身包含着两层含义：第一，一旦发生"反转"，即意味着某种程度的失控，往往表现为网络舆论由于特定诱因突然脱离控制轨道，快速将矛头转向特定的对象。第二，"反转"意味着舆论升级，每次"反转"都会带来一轮新的舆论高潮，甚至直接发展为重大的网络事件（实际上绝大多数网络事件都包含着舆论的"反转"）。由于秉持传统的控制思维，相关部门对待网络舆论"反转"的基本策略有两种，即避免"反转"和转化事态。前者是指借助舆情监控、舆情研判以及必要的手段防止失控和升级两种事态的发生；[①] 后者则是在网络舆论的"反转"已经发生的情况下，借助特定的手段进行转化，以扭转舆论的发展方向和平息事态的严重程度。所谓的"大事化小、小事化了"就是一种转化事态的具体方式。但是，无论是避免"反转"还是转化事态的行动策略，都必须立足于对网络舆论"反转"的可靠解释。

到目前为止，有关网络舆论"反转"及网络事件的认知，绝大部分来自或建基于传播学的理论资源和解释逻辑。尽管网络舆论和网络事件的相关研究各有侧重，但是对于网络舆论"反转"的逻辑归因则基本一致，本节将其概括为"自媒体—意见领袖"的解释框架。按照"自媒体—意见领袖"的认知图式，网络舆论"反转"的关键因素有两个：一是自由表达的行动媒介，即以自媒体为代表的新媒体。相关研究认为，在社会分化加剧和制度化利益表达机制付诸阙如的背景下，网络媒体成为民意表达和公共参与的重要途径，在公共

---

① 丁柏铨：《自媒体时代的舆论格局与舆情研判》，《天津社会科学》2013年第6期。

虚拟整合：互联网时代社会结合方式的革命性变化

议题建构和舆论监督中扮演驱动角色；[1] 二是推动网络舆论转向的关键行动者，即作为意见领袖的新传播主体。网络意见领袖的兴起，被普遍认为对公共议题的建构以及对社会舆论的形成、发展产生了重要的影响，尤其在网络热点事件中发挥着左右舆论的作用。[2] 互联网时代的社会舆论之所以容易发生反转，是因为意见领袖与自媒体的结合，改变了传统媒体环境下社会舆论的产生和发展轨迹。简言之，如果没有自媒体和意见领袖的出现，就不会发生网络舆论的"反转"。

自媒体是互联网进入 web2.0 时代后的一种新型媒体形态，包括 BBS、播客、博客、微博、SNS、微信等多种不同的网络平台。相对于 web1.0 时代以及更传统的"他媒体"或"官媒体"而言，自媒体发生了一个颠覆性的变化，即用户不仅仅是单纯的媒体受众，同时也成为信息的生产、制造和发布者，自媒体平台的每一个用户都可以自由地、随时地发布任何他（她）认为有价值的信息（既包括用户生产的信息，也包括用户接收的信息）。[3] 信息的自由发布导致互联网舆论的信息源头多元化，进而增加了舆论控制的不确定性。上述颠覆性的变化造就了自媒体的双重传播效应：第一，在自媒体的所有用户之间通过交互式传播结构（即"一对多"的信息发布和"多对一"的信息接受）实现了信息的充分传播（简称"充分传播效应"）。在

---

[1] 李艳红：《大众传媒、社会表达与商议民主——两个个案分析》，《开放时代》2006 年第 6 期；陈云松：《互联网使用是否扩大非制度化政治参与——基于 CGSS2006 的工具变量分析》，《社会》2013 年第 5 期；黄荣贵：《互联网与抗争行动：理论模型、中国经验及研究进展》，《社会》2010 年第 2 期；孟天广、季程远：《重访数字民主：互联网介入与网络政治参与》，《清华大学学报》（哲学社会科学版）2016 年第 4 期。

[2] 李良荣、张莹：《新意见领袖论——"新传播革命"研究之四》，《现代传播（中国传媒大学学报）》2012 年第 6 期；董玉芝：《自媒体时代微博意见领袖的舆论效应及其引导》，《中州学刊》2014 年第 4 期；曾繁旭、黄广生：《网络意见领袖社区的构成、联动及其政策影响：以微博为例》，《开放时代》2012 年第 4 期；白贵、王秋菊：《微博意见领袖影响力与其构成要素间的关系》，《河北学刊》2013 年第 2 期。

[3] 代玉梅：《自媒体的传播学解读》，《新闻与传播研究》2011 年第 5 期。

第五章　虚拟空间中的社会性建构：网络事件与网络舆论

自媒体平台上信息一旦发布出去，即进入了一个没有"孤岛"的网络空间。第二，交互式传播结构意味着互联网信息拥有难以计数的传播中介（每个用户在功能上都充当着信息中介），因而自媒体信息能够克服任何时空限制、阶级区隔和文化差异对传播过程的阻隔，导致信息的快速聚合（简称"快速聚合效应"）。特别是随着移动互联网的普及，网络信息的快速聚合效应更为明显。实际上，所谓自媒体平台上的舆论"发酵""刷屏"，就是对信息的充分传播效应和快速聚合效应的一种通俗表达，传播学领域的研究往往习惯于借用"无核聚变""几何级数的传播速度"[1] 等自然科学术语，以形象地表达双重传播效应的影响程度。

然而，并不是任何信息都能够借助自媒体的交互传播而产生上述双重效应，绝大多数自媒体上发布的信息，都不具备充分传播和快速聚合的潜力。也就是说，自媒体的交互传播内在地包含着一种信息的筛选过程。尽管自媒体平台上能够自由地发布信息，而且每个用户都在功能上充当信息中介，但每个用户都是一个自主的行动者。因此，从群体动力学的角度看，信息的充分传播和快速聚合需要最大程度地调动和激发自媒体用户的积极参与，否则就会湮灭于信息的海洋中。经验观察表明，具备充分传播和快速聚合潜力的自媒体信息一般具备两个标准：一是能够契合用户的共同关切；二是能够得到自媒体用户的广泛认同。

实际上，绝大多数普通自媒体用户生产的信息，并不符合"共同关切"和"广泛认同"的筛选标准。但是，那些在互联网世界拥有众多支持者（即所谓的"粉丝"）的"网络大V"、公共知识分子等"民间意见领袖"，对公共话题和重大的社会事件所发表的意见，

---

[1] 龙小农、舒凌云：《自媒体时代舆论聚变的非理性与信息公开滞后性的互构——以"PX项目咒魇"的建构为例》，《浙江学刊》2013年第3期。

虚拟整合：互联网时代社会结合方式的革命性变化

不仅与自媒体用户作为现代公民的公共关怀相互投契，而且容易产生态度上的共鸣。来自传播学领域的观察表明："公共议题能否受到关注，关键在于互联网上的表达是否嵌入到意见领袖社区中。互联网的'喃喃自语'只有进入意见领袖的社区中，才能上升为公共表达，进而引起公共舆论的关注，出现政策回应的可能。"[1] 因此，面对各种"民间意见领袖"的网络表达及其庞大支持者的激情参与和信息激荡，普通自媒体用户往往会不自觉地裹挟进去，与前者一道推动着信息的充分传播和快速聚合。从这个意义上看，自媒体几乎可以称为意见领袖推动舆情发展而"量身定做"的一种传播工具。

"自媒体—意见领袖"的认知图式奠定了网络舆论"反转"的传播学逻辑，即自媒体改变了他媒体或官媒体单向发布、路径可控的信息传播模式，形成一种自由发布的交互式传播结构；而那些独立的民间意见领袖，则借助自媒体交互式传播结构实现了"不同声音"的充分传播和快速聚合，进而形成有别于"源头信息"的舆论倾向。网络舆论的"反转"就是按照这个逻辑发生的。总体上看，"自媒体—意见领袖"的认知图式既是一种网络舆论"反转"的解释框架，也是一种网络治理的归责框架。比如，学界常常将同网络舆论的新特点相关联的问题定义为自媒体带来的挑战，许多相关研究议题都被冠以"自媒体时代"或"自媒体背景下"的"某某问题研究"；相关部门为了避免或解决网络舆论的"反转"引起的麻烦，也往往简单地把自媒体和意见领袖作为麻烦制造者和治理对象进行监控、整顿和信息阻断。

二 网络舆论"反转"的发生结构

网络舆论"反转"的传播学逻辑本质上是 web2.0 时代自媒体的

---

[1] 曾繁旭、黄广生：《网络意见领袖社区的构成、联动及其政策影响：以微博为例》，《开放时代》2012 年第 4 期。

第五章　虚拟空间中的社会性建构：网络事件与网络舆论

技术特征（及其潜在的技术风险）与意见领袖所代表的社会情绪相结合的产物，由此出发的网络治理方式正是遵循上述逻辑所展开的信息管控。按理说，这应该是一种行之有效的治理选择，但实际情况却并不尽然。如同本节开始部分指出的那样，针对自媒体和意见领袖的网络治理，投入了大量的治理资源，也增加了相应的制度安排，但互联网世界的社会舆论并没有呈现出河清海晏的景象。网络舆论的"反转"及其所掀起的网络热浪，仍然在不断加剧相关部门的焦虑和不安；反复发生的舆论"反转"仍然在不断撕裂社会的集体认知和信任体系。这使我们怀疑，仅仅从传播学逻辑上考察网络舆论的"反转"，也许并不充分。建基于"自媒体—意见领袖"的认知图式，虽然从技术和行动两个层面揭示了网络舆论"反转"的传播机制，但是也存在某些方面的不足：其一，"自媒体—意见领袖"的认知图式过于强调自媒体的技术特征，而忽视了技术与社会之间复杂的经验和制度安排；[①] 其二，过于简化的认知图式由于"悬置"了许多重要的过程（公共事件的信息披露过程、网络舆论"反转"中的结构性互动等等），因而无法从完整的发生结构上去揭示互联网舆论"反转"的社会机制。

本节所说的发生结构（或发生学结构）是指，对公共事件及其网络舆论的发生过程具有实质作用的不同行动主体之间内在的关系格局。正是这种内在关系的不断展开，或者不同行动主体的对峙、博弈、关涉以及相互卷入，推进了公共事件的发生和后续走向。因此，公共事件的发生结构本质上是一种卷入其中的各方行动者之间的行动结构。毫无疑问，就网络舆论"反转"的整体脉络而言，传播学逻辑所代表的"技术—行动"图式仅仅代表着一种单向行动结构

[①] 杨国斌：《连线力——中国网民在行动》，邓燕华译，广西师范大学出版社2013年版，第3—8页。

虚拟整合：互联网时代社会结合方式的革命性变化

（即推动舆论"反转"的行动结构），并不构成发生学意义上完整的行动结构和舆论"反转"的整体关系格局。换言之，网络舆论"反转"的发生结构，应该包含一对存在对应关系的双向行动结构（即控制舆论的行动结构和推动"反转"的行动结构）。本节根据双向行动的不同取向，将网络舆论"反转"的发生结构分为两大行动主体，即信息控制主体和舆情推动主体。

公共事件的发生往往伴随着某种公共危机的出现，而且每个公众都有可能成为公共危机的潜在受害者。类似"我们都是魏则西，我们都是雷洋"[①]的网络表达，体现的正是公众在面对公共事件时的一种普遍心态。因此，在互联网时代任何公共事件的发生都必然会引起广泛的社会关注，并构成重大网络舆情和网络事件的社会心理基础。在传统的稳定思维中，公共事件的发生毫无疑问需要对其施以必要的危机管理以免出现危及稳定的社会舆论，而与之相匹配的行动主体就是网络舆论的信息控制主体。在不同公共事件所引发的网络舆论中，信息控制主体的类属存在一定的差异，在构成上也不是某个单一的部门或行动主体。但是，网络舆论的信息控制主体有一个共同特点，即对公共事件所造成的危害具有直接或间接责任。因此，我们可以从事件归责的角度，将网络舆论的信息控制主体分割为两种类型：一是公共事件的直接责任主体，有可能是公共部门主体（比如"雷洋事件"中的昌平警方），也有可能是市场主体（比如"魏则西事件"中的百度搜索），还有可能是群团或社会组织类主体（比如郭美美事件中的中国红十字会），等等；二是公共事件的连带责任主体，有可能是直接责任主体（比如党政类直接责任主体）的上级管理部门和辖区主管部门，也有可能是直接责任主体（比如市场类和

---

① 在"魏则西事件"和"雷洋事件"发生后，许多网友在相关自媒体的评论区通过类似"我们都是魏则西，我们都是雷洋"的语言表达了作为相关公共事件潜在受害者的担忧。

群团类直接责任主体)的监管部门,还有可能是专门从事舆论监控的职能部门、介入公共事件的相关法务部门以及官方媒体,等等。由此可见,网络舆论的信息控制主体是由公共事件的责任相关者构成的一种复合行动主体。

公共事件的信息控制主体具有两个方面的职责:一是信息披露,公共事件的责任相关者掌握着或最接近事件的真相,因而具有主动、及时向社会公众发布信息、披露真相的义务,在理论上应该是源头信息的发布者;二是消除影响,即公共事件的责任相关者(特别是来自公共部门的直接责任主体或连带责任主体)都具有转化事态、降低危害的职责。但是,在传统的稳定思维中,消除影响的职责往往是责任相关者的第一选择,从而在价值排序上抑制了披露真相的职责。正是在这个意义上,公共事件的责任相关者获得了控制信息发布的合法性。[①] 对于事件的责任相关者来说,控制信息发布的合法性意味他们在信息披露方面获得了实质性的自主权,进而为其在信息披露上的选择性发布创造了条件,他们可以选择发布的时机和内容。从近年来许多网络事件最终的结果来看,目前在公共事件的危机管理中,广泛采用的专设发言人、官方通告会和新闻通稿等组织形式,在具体的信息披露中普遍存在一定程度的选择性发布。

对于公共事件的责任相关者来说,如果能够通过信息阻断将"危机"控制乃至消灭在萌芽状态,无疑是一种最佳选择。但是在无所不在的自媒体环境中,简单的信息阻断往往潜藏着更大的风险和危机。事实证明,在相关信息被严格控制的情况下,一旦自媒体成为公共事件的信息源头,并经互联网的交互传播而导致舆论"发酵"和舆情升级,事件的责任相关者反而陷入了更加被动的局面。因此,相对于简单的信息阻断,公共事件的责任相关者根据对舆情的研判

---

① 这正是笔者将公共事件的责任相关者定义为信息控制主体的原因所在。

虚拟整合：互联网时代社会结合方式的革命性变化

选择合适的发布时机，是一种相对"安全"的行动策略。除了选择时机之外，责任相关者面临的另一个问题是选择信息发布的内容。从信息披露的职责上讲，公共事件的责任相关者应该根据其对信息的掌握程度，全面地向公众发布事实真相。但是，受传统稳定思维影响的信息控制主体，普遍存在以"消除影响"的名义对相关信息进行选择性发布的倾向。

在现实生活中，深谙网络舆论"传播规律"的信息控制主体，尽管通过时机和内容的选择性发布（并辅之以其他的干预措施）对公共事件的信息传播进行管控，但选择性发布的效果未必如信息管控者所愿而顺利实现"大事化小、小事化了"。因为在围绕着公共事件所引发的网络舆论中，信息控制主体面对的舆情推进主体，秉持着一套完全不同的行动逻辑，而且两者之间存在某种固有的对峙性。[①] 作为信息控制主体的对立面，舆情推进主体是由公共事件的直接或潜在受害者构成的行动共同体，实际上是一种公共危机的命运相关者构成的集体行动者。舆情推进主体可以分为两个层次，即深度参与者和普通参与者。深度参与者在网络舆论的"反转"过程中扮演着关键的角色，主要包括公共事件中受害者维护权益的组织者、受害者代理人、同情受害人的独立批评者、民间意见领袖（包括公共知识分子和网络大V）以及某些由于特定原因形成反社会人格的情绪化行动者等等。网络舆论深度参与者的行动逻辑是，由于对信息控制主体的普遍不信任，在没有其他选择的情况下，只能借助网络舆论的力量倒逼公共事件的"真相"。因此，任何一桩公共事件的发生，都有众多试图推进舆情发展的深度参与者紧盯公共事件的发展过程和信息控制主体的信息发布，以寻找颠覆性的破绽。这对于信息控制主体的

---

① 信息控制主体和舆情推动主体之间的对峙性在很大程度上是当下社会不平等日益扩大和社会矛盾日益加剧在公共事件及相应的网络舆情中的一种投射。

第五章 虚拟空间中的社会性建构：网络事件与网络舆论

选择性发布来说，无疑构成重要的挑战。

在深度参与者的逻辑中，能否"逼出"公共事件的"真相"，主要取决于能否推进网络舆情的发展；而推进网络舆情发展则需要足够的证据，来质疑、颠覆公共事件的信息控制主体（责任相关者）所披露信息的真实性。因此，深度参与者一旦有所"斩获"[1]，即以揭露真相、现场还原、新闻评论和幕后消息等形式在自媒体上公开发布。深度参与者的信息发布不啻在自媒体平台投下了一则"重磅炸弹"，往往会激起强烈的反响。这些反应则主要来自舆论推进主体中庞大的普通参与者队伍。公共事件的危机给普通参与者带来了一种广泛的焦虑和波及自身的风险意识。因此普通参与者和深度参与者一样，对信息控制主体存在普遍的不信任，对事件背后的真相也抱有强烈的兴趣，但由于各种原因而不会像深度参与者那样投入专门精力去发现真相。因此，普通参与者实际上构成舆论推进主体的外围行动者。主要包括意见领袖的支持者（即所谓的"粉丝"）、关注公共事件背后真相的普通自媒体用户（即所谓的"吃瓜群众"）、社交媒体中的行为关联者或社会支持系统（比如微信朋友圈）、具有公共责任感的舆论助推者等等。

尽管处于舆论推进主体的外围结构，但普通参与者对于公共事件的舆情发展并不是可有可无的，反而作为一种群体的力量而显得异常重要。首先，深度参与者在自媒体上投放的"重磅信息"，只有经庞大普通参与者队伍的广泛传播，才能释放出自媒体交互传播结构的双重效应（即充分传播和快速聚合）和巨大的舆论力量，进而对信息控制主体的信息披露产生一种"倒逼"的效果。其次，庞大

---

[1] 实际上，在对信息控制主体普遍缺乏信任的前提下，无论舆情推进主体针对选择性发布的"斩获"是否客观真实，只要对信息控制主体发布的内容构成挑战和质疑，往往都能激起网络舆论的强烈反应。

的普通参与者队伍及其参与行动对于网络舆论的深度参与者具有一种客观上的"保护"作用。由于数量庞大的支持者的存在，因此对深度参与者任何不恰当的对待方式都有可能激起强烈的舆论反应。从某种意义上说，正是由于"粉丝""吃瓜群众"等普通参与者群体的存在和关注，深度参与者才能安然展开与信息控制主体的信息博弈。

三 网络舆论"反转"的社会机制

经由以上分析可知，只有在由信息控制主体（或公共事件的责任相关者）和舆情推进主体（或公共危机的命运相关者）构成的完整结构中，才能对网络舆论的"反转"现象进行全面的认识和理解。如果在认识论上将公共事件的信息控制主体"悬置"起来，简单地从技术和行动层面上把网络舆论"反转"的根源归责为"自媒体—意见领袖"的行动图式，不仅会导致认识上的偏差，而且会对网络治理实践产生一定程度的误导。也就是说，网络舆论的"反转"是由信息控制主体和舆情推进主体基于不同的行动逻辑（即"选择性发布"和"倒逼事实真相"），共同建构出来的一种社会事实，而不能简单地理解为自媒体与意见领袖相结合的产物。至此，我们需要进一步廓清的是，网络舆论是如何在信息控制主体和舆情推进主体的结构性互动中发生"反转"的，即网络舆论"反转"的社会机制。

从互动形式和发生进程上看，网络舆论的"反转"通常表现为，针对公共事件中信息控制主体的选择性发布，舆情推进主体通过特定行动和自媒体的力量建构出新的舆论倾向，进而颠覆信息控制主体的舆论导向。因此，网络舆论"反转"的逻辑起点，应该是信息控制主体的选择性发布。

如前文所述，基于传统的稳定思维和危机管理的需要，公共事件

第五章 虚拟空间中的社会性建构：网络事件与网络舆论

的责任相关者获得了控制信息发布的合法性。但是，选择性发布缺乏明确的操作性标准，即对于"什么样的信息不能发布"和"什么样的信息可以发布"等选择性问题，只有维持稳定和消除影响的政治需要而没有具体的制度标准。因此，公共事件中的信息发布在很大程度上取决于信息控制主体主观的判断、权衡和选择，这就赋予了信息控制主体较大的行动空间和自主性。然而，信息控制主体同时也是公共事件的责任相关者（包括直接责任主体或连带责任主体）。在此，公共事件的责任分配和信息发布自主权之间的特殊配置，将会为信息控制主体提供一种内在的行为动力，即利用选择性发布的合法性和自主行动空间降低或推卸对事件的责任。比如，引起强烈反响的"雷洋事件"中，昌平警方最初发布的通报实际上只包含了两个简单的信息：一是雷洋嫖娼的信息；二是雷洋在抗拒执法过程中突发身体不适导致死亡的信息。[1] 从该事件的后续发展及进一步信息披露的结果来看，上述两条信息所包含的事实和道德指向，显然包含着信息控制主体的推责倾向。

选择性发布的前提是，信息控制主体垄断了公共事件的核心事实和控制着公共事件的真相，这是由信息控制主体所享有的信息控制权和作为公共事件责任相关者的地位决定的。信息控制主体可以对其认为不宜发布的信息进行隐匿或暂缓发布。但是，一旦被隐匿或暂缓发布的信息在事后被证明与信息控制主体作为公共事件责任相关者的职责有关，将会被媒体和公众定义为推卸责任的选择性发布。更为重要的是，如果这种被证实的"推责行为"经过自媒体的广泛

---

[1] 据北京昌平警方在其官方微博发布的通报称，昌平警方于2016年5月7日20时左右接群众举报，得知位于昌平区的一家足疗店存在卖淫嫖娼问题。其间，民警在将涉嫌嫖娼的男子雷某带回审查时，雷某抗拒执法并企图逃跑，警方依法对雷某采取了强制约束措施。在将雷某带回公安机关审查过程中，雷某突然身体不适，警方立即将其送往医院，后经医院抢救无效死亡。

虚拟整合：互联网时代社会结合方式的革命性变化

传播，将会形成刻板印象和对信息控制主体的普遍不信任，进而使网络舆论的形成和发展陷入一种"塔西佗陷阱"——在各种公共危机面前，无论信息控制主体是否存在基于推卸责任的选择性发布，由于普遍的不信任和广泛的信息不对称，公众都倾向于认为存在不可告知的内幕和被隐瞒的真相。即便是信息控制主体确实是由于信息掌握程度不足而导致的信息披露不及时，也会被舆情推进主体视为以推卸责任为目的的选择发布。

从事件的发生图景来看，信息控制主体的选择性发布必然会破坏和肢解公共事件的完整脉络，导致比较明显的逻辑漏洞和信息缺口，从而为舆情推进主体的"反转"行动提供了具体的着力点和切入点。因此，每当重大公共事件的信息发布之后，舆情推进主体中的深度参与者都会针对其中的逻辑漏洞和信息缺口发出质疑，并展开颠覆性的查证（主要是通过网络搜索、实地查访、寻找知情人、现场还原等方式获得颠覆性的证据）。比如，在雷洋案中，雷洋校友"山月羊"针对昌平警方的案情通报，在知乎专栏发布一篇名为《刚为人父的人大硕士，为何一小时内离奇死亡？》的网帖。该帖的核心内容是根据雷洋家人提供的信息提出两个质疑：一是雷洋于结婚纪念日，在去机场接老家亲戚的短暂过程中发生嫖娼，在逻辑上不合常理；二是雷洋死亡的关键信息和证据全部缺失（包括没有监控视频、执法记录仪被摔坏、雷洋的手机定位等信息被删）。从该事件的舆情发展来看，正是由于"山月羊"围绕逻辑漏洞和信息缺口所发表的质疑、实证和评论，迅速引起网友的广泛关注并发生刷屏式转发，随即在各大媒体以及网络平台形成一波强大的舆论，从而推动了雷洋案网络舆论的第一轮"反转"。

由此可见，网络舆论"反转"的关键在于，针对逻辑漏洞和信息缺口的质疑能否获得充分的证据支持。舆情推进主体一旦通过客观的证据形成针对逻辑漏洞和信息缺口的颠覆性评论，并借此定义信息控制主体的推责行为，那么在自媒体交互传播的作用下，网络舆情的"反转"将难以避免。更为重要的是，从网络舆情的发生结构来看，尽管信息控制主体垄断着公共事件的核心事实，但是颠覆选择性发布的逻辑漏洞和信息缺口并不是一件很困难的事情。因为在网络舆论的发生结构中，舆情推进主体具有一种"反转"行动的视角优势。

相对而言，信息控制主体的社会构成较为单一，即公共事件的责任主体，其在信息披露行动中主要是从消除影响的稳定思维（及其衍生出来的推责空间）出发进行选择性发布，因此信息控制主体是一种单视角的行动主体。但是，舆情推进主体中具有关键地位的深度参与者，其社会来源则十分复杂多样。每个深度参与者都是独立的行动主体，同时又能够借助互联网实现相互支持，面对信息控制主体的选择性发布具有不同的审视视角和行动方式，因此舆情推进主体是一种多视角的行动主体。每当一个公共事件发生后，舆情推进主体中的众多深度参与者能够从不同视角，去寻找和发现信息发布的逻辑漏洞和信息缺口。凭借这种多视角的行动力量，舆情推进主体往往能够轻易地"突破"选择性发布的薄弱环节。综合起来看，两者构成一个单视角与多视角的行动关系，其中的信息控制主体及其选择性发布行动将会遭遇舆情推进主体多角度全方位的审视、质疑、查证和评判，稍有不慎即会被卷入网络舆论的旋涡之中。

很显然，网络舆论的发生结构是一种相互对峙和博弈的互动结构。其中，信息控制主体能够凭借其对核心事实的垄断，控制信息披露的时机和内容，乃至进行必要的信息阻断；舆情推进主体则借助多视角的审视，对选择性发布的逻辑漏洞和信息缺口，进行颠覆性的质疑和揭露。从某种程度上讲，网络舆论"反转"的发生结构是一种

"互为优势"的行动结构。信息控制主体占据着信息优势,无论是基于消除影响还是基于推卸责任的选择性发布,都会形成一种普遍的公众认知——即公共事件的"真相难求"或"真相烂尾";而舆情推进主体则占据着多视角的行动优势,其行动结果容易导致选择性发布中的"假象易穿"。网络舆论的"反转"就是在信息控制主体与舆情推进主体相互对峙、博弈的结构性过程中发生的。同时我们应该看到,每一次网络舆论的"反转",不仅是信息控制主体与舆情推进主体相互对峙和博弈的结果,而且是一次社会撕裂的过程。但是目前在网络舆论的治理上,主要是对舆情推进主体的相关行为进行事后管控,对信息控制主体的信息发布行为则缺乏制度上的规范。这种脱离整体发生结构和内在发生机制的网络治理方式,在客观上对信息控制主体的选择性发布形成一种保护和"激励",而事后管控作为一种平息当下事态的手段,并不具有网络治理的长效机制,因此无法有效避免网络舆论的"反转"及其对社会信任的撕裂,反而有可能激发网络舆论的反弹。

四 小结

本节的目标是对自媒体时代网络舆论的"反转"提供一种竞争性的解释。据此,本节首先清理了网络舆论的传播学逻辑,即"自媒体—意见领袖"的解释框架和认知图式。按照这一逻辑,网络舆论的"反转"在本质上是自媒体的技术特征(及其潜在的技术风险)与意见领袖所代表的社会情绪相结合的产物。然而事实证明,从传播学逻辑出发的网络治理却没有取得现实预期,网络舆情表现得反而更加活跃。基于此,本节试图超越一般意义的传播学逻辑或媒体思维,在更完整的发生结构中揭示互联网舆论"反转"的社会机制。

网络舆论的发生结构由公共事件的信息控制主体和舆情推动主

体构成。其中，信息控制主体是由公共事件的责任相关者（包括直接责任主体和连带责任主体）构成的一种复合行动主体。基于消除影响的需要，公共事件的信息控制主体获得了选择性发布的合法性。舆情推进主体则是由公共危机中直接或潜在的命运相关者构成，包括深度参与者和普通参与者两个层次。信息控制主体和舆论推进主体在围绕公共事件而发生的结构性互动中，表现出完全不同的行动逻辑，前者是在垄断核心事实的基础上进行选择性发布；后者则是试图借助舆论的力量倒逼事实真相。

由于缺乏明确的操作性标准，公共事件的选择性发布在很大程度上取决于信息控制主体主观的判断、权衡和选择。信息控制主体因而获得了一种内在的行动动力，即利用选择性发布的合法性降低或推卸对事件的责任。但是，选择性发布必然会破坏和肢解公共事件的完整脉络，导致比较明显的逻辑漏洞和信息缺口，从而为舆情推进主体的"反转"行动提供了具体的着力点和可能性。尤其重要的是，这种"反转"的可能性很容易转变为现实的"反转"，而转变的关键在于信息控制主体与舆情推进主体之间特殊的行动关系。信息控制主体可以凭借核心事实垄断者的地位和消除影响的公共责任进行选择性发布，导致公共事件的"真相难求"。但是，选择性发布是一种单视角的控制行动，所形成的逻辑漏洞和信息缺口将会遭遇舆情推进主体多视角的审视、质疑、查证和评判。在这种多视角的审视中，任何逻辑漏洞和信息缺口所形成的假象都很容易被揭穿和颠覆，而每次揭穿假象的过程都会"带动"舆论的"反转"，并引发舆论风暴。

总体上看，网络舆论的"反转"是由信息控制主体和舆情推进主体基于不同的行动逻辑共同建构出来的一种社会事实。基于这一认识，在网络舆论的治理选择上显然不能简单地从媒体思维和传播学逻辑出发,沿用传统的控制手段对待自媒体时代网络舆论的新特点,而应该立足于网络舆论"反转"的整体结构及其内在的发生机制,从网络舆论"反转"的逻辑起点(即信息控制主体的选择性发布)出发进行源头治理,进而消除选择性发布与多视角审视、推卸责任与倒逼真相之间的紧张,最终构建一个健康的网络环境。要做到这一点,则必须建立一个以社会公众的知情权为核心的信息披露机制。

/ 第六章 /

网络社会的风险治理：数据使用权与平息事件

第一节 基于网络公民权的数据使用权创新*

众所周知，帮助不同目标群体搜集、处理海量的数据信息是网络平台的一项基础功能。其信息处理优势一部分是通过前所未有的用户覆盖面实现的，而另一部分则主要建立在基于算法的信息分类技术之上。在基础功能之上，平台企业通过结合不同的商业需求，开发出了诸种平台商业模式，覆盖公民政治、劳资关系、文化生产和日常消费等方方面面。不同学科对这些创新的商业技术实践都作出过乐观判断，比如，平台经济学认为这些商业模式有利于市场主体减少交易的信息成本[1]，而不少政治学者则将网络平台（特别是社交型的）视为是有益于公民政治表达的"解放技术"[2]。不过，我们需警醒的

---

* 本节由笔者和段君合作完成，并以《网络平台的治理困境与数据使用权创新——走向基于网络公民权的数据权益共享机制》为题发表于《浙江学刊》2020年第6期。

[1] Rochet J. C., Tirole J., "Platform Competition in Two-Sided Markets", *Journal of the European Economic Association*, Vol. 4, No. 1, 2003, pp. 1–45.

[2] Edelman B. G., Geradin D., "Efficiencies and Regulatory Shortcuts: How Should We Regulate Companies like Airbnb and Uber", *Stan. Tech. L. Rev.*, Vol. 19, 2015, pp. 1–33. Tucker J. A., Theocharis Y., Roberts M. E., et al., "From Liberation to Turmoil: Social Media and Democracy", *Journal of democracy*, Vol. 28, No. 4, 2017, pp. 46–59.

虚拟整合：互联网时代社会结合方式的革命性变化

是，这些从技术功能出发作出的判断，容易忽视同一功能/手段所导致的意外后果，从而也会忽视这些意外后果背后不同参与主体之间的复杂权利关系。换句话说，忽视平台技术功能的意外后果，导致的一个显著影响是造成平台的理想（理论）形式与现实（实践）形式之间的脱节：一方面是这些"技术功能预设"不能有效地解释平台真正的运作机制和结果；另一方面则是平台运营易陷入野蛮发展所造成的无序状态中，从而使平台的治理问题逐渐凸显出来。如果我们首肯平台对经济社会持续健康发展所具有的重要意义，那么平台治理就是一个必须加以专门探讨的问题。

一 平台发展的三大风险

随着近十年来移动互联网技术的飞速发展，几乎在所有的社会生活领域，凡是能够通过数字呈现和转换的对象，凡是存在信息存储和传递的需要，都在加速与互联网技术相结合。这种数字化结合的运行枢纽，就是不断崛起的网络平台。通过更为有效的时空事项搭配，网络平台创造了巨大的技术红利。然而，平台经济的快速扩张和对传统经济模式的颠覆，也是一个乱象丛生的过程。平台发展一直伴随着侵占、操纵、信用危机、抗争、冲突和破裂等各种网络失范和网络事件。具体而言，平台发展的乱象与风险主要包括以下三个层面。

（一）平台对个人隐私的僭越

微观层面的乱象主要体现在平台对个人隐私的僭越上。[1] 作为强大的信息工具，平台能够不动声色地搜集到以往沉睡在社会角落里的信息，并通过一定的商业模式将它们转换为昂贵的市场资源。[2] 但

---

[1] Acquisti A., Taylor C., Wagman L., "The Economics of Privacy", *Journal of Economic Literature*, Vol. 54, No. 2, 2016, p. 446.

[2] Cate F. H., Mayer-Schönberger V., "Notice and Consent in A World of Big Data", *International Data Privacy Law*, Vol. 3, No. 2, 2013, pp. 67–73.

是，对于这些信息的原宿主来说，平台的搜索范围极易触及他们大量的个人隐私。这个搜集过程不需要用户的参与，主要依托平台自身的两种数据获取能力：第一，凡用户使用过平台软件，皆会在平台数据库中自动留下痕迹。平台在后台直接截留自发形成的数据，并在事后用于一定的商业目的；第二，为使数据的商业价值最大化，平台对用户数据的获取已经逐渐从对用户数据的直接截留，转换到了通过购买、跟踪、合并多种数据和深度挖掘新的数据内容的方向上（机器学习）。从形式上看，它完全不同于传统意义上的直接侵占，甚至带有一种自主创造的味道。由于缺少用户的直接参与，平台对个人隐私的僭越显得十分隐蔽。同时，依托以上两种能力，平台可以轻易地避免与每个用户协商个人信息的隐私边界。由此而获得的海量深度数据，构成其技术红利（提升平台服务效率）的源头。在"个人数据换技术红利"的合法性方面，平台以及隐私经济学家给出的辩解是隐私安全的损失可以用数据技术产生的商业红利来弥补。[①]

但是，用户对于隐私换红利的商业逻辑并不完全认可。根据2014年皮尤研究中心针对美国用户的一项调查，81%的人感到在社交平台上和信任的人分享私人信息"不太安全"或"一点儿也不安全"；68%的人感到使用聊天工具或发送即时消息和人分享隐私是不安全的。同样，由腾讯集团企鹅智酷在2018年发布的《中国网民个人隐私状况调查报告》显示，有近九成受访者担心平台主动泄露用户隐私信息以牟利。这些调查结论表明一个事实，个人隐私直接或间接进行市场交换，是违背当事人意愿的。像私人的社会关系构成、癖好、商业秘密、情感与价值取向等信息内容，正是全面构筑个体社会地位、本体性安全最有价值的信息资源。它们的作用已经超出了商业红利可供支持的

---

① Acquisti A., Taylor C., Wagman L., "The Economics of Privacy", *Journal of Economic Literature*, Vol. 54, No. 2, 2016, pp. 442–485.

范围。而且更残酷的现实是，目前没有任何经验证据显示，平台会主动把通过隐私内容转换而来的利润与原宿主分享。这似乎也在说明某种针对用户信息资源的新的商业霸权形式业已成型。

(二) 平台对内部市场的过度整合与操控

在中观组织层面，平台的无序发展主要体现在平台企业对内部市场的过度整合上。平台具有一种网络外部性效应，即某个用户使用一种商品或服务所获得的效用随着使用该产品的用户人数增加而增加。[①]在这一效应基础上，只要能够优先在自身平台上实现较大的用户需求规模，平台商品或服务的效用就会越高，用户就会自发地聚集到这个规模较大的平台上，从而加速其垄断竞争优势的形成。这是目前平台产业呈现出"赢者通吃"的寡头竞争格局的根本原因。竞争中，平台企业为了加快集中趋势，通常还会结合平台两侧的价格弹性来补贴用户（同时补贴两侧或仅补贴一侧），由此会使掠夺性定价、固定价格、低价倾销等传统的价格垄断行为变得司空见惯。尽管目前的经济学研究已经从市场效率角度为平台垄断正了名，但平台在内部对传统企业的这种超大规模的整合也并不是没有其他风险的。我们看到，通过系统接入（System Access），传统的地方企业既成为平台的数据用户，同时也向平台敞开了自己企业的数据（成为平台数据来源的一部分）。在这种技术依附格局中，平台企业显然是占有信息不对称优势的一端。通过这一优势，除了提供数据服务外，平台还能够深度操控自己构建的内部市场。比如，它可以通过引导交易（比如编辑搜索结果）来扶持与自身利益更密切的公司[②]或个人用户（如流量明星）。既当裁判，也当运动员。平台对内部市场的公平竞争以及整体利润分配的操控能

---

① 傅瑜、隋广军、赵子乐：《单寡头竞争性垄断：新型市场结构理论构建——基于互联网平台企业的考察》，《中国工业经济》2014 年第 1 期。

② Grimmelmann J., "Some Skepticism about Search Neutrality", *The Next Digital Decade: Essays on The Future of The Internet*, 2010, pp. 435 – 459.

力，引发了传统企业用户和学者的普遍担忧与批判。[1]

(三) 平台对地方政府市场治理能力的削弱

平台对超大范围的传统分割型地方市场的虚拟整合，还具有架空地方政府市场治理机制的效应，从而在宏观层面削弱了国家（政府）对地方经济的调控能力。这种宏观权力的私人化趋势成为目前世界主要经济体和国家应对平台问题的一大痛点。以我国来说，发展绩效是地方政府执政合法性的最主要来源之一。[2] 因此，地方政府会想尽办法来维持和提升其辖区内地方企业乃至地方市场（比如义乌小商品市场）在全球市场中的竞争力。这些手段包括制造竞争保护性的政策壁垒（如税费补贴、市场准入限制）、执行突出地方比较优势的产业引导计划，以及产业园区和产业领导小组等体制机制的设置。然而，如果将这套制度设置直接生搬到平台市场的治理中来，恐怕会在多个方面引起执行者的强烈不适。以管辖权（分割）来说，地方政府根本无法干预平台上跨区域交易的事后风险。就治理机制而言，不管是以行政人员为基础的部门或跨部门组织手段，还是以地方晋升或财税资源为基础的纵向激励机制，都无法直接作用于平台市场以大数据为基础的算法型运作过程。政府的这种治理失灵或监管真空，从制度成本上强烈刺激着平台企业的机会行为。平台不仅通过引导内部交易或者价格歧视来最大化其利润，还通过进一步试探法律或规章制度的底线开拓出更多元的市场利润空间。比如让私家车司机成为出租车经营者，或者让踩在社会公序良俗底线上的审丑、色情、医骗等产业成为主要利润来源。尽管从利己角度，平台维持住了内部市场的绩效，但是由此产生的社会负外部性问题，恐怕会从非绩效角度给平台企业以及担负市

---

[1] Rieder B, Sire G., "Conflicts of Interest and Incentives to Bias: A Microeconomic Critique of Google's Tangled Position on The Web", *New Media & Society*, Vol. 16, No. 2, 2014, pp. 195 – 211.

[2] 杨宏星、赵鼎新:《绩效合法性与中国经济奇迹》，《学海》2013 年第 3 期。

虚拟整合：互联网时代社会结合方式的革命性变化

场治理职责的传统政府带来严重危机。

二　平台治理的两种路径及其困境

按照政治学早期的理解，治理是"政府制定和执行规则，以及提供服务的能力"[①]，而随着 20 世纪 90 年代"全球治理运动"的兴起，人们对治理有了更广泛的认识。不仅仅是政府，还包括各种企业、个人、非政府组织都能够对治理规则的制定和执行作出贡献。因此治理不仅仅体现为政府的能力，它更是一个跨越不同参与者和行为的特定而复杂的互动关系。多元主体的治理思路为平台治理提供了两种不同的路径。

（一）平台自治

平台具有对自身内部的用户行为进行规范的动力和能力。平台获得市场竞争力的一个关键因素，是靠尽可能多的用户参与带来更大规模的网络效应。尽管平台降低了用户之间进行交易的事前信息成本（比如通过搜索和平台分类展示，为顾客提供更多消费选择），但平台交易之后所蕴藏的事后风险水平仍然比较高（比如交易达成后的毁约、侵权、犯罪等法律风险，网购商品名不符实等道德风险，以及火灾、车祸等客观风险），这些事后的投机行为和客观风险将严重损害消费者、公司、广告商之间的公平竞争及相关利益，从而减少平台上的商业机遇（抑制网络效应）。为了克服这个问题，平台引入了用户身份核准、大数据筛查、信誉评级、信任传递（熟人之间的推荐、拼单）、强制保险等机制来抑制各种事后风险。[②]

尽管平台的这些自治机制从理论上看能够有针对性地降低事后

[①] Fukuyama F., "What is Governance?", *Governance*, Vol. 26, No. 3, 2013, p. 4.

[②] Martens B., "An Economic Policy Perspective on Online Platforms", *Jrc Working Papers on Digital Economy*, 2016, pp. 1–50. 王勇、冯骅：《平台经济的双重监管：私人监管与公共监管》，《经济学家》2017 年第 11 期。

第六章 网络社会的风险治理：数据使用权与平息事件

风险，不过也有研究指出，实际运行中的信誉评级、强制保险等机制本身也可能诱发新的投机风险，比如，由用户评级的激励不足所导致的评论量少[1]、评级中的串谋、说服等策略性行为[2]，以及在保险大数据的识别下，保险公司对高风险用户的拒保。

仅仅从用户的角度，就已经暴露出了平台自治的诸多不足。除此之外，我们不应忘记平台本身就是一个引导交易、纵容用户的投机主体。并且，当用户的投机取向与平台的投机取向具有利益一致性的时候，由此产生的平台失序问题往往将更加严重。例如，当用户的盗版行为能增加自媒体用户以及平台的点击率时，平台会毫不犹豫地将这种盗版行为进行功能化——提供专门的转发与点赞按钮。基于上述自我矛盾的治理困境，有研究者提出，平台自治仍然应该放在政府乃至社会的法律、道德框架下进行，不能成为一块自治的"飞地"[3]。

（二）政府治理与政府委托治理

前文已经指出，如果将针对传统市场的治理体系直接套用在基于平台的新型交易上，由于管理权限和管理手段的先天不适，其治理的效果会大打折扣。因此，政府目前对平台进行的治理，主要体现在一系列的监管革新上——它由三种类型的政策工具组成：实施广泛的隐私和数据权益保护、拒绝为平台中介免责、实施新的竞争和反垄断法规。[4] 这些政策工具目前已经有了众多实例的支持，比如在个人隐私方面，欧盟的《通用数据保护条例》（2018年5月起实施）就要求，平台必须在用户

---

[1] Dellarocas C., Wood C. A., "The Sound of Silence in Online Feedback: Estimating Trading Risks in The Presence of Reporting Bias", *Management Science*, Vol. 54, No. 3, 2008, pp. 460-476.

[2] Bolton G., Greiner B., Ockenfels A., "Engineering Trust: Reciprocity in The Production of Reputation Information", *Management Science*, Vol. 59, No. 2, 2013, pp. 265-284. 陈兆誉、余军：《平台"炒信"治理模式的转型重构：走向多元共治》，《学术交流》2018年第5期。

[3] Gorwa R., "What is Platform Governance?", *Information Communication & Society*, Vol. 22, No. 6, 2019, pp. 884-865.

[4] Gorwa R., "What is Platform Governance?", *Information Communication & Society*, Vol. 22, No. 6, 2019, pp. 884-865.

虚拟整合：互联网时代社会结合方式的革命性变化

"同意"的基础上处理用户数据。而在撤销平台中介免责方面，我国的《电子商务法》（2019年1月起实施）则细致明确地指出了各种具体情况下平台应承担的各项责任。反垄断方面的例子就更多了，比如2017年6月，欧盟针对谷歌滥用其搜索引擎的市场主导地位（搜索结果偏袒自己投资的公司）而开出的24.2亿欧元反垄断罚款，等等。

尽管上述政策工具已经依据平台的技术特点作出了一些适应性调整，但它们仍不免展露出传统监管思路的残留。以用户对平台数据使用的同意机制（隐私保护）为例。相关法令是想通过这一机制，来确定用户对数据的最终占有——就像界定传统实物产权那样。但这至少忽视了两方面的重点：首先，普通用户阅读隐私政策（有的长达几百页）的机会成本非常高；[1] 其次，数据是虚拟资源，与看得见的实物交易不同，虚拟资源交易的技术壁垒非常高。尽管目前隐私数据交易的多元化市场已经存在，但作为原宿主的消费者却未能进入这些市场。[2] 而即使消费者加入这些市场，由于数据被重复和混合使用的边际成本几乎为零（简单的复制和合并即可），消费者因此不可能意识到这些技术公司收集和处理数据的全部方式和目的，消费者对个人数据问题的决策和市场结果就不可能反映其隐私的真实价值。[3] 政府的市场监管部门如果就这种不对称的交易状况进行监管、干预，同样会因为技术鸿沟的阻隔（传统政府部门也很难确切追索这些数据的流通与应用范围）而使监管成为无矢之的。

由确认隐私的高成本和数据生产的虚拟性所引发的种种市场失灵，实际上破坏了对数据权益进行保护的政策初衷。由此引发的数据

---

[1] McDonald A. M., Cranor L. F., "The Cost of Reading Privacy Policies", *I/S: A Journal of Law and Policy for The Information Society*, No. 4, 2008, pp. 543–568.

[2] Martens B., "An Economic Policy Perspective on Online Platforms", *Jrc Working Papers on Digital Economy*, 2016, p. 38.

[3] Berthold S., Böhme R., "Valuating Privacy with Option Pricing Theory", in *Economics of Information Security and Privacy*, Boston, MA: Springer, 2010, pp. 187–209.

所有权争议，不仅会增加企业数据交易的成本，而且很可能会降低数据市场的整体活跃度。这时候，面对新政策的失灵，许多政府一时找不到政策改进的方向，只能采取"一刀切"的方式直接关停相关平台。这种治理举措可能是扼制平台乱象的最快办法，但其治理成本则是搭上了平台企业以及用户的所有正常收益。

政府治理的困境实际反映出，由于从源头开始就受制于众多路径依赖因素（如管理者僵化的认知结构、技术结构）的影响，政府若期望仅靠自己的治理改革就能换来较好的平台治理效果，恐怕是不现实的。出于这个原因，有研究者提出可以引入具备专业计算技能和基础设施的第三方市场机构（数据分析公司），进行政府委托治理，来帮助政府实施对平台运作的日常规制。[①] 还有学者认为可以引入第三方的公民组织（如专业行业协会）作为独立仲裁方，来帮助政府实施部分治理（如调查用户投诉、制定平台行为的道德框架）。[②] 但是，从经验层面观察，目前这方面的成功实例并不多见，在主要的大型平台中，平台发展的乱象丛生，需要治理的问题依然非常突出。从理论层面看，政府委托第三方治理不可避免地要引发新的更为复杂的"代理风险"问题，特别当代理人的技术性特征非常强的时候，作为委托方的政府更加无法察觉委托人与被治理对象（平台）的串谋问题。而且当被治理对象的经济实力越强时，解决代理风险的机会成本将会越高。从这些角度综合考虑，引入第三方的治理，更易被视为是一种"节外生枝"的做法，极有可能得不偿失。

[①] Martens B., "An Economic Policy Perspective on Online Platforms", *Jrc Working Papers on Digital Economy*, 2016, pp. 44–46.

[②] 吴德胜：《网上交易中的私人秩序——社区、声誉与第三方中介》，《经济学季刊》2007年第6卷第3期。Kaye D., "A Human Rights Approach to Platform Content Regulation", in *Report of the UN Special Rapporteur on the Promotion and Protection of The Right to Freedom of Opinion and Expression*, 2018, Retrieved from: https://freedex.org/a-human-rights-approach-to-platform-content-regulation/.

【虚拟整合】：互联网时代社会结合方式的革命性变化

三 平台的双重属性与数据资源权益的非独占性

如果从经济学关于企业与市场的二分模型来看，第一种自治路径是将平台预先当成了一个无所不能的市场公共利益的维护者。但实际上，平台既不是万能的，也不是纯然无私的。无论是大数据筛查，还是用户信誉评级机制，都有可能再一次引发用户投机或策略行为。更关键的是，平台维护内部市场秩序的动机是私利性质的。这种管理动机完全不同于政府从市场公平乃至社会公平的角度所作出的治理选择，它凸显出平台自治机制与政府外治机制的根本差异。同样亦不可忽视的是，尽管双方动机不同，但平台相较于传统政府确实有治理好平台内部市场秩序的先天技术优势，这正是第二种政府治理最基本的缺陷。换句话说，第二种政府治理的路径，预先将平台理解成了一个企业，这就不可避免地导致套用传统的"政府/企业"二分的治理框架来解决平台发展问题。结果诚如我们看到的，撇开平台技术优势的政府单维监管，常常比不监管产生的市场整体效率损失更大（如欧盟隐私政策的例子）。委托治理的路径尽管认识到了政府在平台治理方面的技术乃至认知缺陷，但仍没有跳出"政府/企业"二分的视角。无非是在原有模型中加入一个有针对性的第三方机构，这不仅没能使平台治理问题明朗化，反而因"代理风险"问题而使它要解决的问题更加复杂。

（一）平台的双重属性与内在紧张

上述两种治理路径及其所陷入的困境，在认知上具有一个共性：均忽视了平台实际具有的市场公共性和企业私利性的双重属性。[1] 简单说，平台既是一个市场，也是一个企业。这是一种很独特的组织结

---

[1] Rochet J. C., Tirole J., "Platform Competition in Two-Sided Markets", *Journal of the European Economic Association*, Vol. 4, No. 1, 2003, pp. 1-45；[印] 阿鲁·萨丹拉彻：《分享经济的爆发》，周恂译，文汇出版社2017年版，第104—107页。

构，至少在人类商业文明的发展史上未曾出现过。平台作为企业的特殊性在于，在其企业内部已经形成了一个按照市场化方式运营的庞大市场。因此，平台的第一个基本功能是，平台作为市场建构者有责任为了广大用户提供必需的公平交易机制；但平台作为市场的特殊性在于，没有哪个私人创业者是完全为了公共利益而进行巨额平台建设投资的。平台建立的初衷是为了成为一种企业的经营模式或盈利模式，并依法取得企业的最大利润。这是平台的第二个基本功能。按照帕累托最优原则，只要能为用户节约哪怕是极小的交易成本（相较于线下市场），平台追求自身企业利益最大化的行为就应该被视为合理的。

但是，这种合理性未必能得到用户的认可与同意。平台建设之初曾发放过大量用户补贴以锁定客户（将节约的交易成本大部分返还给用户），因此平台追求企业自身利益最大化，乃至于平台所维持的内部市场规则服从于平台作为企业的最大利益，是一件理所当然的事情。但是，用户一方可能会认为，正是由于广大用户的积极参与才帮助平台战胜了竞争对手。因此，平台发放的这些补贴或者其代表的资源分配结构，是建设平台过程中所必需的互惠和合作。它不能作为平台垄断内部市场收益的前提与合法性依据。如果按照帕累托最优原则，企业在垄断期有策略地收回这些补贴，尽管对市场整体没有造成损失，但强烈的剥夺感会引来用户的不满，他们甚至会忽视参与平台带来的那份收益而退出平台。总之，平台的双重属性时刻提醒我们，平台的日常经营，必须在其市场公共利益与企业私人利益之间取得平衡。一旦失衡，它将出现本节第一部分所描绘的多重乱象。

从平台治理角度来说，平台的双重属性意味着，既不能完全依赖平台自身来治理其内部市场，也不能完全忽视平台在其内部市场治理上的重要作用。平台集企业和市场属性于一体的独特结构，导致平台资源的配置渠道既不同于市场，也不同于企业。如果一直沿用传统企业的思维或传统市场的思维来认识平台和治理平台，就会加剧平台双重属性之间的紧张，其内部的权益之争或者资源的分配失衡将会更加严重。概言之，平台乱象的根源是由平台的双重属性所对应的两种资源权益分配逻辑之间的紧张与冲突，而平台治理困境的根源则在于无法在平台的双重属性之间找到市场公共利益与企业私人利益的平衡方案。因此，如果平台治理的重点停留于治理主体的选择上，必然无法解决平台双重属性的内在紧张问题。这就要求转变平台治理的思维方式，从平台治理所要解决的实质问题出发，化解平台双重属性之间的张力。无论是平台发展的三重乱象，还是平台双重属性之间的内在紧张，都是围绕数据资源权益所发生的对立与冲突。因此，平台治理所要解决的实质问题就是数据资源权益的分配问题。但是，数据资源的权益分配则必须立足于数据资源的技术性特征。

（二）数据资源权益的技术特征——非独占性

数据资源是平台经济中最核心的生产性资源，而最常见的资源分配方式无外乎两种，即以实物产权为基础的价格机制和以组织权威为基础的计划分配机制。但是，这两种分配机制作用于数据资源时，均表现出严重的不适。首先，由于平台企业与其用户之间的巨大技术鸿沟，在运用价格机制的数据交易市场中，用户由于信息不对称的劣势，而不能发现和掌握数据的真实价格；其次，如果按照政府的计划指令来分配数据权益，同样也是不可行的。因为，管辖权的地方分割（制度成本）、后台实时数据的及时获取与分析（技术鸿沟）等问题，会使政府对数据权益的有效评估与干预困难重重。既然传统的资源分配机制在数据资源的技术特性面前均遭遇水土不服，那么重新认识数据资源以及它对资源分配规则的影响，对于确立一套有效、均衡的平台资源分配机制将具有基础性意义。

第六章 网络社会的风险治理：数据使用权与平息事件

对数据资源的技术性特征有一个很常见的概括，即虚拟性。如果从数据在网络系统中的运动轨迹来看，数据资源的虚拟性表现为四个特征，即可传播性、可储存性、可复制性、可合并性。数据资源区别于实体资源的运动轨迹及其虚拟特质，决定了任何网络行动者要想实现对数据的完全占有或独占，几乎是不可能的。因此，非独占性构成数据资源最重要的技术特征。而且，上述四种数据运动（数据运动也是一种数据再生产的过程）在互联网系统中的边际成本很低——近乎零[①]，它容易导致数据再生产过程呈现出庞大的规模效应，波及的人群极为广泛。

由虚拟性而导致的占有失效，迫使数据权益的分配只能围绕其使用权寻求创新。目前，使用权分配过程通常按以下形式进行：用户如果想获得网络平台更智能、更便捷的服务（用户利益最大化），他就必须尽可能地共享个人信息——不管是经过同意的，还是没有同意的。于是，平台就有了广泛记录用户信息的契机。如果没有任何强有力的制度限制（比如由政府取缔平台），平台可以利用其先天的数据处理优势，低成本、大规模、重复性地任意使用这些数据，从而获得巨额收益。当然，平台使用这些信息的过程不可避免会被用户察觉，比如用户常会因平台广告推送的主动性、精准性而感到诧异。这种察觉，可能是一时的惊奇，最后默许了平台对其个人信息的二次利用。但更多的时候，这种察觉会引来用户的担忧、愤怒，并会留下一种不公平的心理印象。这些负面情绪的累积会促使用户展开各种实际行动来对抗平台，有时是要求平台停止这种数据的侵权使用（常常收效甚微，除非国家出手关停），有时是要求平台对用户心里感受到的损失进行赔款。

[①] [美] 杰里米·里夫金：《零边际成本社会——一个物联网·合作共赢的新经济时代》，赛迪研究院专家组译，中信出版社2014年版，第140—146页。

不难看出，目前平台中的数据权益分配几乎呈现一种野蛮状态。平台与用户角力的砝码是其数据技术，而市场用户与平台角力的砝码则是传统的公共权力（由政府来行使）。这种缺乏共识的互动，其结果也常具有很强的不确定性。马克斯·韦伯把这种类型的资源争夺过程称作一般意义上的"斗争"，其问题的解决方式通常都带有暴力性质（比如，抗议、社会运动、国家强制等）。由于这不是"一种在目的和手段上以制度为取向的竞争"①，行动者自然无法根据对其他行动者的预期来规划行动路线。在这个意义上，非制度化的"斗争"会持续不断地生产出来，进而加剧了平台数据权益的混乱。这对平台双重属性之间的紧张关系来说，简直是一个噩耗。当用户的市场公平呼声过大的时候，可能仅仅因个别交易事故的发生，就会导致平台整体关停的命运。比如，2018年8月滴滴顺风车平台的关停事件。而当平台技术权力过大的时候，平台对大规模隐私数据的长期占有与不当使用，往往给用户和社会造成了无法挽回的巨大损失，比如，2018年3月脸书公司的用户数据泄露事件。

四 以网络公民权为基础的数据使用权创新

平台治理的两种路径之所以失灵，根源在于无论哪一种治理路径都无法克服平台的双重属性及其内在紧张。然而，如果从平台发展的三重乱象来看，无论是平台对个人隐私内容的僭越、平台对内部市场的过度整合与操控，还是平台对地方政府市场治理能力的削弱，其原罪并不在于平台的双重属性。平台兼具企业和市场的独特属性，恰恰体现了网络社会的典型组织形式和社会生产结构，也是互联网逻辑区别于工业化逻辑的优势所在。事实上，平台乱象与治理失灵的关

---

① ［德］马克斯·韦伯：《经济与社会》（上卷），林荣远译，商务印书馆1997年版，第68页。

键在于，平台凭借企业和市场双重属性的优势，而针对数据资源权益上的技术特征所发生的投机。但是，平台治理的根本出路不在于抑制体现市场本质的投机行为，而在于对数据资源权益的技术特征进行规范和创新。

(一) 数据权益分配的技术权力格局

尽管用户以市场公平为由发起的维权事件时有发生（比如，国家315网站的类似投诉逐年增多），但在总的权力格局上，平台还是以其先进、隐蔽的后台技术运作，牢牢掌控着用户数据权益分配的主动权。在平台企业完成市场垄断之后（比如在滴滴收购完快的、优步中国之后），常听到有用户抱怨：平台不仅取消了市场扩张阶段的用户补贴，而且还在传统出租车的收费水平上，加高了司机抽成和乘客里程费用。可是抱怨归抱怨，这些用户绝大多数仍在使用平台提供的数据服务。至于他们为何不退出平台？主要是因为经过极致扩张的平台，其网络效应往往已经达到了顶峰，用户还是能够继续分享一定的技术红利。并且，此时可替代的更优秀平台并不存在。

随着技术权力格局的逐步稳固，依照企业的逐利性质，成熟平台的收费标准会往榨取用户盈余的最大化方向发展，这点已为相关实证研究所证实。[1] 在此之上，各种以满足价格歧视为目标的收费方式逐渐涌现，比如网约车公司的动态弹性定价、购物平台和搜索引擎公司的竞价排名、旅游平台的大数据杀熟，等等。对用户盈余的蚕食，将公司市值和个人财富的集中推向了历史顶峰。比如，网络社会诞生了人类历史上首个市值超万亿美元的平台公司——苹果，也产生了杰夫·贝佐斯、比尔·盖茨这些身价远超工业时代首富的平台企业

---

[1] Mikians J., Gyarmati L., Erramilli V., et al., "Crowd-Assisted Search for Price Discrimination in E-Commerce: First results", *Proceedings of the Ninth ACM Conference on Emerging Networking Experiments and Technologies*, 2013, pp. 1–6.

家。尽管这些现象并不必然带来社会整体福利的损失,但它却是目前全球以平台企业为中心的、不公平的利益分配格局的深刻体现。

面对以平台为中心的技术权力格局对于数据权益的垄断和宰制,用户的行动反应包括三个层次。第一个层次的行动反应是最低层次的日常吐槽(包括线上和线下)。停留于"弱者武器"性质的日常吐槽实际上已经放弃实质性抵抗,日常吐槽仅仅表明用户的一种情绪和心态,其在撼动平台系统性的技术权力方面,可能很难触及根本。第二个层次的行动反应是最高层次(最激烈)的有组织抗争(即网络运动或网络抗争)。但是,有组织的网络抗争多是由线下异常的公共事件所引发的,直接针对平台数据权益分配的有组织抗争并不多见。第三个层次的行动反应是处于上述两个层次(即日常吐槽和有组织抗争)之间的社区议题行动,也就是平台用户在网络社区中围绕相关议题形成共识的沟通行动(比如论坛、贴吧、群组、朋友圈)。社区议题行动能够以一种有序的方式,促进网络参与者之间的沟通,帮助用户在日积月累的互动中形成较为稳定的行动共识。网络议题的行动共识能够对平台的异端行为进行有效约制。平台企业原本想利用这样的线上机制来培养用户黏性,并依靠用户自发的行动来治理平台上一些易造成用户流失的失范行为,如制假售假、人身攻击、散布谣言等。然而,这一机制也可以用来约制平台在用户身上发生的数据权益僭越。比如,基于网络社区议题的行动共识对平台进行集体施压;向平台数据滥用发起的集体申诉,甚至是集体注销账号;等等。其中,后者被称为从平台内部发生的"包覆"(Envelopment)[1],即平台内组织发展壮大后对其母平台进行的反噬,但是,内部包覆或反噬却包含着一种熊彼特式的创造性破坏。

---

[1] Gawer A., Cusumano M. A., "How Companies Become Platform Leaders", *MIT Sloan Management Review*, No. 4, 2008, pp. 28 - 35.

第六章　网络社会的风险治理：数据使用权与平息事件

（二）基于网络公民权的数据权益共享机制

在网络用户针对平台技术权力的三种行动反应中，作为"弱者武器"的日常吐槽往往是无济于事的；最激烈的有组织抗争或网络运动，很容易走向极端对立或发展一种政治事件而偏离用户在数据权益方面的基本诉求；只有中间层次的社区议题行动，包含着一种从数据资源权益的非独占性出发，进行数据使用权创新的潜力和可能性。平台企业之所以能够对用户的数据资源权益进行技术压制，是因为用户在数据资源上缺少法律层面的权益保障。如果能够在法律上确定平台用户的数据资源权益，保障平台用户针对平台数据侵权发起社区议题的自由行动，赋予用户网络公民权的法律地位，用户的个人数据就不会被平台随意地滥用，针对平台的抗议也不会被平台随意地限制。网络公民权的确立，会进一步巩固网络社区议题行动的共识及其行动能力。比如，网络社区互动规则的用户自决。不仅对用户之间的违法违规行为能起到更强的制约作用，而且当平台发起价格歧视、操纵市场、数据滥用（隐私泄露）等行为时，平台用户也能够依法对平台发起网络社区议题行动。当然，强调网络公民权的法律地位并不全然是为了影响和制约平台。目前，平台经济模式已经成为世界主要经济体和国家创造技术红利的一个重要手段。网络公民权通过保障用户的自由行动地位，恰恰为平台的持续健康发展增添了动力。

一般情况下，平台要实现持续健康地发展，需要克服两个方面的压力：一是内部的包覆压力；二是外部市场环境的竞争压力。在既有数据权益的技术权力格局中，平台应对内部压力的方式是技术压制。然而，这种方式忽视了一个基本问题，只有在外部竞争压力消失的情况下，内部的技术压制才会有效。否则，一旦外部出现了一个用户相对自由的同业平台，原平台就很有可能发生用户的大量流失。因此，承认并保障用户的网络公民权及其自由行动地位是平台同时应对内

| 虚拟整合 |：互联网时代社会结合方式的革命性变化

部包覆和外部竞争的重要策略。当然，仅仅是承认和保障用户的自由行动地位还是不够的。平台还需要在此基础上，尊重用户在社区议题行动中所反映出的诉求，并从商业模式和平台运营机制上进行相应的调整。具体包括加强用户隐私安全及人身财产保护，更加注重内部市场公平以及坚守道德与法律的底线等等。这样，不仅降低了内部包覆的风险，而且能够转换成提高用户黏性的一种机制。

实际上，用户黏性的提高是用户对平台安全感或信任感增强的正向反馈。解决用户在平台中生存的后顾之忧，会进一步激发用户主动参与平台建设和发展的动机。在双方利益一致性的前提下，具有参与动机的用户会通过社区议题行动为平台建设主动地贡献或共享信息。用户主动的信息共享除了一般意义上的用户数据之外，还包括个人的学术知识、生活经验、艺术见解、道德逻辑、商机发现、个性需求等都有可能分享在平台上。在一些优秀的自媒体平台上，已经出现这种用户的参与建设与主动共享。这样一来，社区议题行动意外地建构出一种用户信息的共享机制。在社区议题行动中，用户或者主动贡献或分享有价值的信息，或者通过公开讨论并形成新的共识、见解和需求，并形成对平台的信息反馈，以供数据分析和处理。从这个意义上说，由社区议题行动形成的用户信息共享，就成为一种新的平台数据生产过程。相对于以往那种技术压制的、不为人知的数据获取与生产方式，用户参与的平台数据生产过程主要从内部围绕用户数据的共享与使用，形成用户与用户之间、平台与用户之间的良性互动。

相对于数据权益的技术权力格局而言，基于网络公民权的数据共享机制发生了两点实质性的变化：一是确立网络公民权的法律保障后，用户不再为平台对个人信息的侵占、滥用而担忧。平台对公民个人信息的收集是建立在用户主动共享基础之上的。二是确立网络公民权的法律保障后，用户放心且乐于在网络平台中构建自己的关系、圈子或社区，通过积极的社区议题行动，公民之间还会碰撞出新的知识、见解或共识。这种新增的集体思想，为平台的发展或数据红利提供了源源不断的资源。在既有数据权益分配的技术权力格局中，数据主要是由平台通过各种隐秘技术获取的，用户容易在事后产生一种反感情绪，即平台通过不正当的技术手段窃取数据权益。但是，在基于网络公民权的数据共享机制中，平台对数据权益进行技术独占的状况已经不复存在。从数据资源的市场红利来看，数据权益共享是一个平台内部的集体生产过程。总之，基于网络公民权的数据权益共享机制，就是以网络公民权的法律界定和法律授权为基础，围绕非独占性的数据资源所进行的一种使用权创新。这种立足于数据资源的非独占性而建构的共享机制，不仅有效避免了因数据资源的占有与分割而发生的矛盾，也抑制了平台凭借企业和市场的双重属性进行过度投机。

五　小结

本节立足于网络平台"企业与市场"的双重属性，剖析了平台发展过程中的乱象与治理困境根源，并结合数据资源的非独占性这一重要技术特征，提出了有效应对平台乱象和治理困境的新路径——以网络公民权为基础的数据权益共享。与以往对企业和市场的认知不同，目前的互联网平台公司凭借其先进的信息技术，在内部构建出了一个庞大的线上虚拟市场。因此，从整体上，平台是兼具企业和市场双重属性的，而平台发展就是要处理好其内部市场公共利益与企业私人利益之间的关系。以目前的实际情况来看，平台在发展中产生了三个层面的问题，即平台对个人隐私内容的僭越、平台对内部市场的过度整合与操控以及平台对地方政府市场治理能力的削弱。这些乱象的根源正是由平台的双重属性所对应的两种资源权益分配

虚拟整合：互联网时代社会结合方式的革命性变化

逻辑之间的紧张与冲突。然而，无论是平台自治还是政府治理或政府委托治理，均无法克服平台双重属性的内在紧张和获得市场公共利益与企业私人利益的平衡方案。

无论是平台发展的三重乱象，还是平台双重属性之间的内在紧张，都是围绕数据资源权益所发生的对立与冲突。因此，平台治理所要解决的实质问题就是数据资源权益的分配问题。从技术特征来看，数据资源权益具有一种非独占性，因而数据资源权益的合理分配只能围绕其使用权进行创新。目前，数据权益分配的主动权还是被平台以技术优势牢牢掌控。但是，在用户针对平台技术性压制的社区议题行动中，包含着一种从数据资源权益的非独占性出发，进行数据使用权创新的潜力和可能性。那就是，以网络公民权的法律界定和法律授权为基础，以平台用户的社区议题行动为载体，建构一种用户参与平台建设和集体生产的信息共享机制。基于网络公民权的数据权益共享机制，不仅能够有效避免数据资源的占有与分割矛盾，也能够对平台的过度投机进行有效抑制。

第二节 以事件为中心的网络治理及其变革[*]

互联网技术与社会生活的广泛结合，从根本上改变了工业化以来的社会组织方式，网络空间日益成为人们进行信息传递、人际交往、市场交易、游戏娱乐、社会表达、集体行动和政治参与等几乎所有社会生活的重要场域。简言之，社会生活的网络化已经成为后工业时代的基本特征和发展趋势，人们只能顺应，无法逃逸。但是，任何根本性的变化过程都带有两面性：一方面，以互联网技术为基础的虚

---

[*] 本节以《以事件为中心：中国网络治理的基本模式》为题发表于《浙江学刊》2019年第3期。

第六章　网络社会的风险治理：数据使用权与平息事件

拟时空为人们的社会生活带来极大的便利，新的时空结构与市场交易的结合产生了源源不断的技术红利；[①] 另一方面，虚拟时空的整合方式表现出惊人的建构性，并对工业化秩序以及相应的制度形成某种程度的冲击和威胁。[②] 这种来自虚拟时空的建构性及其非预期后果，使得人们在拥抱互联网的同时也产生了强烈的焦虑。卡斯特的研究表明，网络空间的虚拟世界对于世界各地的人们抗拒世纪之交的全球化等系列威胁来说，事实上充当了宗教激进主义、民族主义以及地域性的共同体兴起的"天堂"。[③] 中国互联网发展的经验也告诉我们，一旦互联网技术在特定的环境中被用于特定的行动，极有可能成为一种危及意识形态、社会秩序和个体安全的技术性工具和需要加以治理的对象。正因为如此，以规范网络行为和净化网络环境为目的的网络治理逐渐成为国家治理体系的重要内容。中国政府希望在充分释放互联网的技术红利的同时，营造和保持一个健康有序的网络空间。然而，尽管网络治理的资源投入和社会设置在不断增加，但是网络空间的治理仍然面临着较大的挑战。近些年来我国网络安全等非传统安全威胁不断凸显出来，如网络群体性事件频发，网络意识形态斗争日趋激烈，以及网络空间信息生态污染问题等。[④] 正是在这个意义上，中国互联网的现实与网络治理要求之间的落差对社会科学提出了重新认识和反思的新要求。

一　网络事件与中国网络治理的路径选择

毫无疑问，网络治理的必要性源自于虚拟空间所产生的现实和

[①] 张兆曙：《"互联网+"的技术红利与非预期后果》，《天津社会科学》2017年第6期。
[②] 张兆曙：《互联网技术的社会向度与网络社会的核心逻辑》，《学术研究》2018年第3期。
[③] ［美］曼纽尔·卡斯特：《认同的力量》，曹荣湘译，社会科学文献出版社2006年版，第5—69页。
[④] 王道勇：《构建秩序与活力并存的网络空间》，《光明日报》2018年2月12日第11版。

虚拟整合：互联网时代社会结合方式的革命性变化

潜在威胁，包括对国家意识形态、社会信任、公共秩序以及个体安全等多方面的威胁。这种威胁主要表现为各种网络事件所导致的社会后果，比如在网络空间中日益频繁的舆论"反转"对社会信任体系的冲击；互联网介入公共危机所引发的事态升级对公共秩序的影响；等等。由此可见，虚拟空间发生的各种网络事件构成了中国网络治理的基本动因和行动目标。如果没有网络事件对既存秩序的冲击和威胁，也就不存在对虚拟空间的治理。基于这一认识前提，对中国网络治理的讨论需要从网络事件开始谈起。

本节所讨论的网络事件主要是指社会性的网络事件（即带有社会、经济和政治要求的网络群体性事件），而不是文化意义上的网络事件。[①] 网络事件的内涵需要从三个方面去理解：一是网络事件的事件性。事件性是相对于常规性而言的，即出现了超出给定规则和归类模式的状况（行为和事件）[②]，类似于日常表达中常说的"出事""出乱子"。从这个角度看，网络事件意味着网络空间发生或引发了超出例行化日常生活的重要状况。二是网络事件的群体性，也就是杨国斌所定义的以互联网作为媒介的群体性事件。[③] 对于那些超出例行常规的个体行为或事件来说，如果没有引发或导致以互联网为媒介的群体性卷入和集体行动，则不属于网络事件的范畴。三是网络事件的公共性。在这个意义上，网络事件是指发生于互联网空间或由于互联网的介入而引发的重大公共事件。网络事件的公共性意味着将会导致相当程度的公共危机，对国家、社会以及个体安全形成现实或潜在的冲击和威胁。

概括起来，网络事件的事件性、群体性和公共性分别意味着某种

[①] 杨国斌：《悲情与戏谑：网络事件中的情感动员》，《传播与社会学刊》2009年第9期。
[②] 张兆曙：《事件性日常生活：概念、形态和社会分析》，《社会主义研究》2006年第4期。
[③] 杨国斌：《悲情与戏谑：网络事件中的情感动员》，《传播与社会学刊》2009年第9期。

第六章 网络社会的风险治理：数据使用权与平息事件

程度的混乱、较大规模的网民参与和较严重的社会影响。更为重要的是，相对于前互联网时代的公共事件和公共危机而言，"网络社会的虚拟整合与倍增机制"[①]将会使上述后果的严峻性达到空前的程度。因此，一旦发生了网络事件，不仅意味着"出事"，而且意味着"出大事"。随着中国互联网的快速发展，新世纪以来发生的所有重大公共事件和公共危机，几乎都有互联网的介入和影响。特别是随着自媒体的普及，任何线下的公共事件和公共危机都会引起虚拟空间的同步反应，甚至导致线上舆论和线下行动的相互交织和激荡。毫不夸张地说，在网络化的社会，网络事件已经成为公共事件的基本形式。对于我们长期坚持的"以稳定为前提的发展理念"来说，网络事件的上述特征及其后果通常被定义为社会秩序的主要威胁，甚至被视为危及社会稳定和经济发展的洪水猛兽。正因为如此，网络事件不可避免地成为中国网络治理的关键和工作"抓手"，进而形成一种"以事件为中心"的网络治理模式。

所谓"以事件为中心"的网络治理模式，就是以网络事件作为网络治理的中心议题，围绕网络事件的防范、控制、转化、平息事态和消除影响等系列要求，设计一套相匹配的治理体制和运行机制，进而实现规范网络行为和净化网络环境的治理目标。"以事件为中心"的网络治理模式体现了一个基本认识，即网络事件是互联网时代社会秩序的风险表征和重大威胁，只要抓住了网络事件这个"牛鼻子"，就能控制"互联网的开放性、及时性和匿名性在公民获取政治信息和表达政治观点方面所刺激出来的网络行为主义"[②]对社会秩序的冲击和威胁。因此，在具体的实践中，网络治理的注意力分配高度

[①] 张兆曙：《互联网技术的社会向度与网络社会的核心逻辑》，《学术研究》2018年第3期。

[②] 孟广天、季程远：《重访数字民主：互联网介入与网络政治参与——基于列举实验的发现》，《清华大学学报》（哲学社会科学版）2016年第4期。

集中于网络事件，甚至在某种程度上将网络治理等同于对网络事件的治理。

网络事件既包括通过互联网来动员和组织线下的集体行动，也包括以网络空间为主要阵地，在网络空间展开的各种形式的集体行动。[①] 但是，无论是局限于网络空间还是通过网络影响线下行动的网络事件，都高度依赖于互联网的信息流动或信息传递。如果没有互联网（特别是自媒体）快速、交互、低成本的信息传递，也就没有任何社会或文化意义上的网络事件。换言之，所有的网络事件都是以互联网的信息流动或信息传递为基础而动员、组织或者激发起来的。因此，"以事件为中心"的网络治理只能通过对互联网的信息管控而实现。具体包括两种方式，即日常状态下的信息管控和突发状态下的信息管控。

日常状态下的信息管控是在没有网络事件发生的情况下或者在重大的政治活动和具有政治影响的节庆及文体盛会期间，以防范和避免网络事件为取向的信息管控。网络信息的日常管控是网络信息管理部门及相关机构通过特定技术手段（比如敏感词的过滤、词频累计检测等）完成的，对于有可能发展成为网络事件的信息传递（也包括反意识形态等政治上不利言论的传播）采取必要的措施，以防舆论"发酵"并酝酿成大规模的网络事件。日常管控的网络信息大致包括两个方面：一是治域内的网络信息传递（含网络平台和重点人物）；二是危及所在地方、部门和组织的网络信息。具体的管控方式则对上述两类网络信息进行检测、监控、趋势研判和组织报告，以便及时将网络事件的发生风险抑制、消灭在萌芽状态。

网络信息的日常管控主要针对通过互联网进行组织动员、可以技术识别其酝酿和发展过程的网络事件。但是，对于突发公共事件在

[①] 杨国斌：《悲情与戏谑：网络事件中的情感动员》，《传播与社会学刊》2009年第9期。

第六章　网络社会的风险治理：数据使用权与平息事件

互联网上引发的同步反应，并伴随着线上和线下相互激荡所导致的网络事件，则需要依靠突发状态下的信息管控（也就是常说的启动应急预案）进行应对。突发状态下的信息管控是在网络事件已经发生的情况下，通过对激发网络事件的信息进行控制、转化以实现平息事态和消除影响的目标。面对突发的网络事件，具体的信息管控方式大致有两种：一是信息阻断，即阻断那些容易导致网络事件进一步发展和扩大化的信息流动与信息传递；二是转化认识，也就是通过"正能量"的信息覆盖、专业评论和信息公开等方式来引导、转化普通网民对网络事件的认识和判断。中国近些年来对突发网络事件的治理，正是借助信息阻断和转化认识的方式，最终实现突发网络事件的"大事化小、小事化了"。

总体来看，上述两种状态下的信息管控共同构成"以事件为中心"的网络治理模式。其中，防范网络事件的发生和平息事态的发展构成中国网络治理的两个基本任务，相应的信息管控方式也是围绕这两个基本任务展开的。而在具体的治理实践中，"以事件为中心"的网络治理既有后台的信息管控，也有前台的信息管控。后台的信息管控主要是依靠技术手段完成的，比如日常状态下网络信息的检测和监控以及突发状态的信息阻断，均是在网络信息管理部门和相关机构通过技术手段实现的；前台的信息管控则主要是借助组织手段完成的，比如在重大的政治活动和具有政治影响的节庆及文体盛会期间个体的信息传播行为，突发状态下的转化认识，都需要组织力量的参与才能实现。

二　中国网络事件的基本特征

网络事件作为一种回应现实的群体性行动、社会矛盾的出口和社会冲突的基本形式，往往表现出一些跨文化的共同特征。比如，网

虚拟整合：互联网时代社会结合方式的革命性变化

络事件通常都采用非制度化的方式，具有一定的政治含义，并表达了特定的政治或社会诉求；网络事件的发生过程包含着一个情绪积累和情感释放的过程，大都显得比较激进；绝大多数网络事件主要针对公共权力的占有者、公共服务的提供者和资源的垄断者或特定利益集团，因而网络事件往往充当着某种"弱者的武器"，而意见领袖则在网络事件的发生过程中扮演着重要的角色；在以网络舆论、集体行动和网络表达为核心事实的网络事件中，被视为"动员结构、政治机会和框架化工具"①的互联网往往具有决定事态发展的关键作用；等等。

进入 21 世纪以来，随着互联网的快速发展，中国网络事件的发生更为频繁。② 更为重要的是，这些日益频繁的网络事件除了具备上述跨文化的特征之外，还表现出一种现阶段中国所固有的特征。无论是对网络社会的理论认知而言，还是从中国网络治理的现实需要出发，中国网络事件的基本特征都具有重要和独特的价值。把握和认识中国网络事件的基本特征，不仅是对网络事件的深入理解，而且也构成中国网络治理的认识基础。实际上，中国网络事件的基本特征是由两个方面的因素共同塑造的，第一个方面来自中国特定的发展阶段；另一个方面则来自互联网或者来自网络社会的影响。

先看第一个方面，即中国特定发展阶段。任何网络事件都不能脱离社会现实，都是现实矛盾的一种反应和网络表达，即使是仅仅发生于虚拟空间的网络事件也是如此。从这个意义上说，新世纪以来中国频繁发生的网络事件，首先是中国特定发展阶段的社会现实和社会矛盾的一种网络镜像。这个特定的发展阶段，比较普遍地被定义为

---

① Garrett, R. Kelly, "Protest in an Information Society: A Review of Literature on Social Movements and New ICTs", *Information, Communication & Society*, 2006, No. 2.

② 杨国斌：《悲情与戏谑：网络事件中的情感动员》，《传播与社会学刊》2009 年第 9 期。

第六章 网络社会的风险治理：数据使用权与平息事件

"中国改革深水区"。此阶段的一个重要表现是，各种社会矛盾的集中涌现和社会问题的集中爆发，因此也被称为"矛盾多发期"。其中既包括中国社会转型或中国改革触及的各种深层次的矛盾和问题，也包括改革过程中所产生的新矛盾、新问题。

"中国改革深水区"的一个重要特征是，改革开放以来中国社会深层的结构性矛盾经过长期积存，已经达到比较严重的程度。其影响所及已经渗透到社会系统的每一个领域、社会结构的每一个阶层以及日常生活的每一个方面。其程度之深甚至有可能断送中国改革的成果和危及政权的合法性基础。这样一个特定的发展阶段及其不断积累的结构性矛盾，在宏观上导致了世界银行所定义的"中等收入陷阱"或孙立平所定义的"转型陷阱"；在微观上则表现为现阶段个体生命活动的普遍困境，即个体生命活动的每一个方面（生产、消费、收入分配、教育、就业、住房、医疗和养老等）都是在一个结构性矛盾环绕的环境中展开的，稍有不慎和意外，就有可能成为矛盾的牺牲品而走向绝境。更重要的是，现阶段个体生命活动的普遍困境，不仅体现了弱势群体的生存状况，即使是中产阶级也难以避免。

值得注意的是，在社会集体认知层面，个体生命活动的困境与中国社会的结构性矛盾之间的关系已经被充分地敞开。社会学的想象力已经不是社会学家的学术专利，普通民众也能够在个体遭遇与宏观结构状况之间搭上联系。比如现实生活中普遍存在的"仇富""仇官"心态，实际上就是一种从中国社会的结构性矛盾上对个体生命活动的困境进行归因的社会心态和群体认知。上述集体认知既反映了一定程度的客观现实，也有可能发展成为一种暴戾之气。在这种情况下，任何一桩个体日常生活的遭遇都能够被有意识地牵扯出一个深层次的体制问题和结构性矛盾，并经上述集体认知的话语塑造和助推，最终酝酿、发展成为影响较大的公共事件。简单地说，日常生

虚拟整合：互联网时代社会结合方式的革命性变化

活中的一个小事件很容易在大众层面的集体认知中"暴露"出一个重大的危机，从而增加了发生公共事件的可能性。通俗地讲，新世纪之后的中国进入了一个特别容易"出事"的发展阶段。

再看第二个方面，即来自互联网或网络社会的影响。中国在进入"改革深水区"的同时也快速迈进了网络社会的新阶段。据《第41次中国互联网络发展状况统计报告》，截至2017年12月，我国网民规模达到7.72亿，互联网普及率为55.8%。相对于工业化秩序而言，网络社会有两个根本性的变化，将会直接影响到中国网络事件的基本特征。第一个变化是，互联网的技术黏性塑造了一种全新的社会整合方式（即虚拟整合）并表现出惊人的建构性。网络空间的虚拟整合不仅能够在市场领域将潜在的网络用户群体聚合起来形成强大的规模效应，而且能够将被空间隔离起来的"嬉笑怒骂、喜怒哀乐等情感形式和内容"聚合起来，通过情感动员的方式建构"抗拒当代中国大转型的反向运动"[①]。第二个变化是，互联网技术可以对原本表现为一个序列的时间结构进行拆解、抽取和重组，并将其压缩在一个特定的互联网技术与社会生活的结合点上，集中展演网络化的社会生活，也就是互联网技术在时间维度上对社会生活的"进程压缩"[②]。

互联网技术在空间维度上的"虚拟整合"和时间维度上的"进程压缩"，将会对社会生活的网络化过程形成双重助推：当社会生活的某一具体事项与互联网的技术载体有效地结合起来，社会生活的网络化过程便显示出互联网逻辑和虚拟时空的神奇之处和惊人的能量，并通过网络社会的"倍增机制"表现这种惊人的能力（一种瞬时的结构性优势），即社会生活的网络化过程在时间上得以最大程度的压缩，在空间上得以最大程度的拓展。简单地说，就是在最短的时

---

① 杨国斌：《悲情与戏谑：网络事件中的情感动员》，《传播与社会学刊》2009年第9期。
② 张兆曙：《互联网技术的社会向度与网络社会的核心逻辑》，《学术研究》2018年第3期。

问内实现最大程度的扩展。比如许多人们共同关切的公共议题和网络舆论往往能够在极短的时间实现"刷屏"。[①]

"改革深水区"与网络社会的"相遇",意味着中国社会不仅处在一个特别容易"出事"的发展阶段,而且面临着互联网的"倍增机制"对"事件"的强化。在上述两个方面的共同影响下,中国新世纪以来的网络事件表现出一个最重要的特征,即网络事件的高频率和高烈度。毫无疑问,频繁发生和高烈度的网络事件,对于既存秩序和社会稳定构成巨大的挑战和严重的威胁,并导致社会长期处于紧张状态。特别是在重大的政治活动和具有政治影响的节庆及文体盛会期间,对这种社会紧张的感受更加明显。为了防范网络事件的发生,网络信息管理部门及相关组织体系的神经一直处于一种紧绷的状态。很显然,中国网络事件的基本特征是无法简单地以网络事件的跨文化特征来加以体现的。因此,对"以事件为中心"的网络治理模式的制度分析必须立足于中国网络事件的基本特征,而不能基于网络事件的跨文化特征。

三 安全阀的理论模型与中国网络事件的社会风险

网络事件作为一种社会冲突的基本形式,很容易被置于齐美尔和科塞等关于"社会冲突的功能"的理论框架中加以理解和定义。正是在这个意义上,网络事件普遍被赋予了一种社会安全阀的含义,即网络事件有利于避免不满情绪的积累,缓解社会紧张,乃至促进社会调整和再整合,等等。然而,社会冲突并不是无条件地具有社会安全阀的功能。在现实的冲突情境中,如果仅仅释放出不满情绪和敌意,但令人不满的状况仍然保持不变甚至变本加厉,那么仍然潜在地包含崩溃的可能。在这种情况下,社会冲突也就无从发挥安全阀的作

[①] 张兆曙:《互联网技术的社会向度与网络社会的核心逻辑》,《学术研究》2018年第3期。

虚拟整合：互联网时代社会结合方式的革命性变化

用，反而在暴露、激化矛盾的同时仍然维持着导致社会冲突的结构。

因此，社会冲突的安全阀功能首先取决于社会结构状况。在《社会冲突的功能》中，科塞的核心命题也是社会结构。他固然在不断强调冲突的正功能，但是他更反复陈述的命题是，冲突类型不是独立变量，冲突最终成为正面功能还是负面威胁，全仰仗于冲突赖以发生的社会结构条件。① 科塞指出："一个弹性的社会从冲突中受益，因为这种行为通过创新和改进规范保证了它在新条件下继续存在。这种重新调整规范的机制在一个僵化的社会里几乎是得不到的：由于后者压制冲突，从而也消除了一个有用的警报，因此把灾难性崩溃的危险增大到极限。"② 也就是说，只有在一个弹性、开放的社会结构中，社会冲突才能发挥安全阀的作用。但是中国从20世纪90年代中后期以来"阶层结构的定型化"③，显然抑制了网络事件作为社会安全阀的积极意义，即"由于允许对抗的要求直接和立刻表达出来，这样的社会系统能够通过消除不满的原因重新调整他们的社会结构。它们所经历的多种多样的冲突，将有助于清除引起分裂的根源并重建统一"④。

社会冲突充当安全阀的另一个影响因素来自社会冲突本身。对于社会冲突之积极作用的前提，齐美尔和科塞存在一个理论上的共识，即频繁、低烈度和低暴力性的冲突有利于社会整合。比如齐美尔认为，"在存在高度相互依赖性的体系中，激烈程度较低但频次较高的冲突，不会必然激化并且导致剧烈的社会变迁。这些冲突反而释放了紧张并变得正常，从而提高了系统的稳定性"⑤。科塞也指出，"一

---

① 高勇：《重读〈社会冲突的功能〉》，《中国社会科学报》2014年2月14日。
② ［美］科塞：《社会冲突的功能》，孙立平等译，华夏出版社1989年版，第137页。
③ 孙立平：《利益关系形成与社会结构变迁》，《社会》2008年第3期。
④ ［美］科塞：《社会冲突的功能》，孙立平等译，华夏出版社1989年版，第137页。
⑤ ［美］乔纳森·特纳：《社会学理论的结构》（上卷），周艳娟译，华夏出版社2001年版，第168—169页。

第六章　网络社会的风险治理：数据使用权与平息事件

定程度的冲突是群体形成和群体生活持续的基本要素"，冲突的烈度与暴力程度越低，那它通常能够被现有的制度和规范容纳，而且可以扮演"激发器"的角色，推动新规范、规则和制度的建立。① 质言之，只要冲突的烈度和暴力性不构成根本性的威胁，频繁发生的社会冲突反而是有益无害的。但是，针对中国网络事件的基本特征，却不能简单地套用齐美尔和科塞的理论共识。原因在于，尽管新世纪以来频繁发生的网络事件很少形成实际的暴力威胁，但是由"卷入冲突的规模"与"情感投入程度"所衡量的烈度却达到前所未有的程度，形成了一种高烈度和低暴力性的冲突类型。很显然，齐美尔和科塞的理论模型并不适合高烈度和低暴力性的网络事件。

综上所述，无论是从结构特征出发还是就冲突类型而言，都不能简单地认为新世纪以来频繁发生的网络事件，能够通过释放紧张而发挥社会安全阀的积极作用。相反，中国网络事件的基本特征本身就意味着比一般意义的网络事件更大的威胁、更大规模的参与和更严重的社会影响。对于处在改革深水区这一特定发展阶段的中国社会来说，网络事件不仅失去了安全阀的作用，反而充当着社会矛盾的引爆器。一旦个体生命活动的困境经由互联网的介入而被酝酿成为网络空间的社会议题，乃至发展成为网络事件，卷入其中的网络行动者无论采用何种表达方式（深刻的或者肤浅的，隐晦的或者直接的，理性的或者激情的，持续的或者短暂的，等等），都有一个共同的特点，即借助个体生命活动的遭遇拷问和质疑社会的权力配置和利益格局及其公平正义，并触发社会性的情感支持，或者点燃普通民众的不满情绪乃至敌意。

低暴力性意味着网络事件很少以武力、暴动和强制的形式挑战现有体制和秩序。即便网络事件包含着或发展出线下的集体行动，也

---

① [美]科塞：《社会冲突的功能》，孙立平等译，华夏出版社1989年版，第110—114页。

虚拟整合：互联网时代社会结合方式的革命性变化

主要是特殊群体（比如环境污染的受害者等）基于问题取向的集体行动，很少出现颠覆取向的事件类型。因此中国网络事件对社会的威胁主要来自网络事件的烈度，即卷入网络事件的规模和情感投入的程度。中国网络事件的基本特征在烈度上有两个基本表现：一是网络事件的发生过程中，卷入其中的网民数量往往在短时间内达到惊人的规模。关于这一点，从那些积极介入网络事件的"网络大V"的粉丝规模上可见一斑；二是普通网民参与网络事件的方式主要表现为强烈的情感宣泄。网络事件的发生过程本身也是一个情感动员和情绪激荡的过程。如果围绕虚拟社区和自媒体平台的评论区进行网络事件的田野观察，就能够充分地感受到网民参与网络事件时的激烈情绪。就以上两个方面的表现而言，高烈度的网络事件意味着，围绕网络事件所折射的个体困境背后的公共议题，出现了一条巨大的裂痕和一波强烈的群体性表达。因此，高烈度的网络事件本质上是一次严重的社会撕裂。如果从整体上看，网络事件的撕裂过程绝大多数都是沿着权力配置和利益格局及其公平正义问题而发生的。

同时，如果从中国网络事件的另一个特征（即高频率）来看，高频率的网络事件意味着网络事件不仅造成社会的撕裂，而且是一种反复的撕裂。中国社会的信任体系正是在这种反复的撕裂中，面临着空前的危机。对于新世纪以来频繁发生的网络事件来说，最大的威胁并不在于对现行秩序的破坏，而在于对社会信任体系的反复撕裂。从某种意义上说，对秩序的破坏相对容易实现拨乱反正，但是社会信任体系的反复撕裂则很难修复。这才是中国网络事件最重要、最严重的社会后果，也是"以事件为中心"的网络治理应该优先考虑和慎重对待的事情。

中国网络事件的基本特征使网络事件失去了一般社会冲突所具有的安全阀功能。在这样一个基本的认识前提下，"以事件为中心"

· 236 ·

的网络治理模式的正当性变得不容置疑。对于网络治理的相关部门来说，防范网络事件的技术性措施因此变得意义空前，平息网络事件的紧迫性也因此变得刻不容缓。简单地说，中国网络事件的基本特征及其安全阀功能的丧失，使得"以事件为中心"的治理模式成为中国网络治理的不二选择。否则，中国社会"改革深水区"的结构性矛盾，将会快速被高烈度的网络事件逐个引爆，社会维持系统将会遭遇严峻的挑战，甚至失去自我修正和革新的机会。

四 "以事件为中心"的网络治理绩效及其偏离

以上分析可知，"以事件为中心"的治理模式是一种基于网络事件之社会影响的制度选择，而中国网络事件的基本特征又进一步增加了这种制度选择的合理性和紧迫性。近些年的网络治理实践正是按照"以事件为中心"的治理模式展开的：网络治理的相关部门针对各种潜在的和现实的网络事件，综合运用技术手段和组织力量，最终取得"以平息事态为标志"的治理绩效：许多潜在的网络事件被控制或扼杀在萌芽阶段；绝大多数突发的网络事件也都能够在较短的时间内被平息下去；即便是少数波及面大、持续时间长且伴随着舆论"反转"的重大网络事件，也能实现"大事化小、小事化了"。

很显然，在"以事件为中心"的治理模式中，网络治理的相关部门追求的是"以平息事态为标志"的形式绩效。这种形式绩效的目标定位是特定认识的产物，即将网络事件最重要的社会后果界定为对秩序的破坏。决策者们普遍担心，如果不采取必要的控制，任由网络事件的发展，一定会危及社会安全体系和稳定的发展环境。于是，在当前中国网络治理的实践中，无论是日常状态下的信息管控还是突发状态下的信息管控，无论是技术手段的使用还是组织力量的动员，无论是后台的控制还是前台的干预，都是服从于"以平息事态为标志"的形式绩效而展开的具体措施。同时，在网络治理的实践中，"以平息事态为标志"的形式绩效具有两个特点：一是取得绩效的治理过程便于操作和技术化推进；二是体现绩效的治理结果便于测度和指标化考核。正是这两个特点使得"以事件为中心"的网络治理形成了一套严整的、技术化的治理体系。

然而，基于安全阀的理论模型和中国网络事件的基本特征分析表明，现阶段中国网络事件最重要的社会后果或最严重的社会威胁并不在于对秩序的破坏，而在于社会信任体系的撕裂。因此，"以事件为中心"的网络治理应该优先和重点解决的问题，是避免社会信任体系的撕裂，而不是追求"以平息事态为标志"的形式绩效。换言之，"以事件为中心"的网络治理在具体实践中存在一种治理结构的错位，即网络治理的制度供给与网络治理的现实需求之间的不匹配。由此导致的结果是，围绕"以平息事态为标志"的形式绩效所设计的治理措施，不能解决社会信任体系撕裂的问题。具体表现是，网络事件的事态发展能够得到有效控制和平息下去，但网络事件造成的裂痕却无法消除和弥合，甚至会在下一轮的网络事件中进一步撕裂。正是在这种反复的撕裂中，网络事件背后的信任危机和隔阂在不断加深和强化。近些年来，在网络事件的信息披露中常常可以看到一种网络舆论的"塔西佗陷阱"，即无论公共事件的信息责任主体所发布的信息符不符合客观事实、存不存在推卸责任以及有没有隐瞒真相，卷入其中的网民一概不信任。

实际上，"以平息事态为标志"的形式绩效不仅无法解决社会信任体系的撕裂问题，而且服务于形式绩效的技术手段反而存在加重社会信任危机的可能性。在网络事件的酝酿和发展过程中，网络议题的形成、组织动员、行动的框架化以及网络舆论的发展等关键环节都依赖于信息流动和信息传递。因此，要取得"以平息事态为标志"

第六章 网络社会的风险治理：数据使用权与平息事件

的形式绩效，只能对信息流动和信息传递的过程进行技术和组织上的干预，从而抑制网络事件的发生或降低网络事件的影响。在"以事件为中心"的网络治理中，最有效的治理措施是信息阻断，绝大多数潜在的或现实的网络事件都是依靠信息阻断而终结的。然而，过于依靠信息阻断的方式取得形式绩效，在本质上是一种无视网络事件背后矛盾和分歧的传统治理方式①，并不能从根本上消除网络事件对社会信任体系的撕裂。

这就是现阶段网络治理的悖论：从治理者的角度来看，"以事件为中心"的网络治理成效十分显著；但是从网络事件所暴露的矛盾和问题来看，却没有实质性的改善，参与者的不满情绪并未消除。其原因在于，服务于形式绩效的技术治理抑制了网络治理的实质绩效。所谓网络治理的实质绩效，就是在"以事件为中心"的网络治理中要优先和重点化解网络事件最重要的社会后果和最严重的社会威胁（即避免社会信任体系的撕裂，特别是避免社会的反复撕裂），从根本上消除网络事件的负面影响。如果从"讲政治"的角度看，避免网络事件对社会的撕裂，既是中国矛盾多发期最重要的政治议题，也是最有责任感和长远意义上的"讲政治"。

综合而言，"以事件为中心"的网络治理在实践中发生了一定程度的绩效偏离，即注重"以平息事态为标志"的形式绩效，而远离"以避免社会撕裂为核心"的实质绩效。网络治理的绩效偏离表明，目前的治理实践没有抓住主要矛盾和要害问题，存在比较严重的背本趋末。这就需要重构"以事件为中心"的网络治理模式，在治理理念及其目标定位上，用"以避免社会撕裂为核心"的实质绩效取

---

① 网络事件的传统治理方式往往表现为，网络治理的相关部门罔顾网络事件背后的客观矛盾和问题，狭隘地理解"讲政治"的组织要求，夸大或错误地界定网络事件的社会后果，从而简单、粗暴地通过信息阻断的方式强行压制网络事件。

代"以平息事态为标志"的形式绩效,并以此推进网络治理的制度变革和改变治理结构上的错位,最终走出网络治理的悖论。相对而言,"以避免社会撕裂为核心"的实质绩效难以进行指标化度量,也无法简单地借助技术化手段实现。这就需要走出主要依赖于技术手段的传统治理方式,探索更符合网络事件的发生机制和人性化的制度化手段,推进"以事件为中心"的网络治理迈向社会治理现代化的轨道。

毫无疑问,信息在网络事件的发生过程中具有决定性的作用,网络治理的关键在于对信息进行某种定向干预。在"以事件为中心"的网络治理中,不同的干预方式代表着完全不同的治理理念和目标定位。为了取得"以平息事态为标志"的形式绩效,信息干预的主要方式是借助技术手段进行信息阻断。然而,信息阻断的干预方式无法实现"以避免社会撕裂为核心"的实质绩效。因此,取得网络治理的实质绩效需要一种有别于信息阻断的干预机制,即信息披露的干预机制。在网络事件所导致的社会撕裂中,最关键的原因在于网络事件中信息披露的制度缺陷而导致的不信任,而通过信息阻断平息事态的方式则进一步加剧了对信息披露的不信任。

信息披露的干预机制并不是简单地通过技术手段干预信息流动和信息传递,而是在确保民众对公共事件知情权的前提下,从信息流动和信息传递的源头进行干预,主要通过组织力量以及技术手段的辅助对公共事件中信息披露的方式、过程和标准进行规范和约束,推动公共事件信息披露的制度化建设。在信息披露的干预机制中,首先是在组织层面建立信息披露的责任机制,即从组织上界定公共事件的责任主体及其及时、客观、公正和充分地进行信息披露以满足民众对公共事件知情权的义务;其次是在信息披露的方式上形成逆向思维的表达机制,避免本位主义、带有官僚色彩或者非人性化的信息披露方式激化矛盾；再次是从制度上建立信息披露的事后追责机制，对于在公共事件的信息披露中隐瞒事实、推卸责任和激化矛盾的行为进行事后追责，避免在维持稳定的名义下以不恰当的方式加深信息披露中的信任危机。

总体上看，信息披露的干预机制不仅反对信息阻断的干预方式，反而充分利用互联网的信息流动和信息传递的作用，通过制度化的信息披露满足人们的知情权，进而重建被网络事件反复撕裂的社会信任体系。本质上是一种将人民的知情权置于网络治理中心位置的现代治理方式。正是在这个意义上，"以事件为中心"的网络治理获得了新的意义，即以每一次网络事件的治理为契机，推进和完善信息披露的制度建设，"以避免社会撕裂为核心"的实质绩效则是在这个过程中所释放的改革红利和制度红利。

五 小结

在中国社会快速网络化的过程中，网络事件已经成为公共事件的基本形式，并被网络治理的相关部门定义为社会秩序的主要威胁，进而形成了一种"以事件为中心"的网络治理模式。然而，从新世纪以来中国网络治理的结果来看，透过网络事件所表达的社会分歧和不满情绪却没有得到实质性的改善，网络环境甚至呈现出恶化的趋势。正是基于这种网络治理的现实状况，本节对现阶段中国网络事件的特征以及"以事件为中心"的网络治理实践进行了系统的梳理和检视，得到两点具体发现：

第一，由于中国改革深水区与网络社会"相遇"。现阶段中国网络事件表现出高频率和高烈度的重要特征，即网络事件在发生频率与烈度两个维度上出现了双重趋高的特征，从而加剧了中国社会的张力。从社会安全阀的理论模型出发，中国网络事件很少以暴力形式挑战现有体制和秩序。但是中国网络事件高频率和高烈度的特征，却使网络事件失去了一般社会冲突所具有的安全阀功能，并导致社会信任体系的反复撕裂，从而埋下了更深刻的危机。这才是"以事件为中心"的网络治理需要优先和重点解决的问题。

第二，中国网络事件的基本特征进一步增加了"以事件为中心"的治理模式的正当性和紧迫性。目前，"以事件为中心"的网络治理主要追求一种"以平息事态为标志"的形式绩效。但是"以平息事态为标志"的形式绩效不仅无法解决社会信任体系的反复撕裂问题，反而存在加重社会信任危机的可能性。面对这种治理结构上的错位，必须对"以事件为中心"的治理模式进行重构。具体包括两个方面：在治理理念及其目标定位上，用"以避免社会撕裂为核心"的实质绩效取代"以平息事态为标志"的形式绩效；在具体的治理措施上，从侧重于技术手段的信息阻断干预机制转变为侧重于制度化建设的信息披露干预机制。

附录

互联网时代的信息接触及其影响

第一节 信息接触与政府信任[*]

互联网与政治之间的关系日益引起学术界与管理部门的重视。在新闻学、政治学以及社会学领域，传播媒介对公众政治态度和政治行为的影响是一个不言而喻的命题。不同传播媒介的受众群体，其对政府的态度和行为选择也存在差异。有关管理部门相信，相较于传播负面政治信息的媒介，传播中立或积极政治信息的媒介，其受众群体更容易相信政府。进入新世纪以来，中国互联网媒体获得了迅速发展，各类网络社区、新闻网站为公众获取政治信息提供了丰富的平台。《第44次中国互联网络发展状况统计报告》显示，截至2019年6月，中国互联网网站数量为518万个，网络普及率达61.2%，网民人数为8.54亿。其中网络新闻用户规模6.86亿，手机和网络新闻使用率占到网民总体比例的78%和80.3%。在获批新闻信息服务许可方面，经网信部门审批的互联网新闻信息服务单位有910家。对于普通民众来说，互联网的广泛使用不仅代表一种新的传播媒介，而且也

---

[*] 本节由笔者与王朝阳合作完成，并以《信息接触与政府信任——基于网民社会意识调查的实证分析》发表于《中共杭州市委党校学报》2023年第3期。

虚拟整合：互联网时代社会结合方式的革命性变化

意味着信息接触的多元化。这种多元化既表现为互联网媒体与报纸、电视等传统媒体之间形成多元竞争的信息传播渠道，又表现为互联网媒体自身传播方式的多元化（主要标志是自媒体的出现）。诸多研究发现，现代信息技术的使用在一定程度上减少了民众对政府机构的信任程度。[1] 这无疑是一个需要谨慎对待的命题，它不仅涉及现实世界的理论认知，而且关系到国家的互联网政策。但是，国内学术界目前对互联网与政府信任关系的相关研究往往将互联网理解为一种无差别传播媒介，在操作方法上仅仅以"是否使用互联网""上网时间""上网次数"等为测量依据，考察网络信息接触对政府信任的影响。[2] 由此得出的结论显然忽视了网络信息接触的内容差异对政府信任的具体影响。

一 研究回顾

无论在西方国家还是中国，传媒在政治生活中的作用都无法被忽视。在国家与传媒关系的讨论中，研究者发现传媒充当着政治系统和社会公众沟通的重要桥梁。[3] 作为"第三种权力"[4]，传媒不仅在一定程度上表达舆论，还常常通过所传播的信息来影响受众的价值尺

---

[1] Fei Shen & Zhongshi Steve Guo, "The Last Refuge of Media Persuasion: News Use, National Pride and Political Trust in China", *Asian Journal of Communication*, 2013, 23（2）；章秀英、戴春林：《网络使用对政治信任的影响及其路径——基于9省18个县（市）的问卷调查》，《浙江社会科学》2014年第12期；李佳桧：《新媒体时代下媒介接触、社会信任与政府质量感知的中介效应分析——基于"网民社会意识调查"的实证分析》，《北京邮电大学学报》（社会科学版）2017年第5期；孙兰英、陈嘉楠：《网络新媒体对政府信任的影响——文化主义与制度主义的多重中介作用》，《预测》2019年第3期。

[2] 卢春天、权小娟：《媒介使用对政府信任的影响——基于CGSS2010数据的实证研究》，《传播学研究》2015年第5期；周立民："双重文化路径"：媒体使用影响政治信任的中介机制》，《中国研究》2017年第1期；胡荣、庄思薇：《媒介使用对中国城乡居民政府信任的影响》，《东南学术》2017年第1期。

[3] ［美］韦尔伯·斯拉姆等：《报刊的四种理论》，中国人民大学新闻系译，新华出版社1980年版，第1—4页。

[4] 《马克思恩格斯全集》第7卷，人民出版社1957年版，第523页。

度。公众依赖传媒提供的信息和意见,来实时修正自己的认知、态度和行为。既有传媒与政府信任关系的研究涉及两个基本取向:一是信息传播的价值取向论(简称"价值取向论");二是信息传播的事实取向论(简称"事实取向论")。针对这两种传播取向对政府信任的影响,学术界开展了大量研究与反复验证,尽管在某些方面尚未达成共识,但为我们理解信息接触对政府信任的影响提供了一定的认知基础。

(一)信息传播的两种取向及其实践特征

在新闻传播的理论与实践领域,价值取向与事实取向之间的分野,不仅涉及传播理念的差异以及传媒对信息的处理方式,而且影响到传媒的政治定位以及传媒在公众与政府之间的特殊地位与作用。受此影响,不同国家的新闻实践以及同一个国家在不同历史阶段的新闻实践也表现出完全不同的面貌。其中,信息传播的价值取向论认为,经由传播者和"把关人"从政治或文化上进行筛选、过滤和加工而传播的信息,才能获得信息传播的正当性。因此,信息传播是一种导源于价值取向的传播行为,不同的文化背景和理论特质会造成传媒在信息的选择、强调和呈现上有所不同。信息传播的事实取向论秉持新闻的真实性原则,认为传递事实真相是新闻事业的一项崇高理想,是新闻媒介生存和发展的基础。[1] 因此,在新闻报道过程中要遵守客观、公正的报道方式与中立原则。[2] 客观性原则要求新闻媒介如实反映新闻事件的本来面貌,尽可能避免报道者的主观或偏见。

---

[1] [美]菲利普·帕特森、李·威尔金斯:《媒介伦理学:问题与案例》,李青藜译,中国人民大学出版社2006年版,第18页;李存厚:《新闻真实是新闻媒体生存与发展的基础》,《中国广播》2011年第4期。

[2] 郑保卫:《当代新闻理论》,新华出版社2003年版,第306页;[英]卡伦·桑德斯:《道德与新闻》,洪伟等译,复旦大学出版社2007年版,第57—64页。

虚拟整合：互联网时代社会结合方式的革命性变化

信息传播的价值取向与信息传播的事实取向，不仅代表着传播理论的分歧，而且代表着传媒与政府关系的差异。在某种意义上，与其说他们体现了一种传播意义上的不同取向，不如说它们是基于传媒与政府之间关系的产物。在不同的关系结构下，信息传播会呈现出不同的取向。当传媒与政府之间形成稳定的、充分结合的统一结构时，信息传播就被赋予一种"资政之术"的政治倾向，传媒的责任就是要鼓舞士气、激励前进和传播社会主流价值。此时的新闻实践即表现出信息传播的价值取向，其基本特征是坚持政治和文化上的正能量，新闻与宣传结合在一起。在传媒与政府的关系上，传媒充当着"守夜人"的角色。但是，如果传媒与政府之间并不是一个稳定的、充分结合的结构，而是拥有各种并不一致甚至相互冲突的价值目标，则表明传媒具有独立的新闻理念和传播标准。此时的传媒会更倾向于信息传播的事实取向，因为事实取向能够代表传媒的独立性。但是，在具体的新闻实践中，信息传播的事实取向会更多地揭露社会罪恶、欺骗和不义行为以及对政府采用一种批评的态度。如果报道正面事实，则会被认为丧失媒体的独立性和批判性，或者沦为政府的新闻代理人。因此，在传媒与政府的关系上，传媒充当着监督人的角色。

针对信息传播的价值取向对政府信任的影响，体现价值取向的媒体框架受到相关研究的重点关注。由于媒介框架设置的差异，造成不同媒体在信息筛选、呈现和强调上的差异，进而造成信息接收者在政治态度、政治行为选择上的差异。研究者们主要从受众框架与媒介框架之间的趋同、协商或者对立状况等方面研究传媒对政府信任的影响。比如，托马斯·E. 帕特森认为受众框架与媒体框架之间的冲突是导致美国民众对政府官员和政府机构负面判断的主要原因。[1] 针

---

[1] Patterson Thomas E., *Out of Orde, An Incisive and Boldly Original Critique of the News Media's Domination of America's Political Process*, New York: Vintage Books, 1994.

对信息传播的事实取向对政府信任的影响,体现媒体独立性和批判性的负面新闻则受到此类研究的重视。托马斯·帕特森认为,当媒体更多地将注意力集中到报道政府失败的事实时,受众更容易产生一种不信任政府的态度。[1] 迈克尔·罗宾逊的研究发现,公众对电视的依赖容易强化政治冷漠,这是因为电视媒体向受众传播的更多是政府的负面新闻。[2]

(二) 中国新闻理念的变迁和传播生态

长期以来,中国传媒一直秉持信息传播价值取向的理念,在政治上发挥着"把关人"的作用。中国的新闻舆论工作被看作党的一项重要工作,新闻事业被看作是社会主义事业不可分割的组成部分。党对新闻舆论工作在原则和方法上的要求是政治方向第一,正面宣传为主。[3] 因此,中国的传统媒体常常扮演着"守夜人"的角色,传统媒体的框架选择常常受到意识形态、政治制度的限制,因此在政治信息的传递上常常以单向的媒介框架来呈现,即经由媒介框架筛选的信息要有"正能量"。党对新闻舆论工作的这一原则和方法要求可以追溯到1942年《在延安文艺座谈会上的讲话》(以下简称《讲话》)。毛泽东在《讲话》中批判资产阶级"暴露文学"宣扬悲观厌世的工作方法,强调在社会主义文学作品中要以光明为主,反面只是光明的陪衬。[4] 在《讲话》中,毛泽东为中国无产阶级的宣传方针和方法论确立了基调,即正面宣传为主。尽管中国的

---

[1] Patterson Thomas E., *Out of Orde, An Incisive and Boldly Original Critique of the News Media's Domination of America's Political Process*, New York: Vintage Books, 1994.

[2] Robinson, Michael J., "Public Affairs Television and the Growth of Political Malaise: The Case of 'the Selling of the Pentagon'", *American Political Science Review*, 1976, 70 (2).

[3] 李瑞环:《坚持正面宣传为主的方针》,《中国新闻年鉴》,中国社会科学出版社1991年版,第8页;人民日报评论员:《从全局出发把握新闻舆论工作》,《人民日报》2016年2月21日;人民日报评论员:《不断提高新闻舆论工作的能力和水平》,《人民日报》2016年2月23日;人民日报评论员:《书写党的新闻舆论工作新篇章》,《人民日报》2017年2月18日。

[4] 《毛泽东选集》第3卷,人民出版社1991年版,第871页。

虚拟整合：互联网时代社会结合方式的革命性变化

传统新闻媒介可分为不同的系列和类型，但在所有制、组织管理和运行机制等方面具备一致性，都服从党的领导。因此正面报道或正能量传递不仅体现在党报上，在其他官办媒介中都占据着重要地位。[1]

改革开放之后，中国的新闻传播也发生了从理念到实践的变化。在传播理念上，中国媒体除了继续坚持信息传播的价值取向，担任政治上的"守夜人"之外，信息传播的事实取向和媒体作为监督者的理念也开始得到广泛的接受和认可。在具体的新闻实践中，中国媒体在框架选择和议题设置上有所变化，关注社会问题的负面新闻和批评报道开始出现并逐渐增多。这种变化不仅得到官方的认可，而且受到社会层面的普遍欢迎。比如，中央电视台设立的新闻评论部开创了中国电视改革的先河，其创办的以曝光和批评为特色的《焦点访谈》《新闻调查》，也成为最受欢迎的电视节目。时任总理朱镕基曾破例为《焦点访谈》写下题词：舆论监督，群众喉舌，政府镜鉴，改革尖兵。在纸媒方面，同样以暴露问题和深度批评报道为特点的《南方周末》，开创了基于深度调查的新闻报道，一度引领着报刊媒体的改革方向。但是，事实取向的新闻报道与价值取向的新闻报道如何平衡，媒体监督和批评报道如何避免演化为攻击国家、政府、意识形态和政治制度的"负能量"，事实取向对负面新闻的关注如何避免以选择性报道和捏造事实而博取受众的眼球，等等，也成为困扰中国新闻实践的一个重要问题。

随着互联网技术的普及和媒体的市场化，新技术媒体或互联网媒体开始全面登上中国新闻传播的舞台，并对传统的报纸和电视媒体形成结

---

[1] 张威：《中西比较：正面报道和负面报道》，《国际新闻界》1999年第1期；马露、刘利才：《社会正能量传播现状评析》，《三峡大学学报》（社会科学版）2014年第4期；田华、何楚红：《新闻记者在正能量传播中的社会责任——以唐湘岳的新闻作品为例析》，《湘潭大学学报》（哲学社会科学版）2014年第5期。

构上的冲击。其中，最强烈的冲击来自网络媒体中的自媒体。而且，在政治新闻的传播中，许多标榜事实取向和以监督者、批判者自居的自媒体，往往专注于负面新闻和对政府的批评报道。正是由于自媒体的广泛参与和快速发展，中国新闻实践形成了一道强烈对比的新闻景观：一面是官方媒体的正能量传播，另一面是自媒体的负面新闻报道。总体来看，中国在新世纪之后已经形成自媒体广泛参与的传播生态和传播结构，这意味着传媒与政府的关系也发生了重大变化。在市场和技术的双重影响下，传统媒体和官方媒体在信息传播上受到新媒体和自媒体的严峻挑战。为了彰显独立性和批判性而专注于负面新闻的自媒体，由于新闻审查的缺失而充斥着大量网民无法辨别真伪的负面新闻。在具体的传播实践中，新媒体（特别是新媒体中的自媒体）所带来的变化主要表现在两个方面：一是新媒介框架与传统媒介框架、自媒体框架与官方媒体框架之间的冲突性；二是逆向议程在新媒体中的广泛使用。比如，随着新技术尤其是新传播技术的发展，逆向议程设置开始成为新媒体时代媒介信息传播的主要方式，传统单一的媒介议程设置被多元的媒介议程所取代。[1]

二 研究假设的建立

就中国新闻传播的媒体构成而言，多元化的信息传播渠道毫无疑问会显著影响公众的政府信任。因为新媒介（包括自媒体）对议程设置的改变，打破了传统信息流动的规则，使得不同媒介的政治信息呈现、政治信息的价值取向出现分化。传统媒体与新媒体、官方媒体与自媒体在议程设置上的差异性，将会对公众的政府信任产生不同的影响。比如，传统媒体在强化政府信任方面的功能受到新媒体的

---

[1] 高宪春：《新媒介环境下议程设置理论研究新进路的分析》，《新闻与传播研究》2011年第1期。

虚拟整合：互联网时代社会结合方式的革命性变化

削弱。[1] 既有研究已经揭示了网络媒体对政府信任的影响，但是对二者关系的敞开方式仍然过于简单，未能充分展现互联网时代传媒结构最重要的变化及其对政府信任的具体影响。

(一) 研究设计

1. 信息接触。考察信息接触对政府信任的影响，需要抓住互联网时代政治信息传播最重要的特征。互联网的广泛使用对公众信息接触带来的一个重要变化，是自媒体对官方媒体的冲击。从中国新闻管理的角度看，网络媒体在政治类新闻的控制和呈现、框架选择和议程设置上并不是统一的，而是存在比较严重的分化。其中，政府部门官方网站、商业性门户网站以及传统媒体的同步网站等网络媒体，在政治新闻的内容传播上与传统媒体几乎没有差别，只有以微博、微信、网络社区为代表的自媒体，才表现出内容传播上的差异。因此，互联网对于中国政治信息传播生态的最大改变在于以自媒体为主的非官方媒体，而不是作为新媒体的互联网。基于以上认识，本文将弃用目前普遍采用的"传统媒体—新媒体"的分析框架，把信息接触放在"官方媒体—非官方媒体"的框架中凸显内容传播对政府信任的影响。

2. 政府信任。既有研究中的政府信任要么是对政府整体信任，要么是对政府层级序列的信任。前者显得过于笼统，不利于发现问题；后者尽管包括了从中央政府到乡镇政府的完整等级序列，但在信息接触影响政府信任的议题中，很难排除公众由于对某一级政府的直接接触对政府信任的影响。比如，农民对乡镇政府的直接接触，会影响到其对乡镇政府的信任程度；县级公务员对县级政府的直接接触，会影响到其对县级政府的信任水平。因此，需要一种新的操作化

---

[1] 张明新、刘伟：《互联网的政治性使用与我国公众的政治信任——一项经验性研究》，《公共管理学报》2014 年第 1 期。

方式排除日常生活中的直接接触对政府信任的影响。为了更清晰地进行辨识，本文主要集中考察网民的信息接触对中央政府和基层政府（以乡镇政府代表基层政府）信任的影响，同时为了排除日常生活中的直接接触对政府信任的影响，本文在样本选择上剔除了居住在农村和居住在乡镇的样本。这样，对于本文的考察对象来说，他们对中央政府和乡镇所代表的基层政府均没有或极少有直接接触，从而尽可能排除直接接触对政府信任的影响。

（二）研究假设

1. 信息接触对政府信任的影响。众多文献已经表明公众对政府的信任程度与其所接触的媒体类型有关。[1] 官方媒体由于在政治类新闻的控制和呈现、框架选择和议程设置上更加突出信息传播的价值取向，因而官方媒体的政治新闻能够提升公众的政府信任；相反，非官方媒体的政治新闻将会降低公众的政府信任。考虑到传播渠道的多元化，一般情况下公众的信息接触渠道不可能是单一类型的。换句话说，相当部分公众既接触官方媒体发布的政治新闻，又接触非官方媒体发布的政治新闻。因此，本文将"信息接触"区分为"只接触官方媒体""只接触非官方媒体"和"既接触官方媒体又接触非官方媒体"（简称"双重信息接触"）三种类型，能够更加准确地反映客观事实。如果将三分式的信息接触投射到政府信任上，意味着"双重信息接触"的公众，在政治态度上不如"只接触官方媒体"和"只接触非官方媒体"那么极端，这类信息接触者受传媒框架和议程设置的影响较小，对政府信任有独立的分析和判断，其信任程度介于

---

[1] Fei Shen & Zhongshi Steve Guo, "The Last Refuge of Media Persuasion: News Use, National Pride and Political Trust in China", *Asian Journal of Communication*, 2013, 23 (2)；卢春天、权小娟：《媒介使用对政府信任的影响——基于 CGSS2010 数据的实证研究》，《传播学研究》2015 年第 5 期；胡荣、庄思薇：《媒介使用对中国城乡居民政府信任的影响》，《东南学术》2017 年第 1 期。

另外两类接触者之间。因此,根据前文信息传播的两种取向影响政治态度的逻辑,本文提出:

假设1:只接触官方媒体将会提升网民的政府信任;只接触非官方媒体将会削弱网民的政府信任。

2. 政府信任的世代差异。对于不同年龄的公众来说,由于成长环境、经历的社会变革以及价值观等方面存在明显差异,导致其在政治情感、政治态度和政治认知上也不尽相同。相关研究表明,在政府信任方面,公众年龄越大,其对政府的信任程度越高。这一结论不仅体现在对中央政府的信任上,也体现在对基层政府的信任上。[1] 但是,既有研究往往直接将年龄作为一个统一的变量加以处理,缺少世代差异研究。年龄之所以对政府信任存在独立的影响,与不同年龄的公众奉行威权主义价值观的程度有关。[2] 通常情况下,年龄越大,威权主义价值观越强烈,越有可能受官方媒体政治新闻的影响,反之,年龄越小,威权主义价值观越弱,越有可能受自媒体政治新闻的影响。据此得出:

假设2:年老的世代对政府的信任程度高于年轻的世代。

3. 信息接触影响政府信任的世代差异。如果把假设1和假设2结合起来,即构成信息接触与世代的交互分析。两者之间的交互可进一步探讨信息接触对政府信任的影响是否存在世代差异。根据信息接触影响政府信任的内在逻辑,更多地接触官方媒体能够增强网民的政府信任,而更多地接触非官方媒体则会削弱网民对政府的信任。在此基础上,如果考虑世代因素,那么这种对政府信任的增强和削

---

[1] 卢春天、权小娟:《媒介使用对政府信任的影响——基于CGSS2010数据的实证研究》,《传播学研究》2015年第5期;胡荣、庄思薇:《媒介使用对中国城乡居民政府信任的影响》,《东南学术》2017年第1期。

[2] 马得勇:《政治信任及其起源——对亚洲8个国家和地区的比较研究》,《经济社会体制比较》2007年第5期;池上新:《市场化、政治价值观与中国居民的政府信任》,《行政管理改革》2015年第10期。

弱,将会表现出一定的世代差异。其中,对年老的世代来说,由于受威权主义价值观的影响较大,在政治态度上较为稳健,加之受上网技术的限制,他们可能更愿意相信和更多接触官方媒体,因此其政府信任程度更高。而对于年轻的世代来说,由于价值观、政治态度的变化,同时上网技术的限制较小,往往更加亲近非官方媒体,从而削弱了政府信任。综合上述两个假设的基本逻辑,本文提出:

假设3:信息接触对政府信任的影响存在世代差异:对年老的世代来说,官方媒体对政府信任的提升更显著;对年轻的世代来说,非官方媒体对政府信任的削弱更显著。

三 研究方法:变量操作化与描述性统计

本文所使用的数据来源于南开大学马得勇教授主持的网民社会意识调查,数据合并了2014年、2015年与2017年所有10107份有效调查样本。在分析之前,首先对数据进行了清理,主要是从整体上剔除了居住在农村、乡镇以及海外的753个样本,本文只关注居住在城市的网民群体。经过对数据的处理和筛选,最终获得有效样本8391个。

(一)因变量

根据前面的研究设计,本文的因变量是政府信任,具体包括网民对中央政府和基层政府的信任。网民社会意识调查测量了"您对党中央和中央政府的态度"和"您对乡镇政府的态度",分别代表网民对中央政府和基层政府的信任。问卷对上述两个问题分别给出了"完全不信任""不太信任""比较信任"和"非常信任"四个选项。在数据处理时,本文将"完全不信任""不太信任"合并为"不信任",赋值为0;将"比较信任""非常信任"合并为"信任",赋值为1。

由于因变量是二分类变量(binary variable)而非定距型变量(interval variable),因此若采用传统的普通最小二乘法(OLS)对数

虚拟整合：互联网时代社会结合方式的革命性变化

据进行拟合，则会违背该方法所要求的方差齐性（homosedasticity）等假设，使结果不再具有最佳线性偏误估计的特性。然而，如果在因变量和自变量之间给定一个 logit 链接函数，则可将因变量转化成自变量的线性组合。二分类 logit 模型的公式可以表示为：

$$\text{logit}(p_i) = \log(p_i/1-p_i) = b_0 + b_1x_1 + b_2x_2 + \cdots + b_ex_e + e$$

logit 模型采用最大似然法而非普通最小二乘法对数据进行拟估，其中 p_i 是第 i 个人政府信任的概率，x_i 为自变量，b_i 为自变量的回归系数，表示在控制了其他自变量的情况下，自变量 x_i 对因变量的影响程度。

（二）自变量

1. 信息接触。网民社会意识调查询问被访者主要通过什么渠道来获取时政类消息和评论，依次是"凤凰网、新浪网、腾讯等商业门户网站；twitter、facebook、BBC、多维等翻墙途径；央视、新华社、人民日报的时政分析报道（含微博及微信公众号）；微信发布的政治类新闻；天涯社区、凯迪社区、铁血社区等专业论坛或网站的时政帖子；通过小道消息或朋友聊天获得的政治内幕消息"。每一位受访者根据使用频次进行填答，其使用频次包括"几乎不使用""偶尔使用""经常使用""几乎每天使用"。本文根据政治类新闻的审查和控制程度，将央视、新华社、人民日报的时政分析报道（含其微博及微信公众号）和凤凰网、新浪网、腾讯等商业门户网站，这两类信息接触渠道归为官方控制媒体（本文统一简称"官方媒体"）；而将其他信息接触渠道归为非官方媒体。[①] 根据这一分类，本文对网民的使用频次进行了重新定义，将"几乎不使用"和"偶尔使用"合并定义为"不使用"（即"不接触"），将"经常使用"和"几乎每

---

① 准确地讲，自媒体、"翻墙"、小道消息等信息来源，应该属于"以自媒体为主的非官方控制媒体"，为了表述方便，本文将其简化为"非官方媒体"。

天使用"合并定义为"使用"（即"接触"）。在此基础上，本文构建了一个三分类的虚拟变量。其中，1代表只接触官方媒体；2代表同时接触官方媒体和非官方媒体；3代表只接触非官方媒体。

2. 出生世代。本文根据受访者的年龄将所有样本划分为两个世代，即出生于1980年之后的世代（含1980年）和出生于1980年之前的世代。这种划分主要是考虑到互联网的普及对于信息接触的影响。尽管1994年我国已经正式接入互联网，但直到1999年前后，随着门户网站的出现和电脑的逐渐普及，我国才正式进入民用互联网时代。这个时间节点的重要性在于，对于1980年后出生的世代来说，最迟在他们进入成年（18岁左右）时，即开始广泛地接触互联网。因此对于"80后"世代来说，互联网对于他们的信息接触具有特别重要的含义。但是，对于"80前"世代来说，其成年后仍然处于传统媒体时代。

3. 控制变量。本文将体现性别、地区、政治面貌、教育程度、家庭收入和体制类型等人口学特征和阶层特征作为控制变量纳入模型。其中需要说明的是，考虑到体制类型对个人政治态度的调节作用，本文依据受访者的职业建构了一个二分类虚拟变量：一是将党政、事业机关领导干部，国企中高层管理者，党政司法机关一般职员，中、小、幼教师，在校学生（大学或高中），大学教师或研究机构学者，医疗工作者，新闻媒体工作者，工、青、妇、团等群众组织归入"体制内人员"，取值为1；二是将农、林、牧、渔等行业劳动者，工人，工厂打工，企业、公司职员，个体户或自营，私企老板、中高层管理者，自由职业者，律师及相关行业，文化演艺类行业，非政府组织（NGO），无业和其他归入"体制外人员"，取值为0。考虑到中国教育在政治价值观方面的强调与有意识塑造，本文将在校学生归为体制内人员一类。

表1为因变量和自变量的分布状况，单元格中为频数（括号内为频数百分比）。

表1　　　基于中央政府和基层政府分类的变量描述性统计

因变量	全部样本（百分比）		备注
	中央政府信任	基层政府信任	
不信任	2688（33.63%）	6013（76.38%）	取值为0
信任	5305（66.37%）	1859（23.62%）	取值为1
自变量			
信息接触			
只接触官方媒体	844（10.56%）	813（10.33%）	取值为1
双重信息接触	5013（62.72%）	4941（62.77%）	取值为2
只接触非官方媒体	2136（26.72%）	2118（26.91%）	取值为3
世代			
"80前"世代	3269（40.90%）	3286（41.74%）	取值为0
"80后"世代	4724（59.10%）	4586（58.26%）	取值为1
性别			
女	2909（36.39%）	2828（35.92%）	取值为0
男	5084（63.61%）	5044（64.08%）	取值为1
政治面貌			
非党员	5681（71.07%）	5589（71.00%）	取值为0
党员	2312（28.93%）	2283（29.00%）	取值为1
体制类型			
体制外人员	4637（58.01%）	4591（58.32%）	取值为0
体制内人员	3356（41.99%）	3281（41.68%）	取值为1
家庭收入			
20万元以下	6523（81.61%）	6433（81.72%）	取值为0
20万元以上	1470（18.39%）	1439（18.28%）	取值为1
受教育程度			
硕士及以上	1625（20.33%）	1582（20.10%）	取值为1
大学本科	4357（54.51%）	4286（54.45%）	取值为2
专科与高职	1284（16.06%）	1273（16.17%）	取值为3
高中与中专	609（7.62%）	608（7.72%）	取值为4
初中及以下	118（1.48%）	123（1.56%）	取值为5
地区			
东部	5341（66.82%）	5240（66.57%）	取值为1
中部	1482（18.54%）	1472（18.70%）	取值为2
西部	1170（14.64%）	1160（14.74%）	取值为3
合计	7993（100%）	7872（100%）	

四　数据与模型

根据研究设计，本文的数据分析部分将对假设1、假设2、假设3进行检验，考察信息接触、出生世代以及信息接触与世代的交互项对政府信任的影响。表2展示了影响政府信任因素的 logit 估计值,包括中央政府信任模型、基层政府信任模型及其交互模型。

表2 政府信任的影响因素及交互项的 logit 模型

	中央政府信任模型	基层政府信任模型	中央政府交互模型	基层政府交互模型
信息接触（只接触官方媒体）#	0.695*** (0.101)	0.196** (0.086)	0.739*** (0.133)	0.108 (0.136)
信息接触（只接触非官方媒体）	-1.388*** (0.058)	-0.952*** (0.076)	-1.674*** (0.093)	-1.518*** (0.159)
世代（"80后"世代）	0.832*** (0.055)	0.613*** (0.061)	1.035*** (0.226)	1.393*** (0.243)
性别	-0.958*** (0.060)	-0.710*** (0.057)	-0.959*** (0.060)	-0.709*** (0.057)
政治面貌	0.613*** (0.065)	0.506*** (0.063)	0.616*** (0.065)	0.505*** (0.063)
体制类型（体制外）#	0.136** (0.059)	-0.034 (0.061)	0.129** (0.059)	-0.042 (0.061)
家庭收入（20万元以上）	-0.238*** (0.069)	-0.137* (0.077)	-0.233*** (0.069)	-0.132* (0.077)
受教育程度（大学本科）	0.347*** (0.072)	0.359*** (0.078)	0.340*** (0.073)	0.353*** (0.078)
受教育程度（大专与高职）	0.190** (0.095)	0.446*** (0.104)	0.188** (0.095)	0.443*** (0.104)
受教育程度（高中与中专）	0.219* (0.116)	0.357*** (0.132)	0.217* (0.117)	0.357*** (0.132)
受教育程度（初中及以下）	-0.297 (0.225)	-0.153 (0.297)	-0.295 (0.225)	-0.148 (0.297)
地区（中部）#	-0.086 (0.070)	-0.243*** (0.075)	-0.082 (0.070)	-0.239*** (0.075)
地区（西部）	-0.165** (0.077)	-0.230*** (0.082)	-0.158** (0.077)	-0.223*** (0.082)
只接触官方媒体×"80后"世代			0.151 (0.202)	-0.130 (0.175)
只接触非官方媒体×"80后"世代			-0.485*** (0.120)	-0.778*** (0.182)
截距	0.858*** (0.101)	-1.30*** (0.108)	0.929*** (0.104)	-1.208*** (0.111)

虚拟整合：互联网时代社会结合方式的革命性变化

续表

	中央政府信任模型	基层政府信任模型	中央政府交互模型	基层政府交互模型
样本量	7993	7872	7993	7872
伪拟合度	0.158	0.076	0.160	0.078

注：(1)#处参照项分布：双重信息接触、硕士及以上、东部；(2) 括号内为标准误；(3) * p<0.1，** p<0.05，*** p<0.01。

从中央政府信任模型和基层政府信任模型可以看出，所有控制变量（包括性别、政治面貌、体制、家庭收入、受教育程度和地区）对中央政府信任和基层政府信任均产生了显著影响。其中，女性对中央政府和基层政府的信任程度普遍高于男性；党员对中央政府和基层政府的信任程度普遍高于非党员；西部地区网民对中央政府和基层政府的信任程度普遍低于中部地区和东部地区；收入和受教育程度对政府信任的影响也存在显著差异（其中，受教育程度在初中及以下者除外）。

从信息接触对政府信任的影响来看，接触不同类型的信息对网民的政府信任（包括对中央政府的信任和对基层政府的信任两个层次）产生了显著影响。相较于双重信息接触的影响，在控制其他变量的条件下，如果只接触官方媒体信息，对中央政府的信任程度要提升1倍（$e^{0.695}-1$），对基层政府的信任程度要提升21.65%（$e^{0.196}-1$）；反之，如果只接触非官方媒体信息，对中央政府的信任程度要削弱75.04%（$1-e^{-1.388}$），对基层政府的信任程度要削弱61.4%（$1-e^{-0.952}$）。上述数据表明，信息接触对政府信任的影响存在一种双重效应，即如果只接触官方媒体信息，对中央政府和基层政府的信任程度都会显著提升，简称"官方媒体对政府信任的提升效应"；如果只接触非官方媒体，对中央政府和基层政府的信任程度都会显著削弱，简称"非官方媒体对政府信任的削弱效用"。假设1得到完全证实。同时，进一步的比较发现，只接触官方媒体信息对中央政府信任的提升程度，明显高于对基层政府信任的提升程度（发生比分别为1倍、21.65%）；只接触非官方媒体信息对中央政府信任的削弱程度，明显高于对基层政府信任的削弱程度（发生比分别为75.04%、61.4%）。这说明，网民对中央政府的信任更容易被官方媒体所强化，也更容易被非官方媒体所削弱。

就政府信任的世代特征而言，不同的出生世代对中央政府的信任程度和对基层政府的信任程度均有所不同。在对中央政府的信任程度上，"80后"世代比"80前"世代高1.3倍（$e^{0.832}-1$）；而在对基层政府的信任程度上，"80后"世代比"80前"世代高84.6%（$e^{0.613}-1$）。也就是说，在中央政府信任和基层政府信任两个层次，年轻的"80后"世代均比年老的"80前"世代更加信任政府，假设2未通过检验。这可能与"80前""80后"两个世代经历不同的政治社会变革，以及由此在政治态度上所形成的认知差异和反思意识的差异有关。实际上，对于世代或年龄对政府信任的影响，既有研究并未得出统一的结论。比如，在网民政治态度的相关研究中，有研究者发现，年龄越大，对政府信任的水平越低。[1] 这与本文的研究结论基本一致。但是，另一些研究则发现了相反的研究结论，即年龄（年龄组）越大，对政府的信任程度越高。[2] 这表明政府信任与世代及年龄的关系是一个需要进一步研究和把握的议题。

中央政府的交互模型显示，对于"80前"世代来说，只接触官方媒体对政府信任的提升比双重信息接触高出1.09倍（$e^{0.739}-1$）；只接

---

[1] 薛可、余来辉、余明阳：《媒体使用、政治信任与腐败感知——以中国网民为对象的实证研究》，《吉首大学学报》（社会科学版）2018年第6期；薛可、余来辉、王宇澄：《媒介接触对新社会阶层政治态度的影响研究——基于政治社会化的视角》，《新闻大学》2019年第3期；叶杰：《非官方媒体使用对制度自信的影响机制——以网民为分析对象的实证研究》，《经济社会体制比较》2019年第1期。

[2] 卢春天、权小娟：《媒介使用对政府信任的影响——基于CGSS2010数据的实证研究》，《传播学研究》2015年第5期；胡荣、庄思薇：《媒介使用对中国城乡居民政府信任的影响》，《东南学术》2017年第1期；罗家德、帅满、杨鲲昊、李光辉：《"央强地弱"政府信任格局的社会学分析——基于汶川震后三期追踪数据》（英文），*Social Sciences in China*，2018（03）。

触非官方媒体对政府信任的削弱比双重信息接触低 81.25%（$1-e^{-1.674}$）。对于"80后"世代而言，只接触官方媒体的交互项系数不显著，表明只接触官方媒体与双重信息接触对政府信任的影响没有显著差异；只接触非官方媒体对政府信任的削弱比双重信息接触低 88.46%（$1-e^{-1.674-0.485}$）。在基层政府的交互模型中，在"80前"世代中，只接触官方媒体的主效应系数不显著，表明只接触官方媒体与双重信息接触对政府信任的影响没有显著差异；只接触非官方媒体对基层政府信任的削弱比双重信息接触低 78.09%（$1-e^{-1.518}$）。而在"80后"世代，只接触官方媒体的交互项系数同样不显著，表明只接触官方媒体与双重信息接触对政府信任的影响没有显著差异；只接触非官方媒体对基层政府信任的削弱比双重信息接触低 89.93%（$1-e^{-1.518-0.778}$）。

总体而言，假设3仅有部分通过检验，两个交互模型的世代比较可见，官方媒体对政府信任的提升效应和非官方媒体对政府信任的削弱效应，不仅存在世代差异，而且存在中央差异。

五 结论

借助2014年、2015年和2017年中国网民意识形态调查的数据，本文重点考察了不同类型的信息接触对网民政府信任的影响。具体的研究发现如下：第一，信息接触对网民政府信任的影响存在一种双重效应，即"官方媒体对政府信任的提升效应"和"非官方媒体对政府信任的削弱效应"；第二，无论是中央政府还是基层政府，年轻的"80后"世代均比年老的"80前"世代更加信任政府；第三，信息接触对政府信任的双重效应存在世代差异和央地差异。旨在提高网民政府信任和引导网民政治态度的网络治理，必须立足于上述基本特征。从信息接触对政府信任的双重效应出发，官方媒体无疑可以充当网络治理的重要工具，而充满真伪难辨的负面新闻的非官方媒体则构成网络治理的重点领域。

第二节　信息接触与网络公共参与*

随着互联网技术的快速发展和广泛应用，公众信息获取的成本日益降低，信息获取的速度日益加快，信息获取的广度和深度也前所未有地提升。这一变化在社会生活的各个领域产生了广泛影响。其中，信息接触对人们公共参与的影响是一个重要的方面。作为一种特殊的权力，传媒不仅在一定程度上表达舆论，还通过所传播的信息来影响受众者的价值尺度。公众依赖传媒提供的信息和意见，来实时修正自己的认知、态度和行为。20世纪90年代以来，西方社会运动研究在政治过程这一理论框架下，逐渐转向机会结构、动员结构、运动文化和话语的形成以及运动与媒体关系等相关领域和议题。其中，运动与媒体的关系，由于契合了那个时代以来包括传统电视新闻媒体以及移动通信、互联网在内的新型信息通信技术的发展而备受关注。

运动与媒体关系的核心议题是网络公共参与，即由于互联网的介入而发生于线上或线下以及两者相互交织的公共参与，或者说由于互联网的介入而激发的公共言论和参与行为。既有研究认为，互联网的广泛使用不仅创造了一种新的参与渠道，而且充当了重要的动员结构[①]，从而对公共参与产生了重要的影响。然而，互联网的广泛使用不仅代表一种新的传播媒介和动员结构，而且也意味着信息接触的多元化。这种多元化既表现为互联网媒体与报纸、电视等传统媒体之间构成多元竞争的信息传播渠道，又表现为互联网媒体自身传播方式的多元化。面对多元化的信息接触，我们需要在互联网使用与

---

* 本节由笔者和王朝阳、李亚彬合作完成，并以《信息接触与网络公共参与——基于网民社会意识调查数据的实证研究》为题发表于《社会学刊》2023年第2卷第1期。
① 黄荣贵：《互联网与抗争行动：理论模型、中国经验及研究进展》，《社会》2010年第2期。

虚拟整合：互联网时代社会结合方式的革命性变化

公共参与研究的基础上进一步观察：接触不同类型的媒体信息对公共参与是否具有显著影响。这种观察不仅能够从学术上敞开两者之间的内在关系，而且能够从中获得网络治理的政策价值。

一 文献回顾

作为网络化时代最重要的一道社会景观，基于互联网的传播效应而引发的网络公共参与引起了政学两界的广泛关注。在理论层面，网络公共参与作为一种由"技术"与"社会"围绕特定公共议题而形成的新事物，学术界还缺乏充分的认识；在事实层面，以网络事件为中心的公共参与往往反映了一种普遍的社会紧张和社会矛盾。毫无疑问，网络公共参与是一个跨学科的研究领域，但不同学科的理论关怀却表现出相当程度的一致性。来自社会学、新闻传播学和政治学等学科的研究者不约而同地将关注点聚焦于网络公共参与的核心议题，即网络公共参与是如何被互联网技术建构起来的，简称网络公共参与的技术建构议题。围绕这一核心议题，国内外研究者分别从互联网"作为动员结构""作为政治机会"和"作为框架化工具"三个维度进行了开拓性的研究。[①] 但是，由于研究取向和理论偏好的差异，研究者敞开网络公共参与议题的侧重点各不相同。

第一类研究侧重于网络公共参与的运动特征，主要关注网络公共参与的动力机制。既有研究表明，互联网主要通过信息流、社会资本和舆论平台等多种机制影响网络公共参与。[②] 其中，从信息流的角度

[①] Garrett R. Kelly, "Protest in an Information Society: A Review of Literature on Social Movements and New ICTs", *Information Communication and Society*, 2006, 9 (2).

[②] Garrett R. Kelly, "Protest in an Information Society: A Review of Literature on Social Movements and New ICTs", *Information Communication and Society*, 2006, 9 (2); Zheng, Yongnian and Wu Guoguang, "Information Technology, Public Space, and Collective Action in China", *Comparative Political Studies*, 2005, 38 (5); 杨国斌：《连线力——中国网民在行动》，邓燕华译，广西师范大学出版社2013年版。

看,由于互联网技术降低了信息成本和增加了信息流,进而促进了互联网用户的公共参与。[1] 其中的关键过程在于,互联网技术的使用提升了个人内在的政治效能感或政治价值观。但也有研究发现,互联网对公共参与的促进作用在一定程度上取决于用户的政治兴趣等心理特征。[2] 从社会资本的角度看,互联网的技术特征有助于维持原有的社会资本或者拓展新的社会资本;还可以实现社会网络的延伸、促进虚拟网络和现实网络的相互作用、构建不同参与主体之间的关联行动等一系列潜在功能,从而对网络公共参与的动员过程产生了不同的影响。[3] 从舆论平台的角度看,互联网建构了各种政治讨论的公共领域和在线平台,具有向线下延伸和影响互联网用户公共参与的作用。[4] 平台动员的核心机制在于,互联网将话语权拉回到公共领域,从而有助于行动者形成行动共识以及在参与行动与公众之间搭上联系。

第二类研究侧重于网络参与路径,着重考察互联网如何促进公共参与。网络公共参与通常是以非制度化的方式进行的。[5] "非制度化"意味着行动者需要借助传统渠道和法制框架以外的途径获取信息和表达诉求。正是在这个意义上,互联网为人们提供新的参与路径。它来源于互联网的开放性、平等性、及时性和匿名性等一系列的

---

[1] Bruce Bimber, "The Study of Information Technology and Civic Engagement", *Political Communication*, 2000, 17 (4).

[2] Michael A. Xenos, Patricia Moy, "Direct and Differential Effects of the Internet on Political and Civic Engagement", *Journal of Communication*, 2007, 57 (4).

[3] 黄荣贵:《互联网与抗争行动:理论模型、中国经验及研究进展》,《社会》2010 年第 2 期;Keith Neil Hampton, "Grieving for a Lost Network: Collective Action in a Wired Suburb", *Information Society*, 2003, 19 (5)。

[4] Dhavan V. Shah, et. al., "Information and Expression in a Digital Age: Modeling Internet Effects on Civic Participation", *Communication Research*, 2005, 32 (5); Hyunseo Hwang, et. al., "Media Dissociation, Internet Use, and Antiwar Political Participation: A Case Study of Political Dissent and Action Against the War in Iraq", *Mass Communication & Society*, 2006, 9 (4).

[5] 陈云松:《互联网使用是否扩大非制度化公共参与——基于 CGSS2006 的工具变量分析》,《社会》2013 年第 5 期;周巍、申永丰:《论互联网对公民非制度化参与的影响及对策》,《湖北社会科学》2006 年第 1 期。

虚拟整合：互联网时代社会结合方式的革命性变化

技术特征。① 吉布森等人对这种参与结构进行了系统的注解，即更多的公共参与信息和机遇；参与成本的降低减少了参与障碍；互联网的实时性促进了参与性；互联网充当互动性的媒介等四个方面。② 作为一种参与路径，互联网技术对网络公共参与的建构逻辑是，通过上述各种在线获取和表达的机会，实现对网络公共参与的技术赋权。在本质上，这是一个对公民进行充权的过程。来自多个国家的经验研究已经发现，在线讨论对于线下非制度化公共参与的促进作用。③

第三类研究侧重于网络公共参与的行动策略，重点在于网络公共参与的行动框架是如何被建构起来的。凯利·加勒特对互联网"作为框架化工具"的理解④，实际上源自戈夫曼的象征互动理论，并经格尔茨、斯诺等人的理论滋养而形成的一种分析范式（即框架分析）。框架分析力图发现集体行动的组织者，如何通过社会互动和意义的建构，创造出一些更容易被接受的话语，从而获取其他行动者对其目标的主观认同和行动参与。⑤ 从这个意义上说，网络公共参与的"共识动员""议程设定"以及政治机会向参与行动的转化，都依赖于特定的框架整合。比如网络公共参与中广泛采用的"弱者框架"等。⑥ 一系列相关研究表明，网络公共参与包括两个基本的框架化过

---

① 孟天广、季程远：《重访数字民主：互联网介入与网络公共参与——基于列举实验的发现》，《清华大学学报》（哲学社会科学版）2016年第4期。

② Rachel K. Gibson, et. al., "Online Participation in the UK: Testing a 'Contextualised' Model of Internet Effects", *The British Journal of Politics & International Relations*, 2005, 7 (4).

③ Seunghahn Nah, et. al., "The Internet and Anti-War Activism: A Case Study of Information, Expression, and Action", *Journal of Computer-Mediated Communication*, 2006, 12 (1).

④ Garrett R. Kelly. "Protest in an Information Society: A Review of Literature on Social Movements and New ICTs", *Information Communication and Society*, 2006, 9 (2).

⑤ 刘春荣：《选举动员的框架整合——银杏居委会换届选举个案研究》，《社会》2010年第1期；黎相宜：《精英型与草根型框架借用比较失地农民与知识精英的集体抗争》，《社会》2009年第6期。

⑥ 黄荣贵、郑雯、桂勇：《多渠道强干预、框架与抗争结果——对40个拆迁抗争案例的模糊集定性比较分析》，《社会》2015年第5期。

程：一是围绕问题的"定义""诊断"和"策略"等形成共识；[1] 二是对参与行动进行讨论和呼吁，从而将网络公共参与同公众以及其他潜在参与者的信念或价值观连接起来，以产生共鸣并激发行动上的支持。[2] 简言之，网络公共参与是一个框架化的结果，而框架化的工具则是互联网的技术特征所实现的在线交流、交互式传播结构以及话语权的回归等新媒体功能。

既有研究从不同维度揭示了互联网影响网络公共参与的内在机制，从而为公共参与同媒体关系打开了一个广阔的学术空间，学术界围绕互联网信息对网络公共参与的影响展开了大量的经验研究。相关研究表明，新媒体对公民获取信息能力的提升，能够使得公民对公共议题有更深入的理解，这对于公民的认知水平和公共参与能力也是一种提升。[3] 因此，互联网被视为一种动摇公众态度及其参与行为的媒体类型。[4] 一方面，以微信、微博为代表的自媒体的发展，使公共信息获取的自由度正变得越来越大，公众通过何种渠道获取公共信息以及获取怎样的公共信息，往往都会根据自身的兴趣和偏好作出主动的调整与选择；另一方面，接触不同的传媒信息将会产生不同的刺激，进而对个体的政治社会态度和公共参与产生不同程度的影响。正是在这个意义上，本文将网络公共参与的技术建

---

[1] Robert D. Benford and David A. Snow, "Framing Processes and Social Movements: An Overview and Assessment", *Annual Review of Sociology*, 2000, 26 (1).

[2] Rhys. H. Williams and Timothy J. Kubal, "Movement Frames and the Cultural Environment: Resonance, Failure, and the Boundaries of the Legitimate", *Research in Social Movements, Conflict, and Change*, 1999, 2 (1).

[3] 胡荣、庄思薇：《市场化、媒体使用和中国居民的政治效能感》，《华中师范大学学报》（人文社会科学版）2016年第6期。

[4] 齐杏发、郝宇青：《大学生政治信任状况实证研究》，《江淮论坛》2012年第3期；姚君喜：《媒介使用、媒介依赖对信任评价的影响——基于不同媒介的比较研究》，《当代传播》2014年第2期；张明新、刘伟：《互联网的政治性使用与我国公众的政治信任——一项经验性研究》，《公共管理学报》2014年第1期。

虚拟整合：互联网时代社会结合方式的革命性变化

构议题进一步具体化为信息接触对网络公共参与的影响。

二 研究假设

检验信息接触对网络公共参与的影响，需要抓住互联网时代信息传播最重要的特征。互联网的广泛使用对公众信息接触带来的一个重要变化，是自媒体对官方媒体的冲击。从中国新闻管理的角度看，网络媒体在内容控制和呈现、框架选择和议程设置上存在较大差异。其中，政府部门官方网站、商业性门户网站以及传统媒体的同步网站等网络媒体，在新闻内容的传播上与传统媒体几乎没有差别，只有以微博、微信为代表的自媒体，才表现出内容传播上的差异。因此，互联网对于公共信息传播生态的最大改变在于以自媒体为主的非官方媒体，而不是作为新媒体的互联网。基于以上认识，本文将弃用普遍采用的"传统媒体—新媒体"的分析框架，把公众的信息接触放在"官方媒体—非官方媒体"的框架中凸显内容传播对公共参与的影响。

然而，信息接触对网络公共参与的影响并不是一种简单的决定性关系。实际上，网络公共参与受两个因素或变量的调节，即组织调节和心态调节。前者是指工作组织对个体公共参与的调节。在中国的社会生活中，个人的工作组织被赋予了一种社会控制的重要职能。但是，不同属性的工作组织对个体行动的控制是存在差异的，心态调节就是个体的社会心态对行动的调节作用。个体的社会心态反映的是个体对现实社会的认知、评价等心理特征和心理状态。美国加利福尼亚大学圣芭芭拉分校教授布鲁斯·比伯提出了研究互联网信息接触与公共参与的心理学路径[1]：心理学路径注重新技术与

---

[1] Bruce Bimber, "Information and Political Engagement in America: The Search for Effects of Information Technology at the Individual Level", *Political Research Quarterly*, 2001, 54 (1).

使用者之间的相互影响,认为互联网使用者自身的特点和心理特征对其公共参与具有重要的影响。以上两方面的特征共同构成本文的逻辑路径:第一,在官方媒体与非官方媒体的媒体框架中观察信息接触对网络公共参与的影响;第二,从组织属性和社会心态的角度考察信息接触影响网络公共参与的调节效应。本文的研究假设也是基于这种媒体框架和调节效应建立的。

(一)信息接触与网络公共参与

既有研究表明,互联网的日常使用有可能会诱发一定程度的公共参与,而不同的信息接触对公众态度和参与将会产生不同的影响。比如王恒和季程远的研究发现,与关注娱乐类信息偏好的网民相比,更加关注时政类信息的网民政治信任水平更低、程序型民主观念更强,卷入公共参与的可能性也就更高。[1] 相对而言,官方媒体在新闻呈现、框架选择和议程设置上更加突出信息传播的价值取向,坚持政治和文化上的正能量;而非官方媒体在新闻传播上,侧重于批判性和负面新闻报道。按照麦库姆斯和肖提出的"议程设置"理论,新闻媒体的报道方式将会对社会运动的大众认知、支持度和演变产生重要影响。[2] 比如,经常接触官方媒体会强化公众对于政府的认可和信任,而微博、微信以及海外媒体等非官方媒体则会增加公众对政府的质疑和不满。[3] 前者在公共参与上相对保守和稳健,后者则容易卷入激进的行为之中。考虑到传播渠道的多元化,一般情况下公众的信息接触渠道不可能是单一类型的。换句话说,相当部分公众既接触官方媒体发布的新闻,又接触非官方媒体发布的新闻。因此,信息接触可

---

[1] 王衡、季程远:《互联网、政治态度与非制度化公共参与——基于1953名网民样本的实证分析》,《经济社会体制比较》2017年第4期。

[2] Mccombs M. E., Shaw D. L., "The Agenda-Setting Function of Mass Media", *Public Opinion Quarterly*, 1972, 36(2).

[3] 马得勇、王丽娜:《中国网民的意识形态立场及其形成——一个实证的分析》,《社会》2015年第5期。

虚拟整合：互联网时代社会结合方式的革命性变化

区分为只接触官方媒体、只接触非官方媒体和双重信息接触（既接触官方媒体又接触非官方媒体），这三种类型将会对网络公共参与产生不同的影响。据此，本文提出：

假设1a：相对于双重信息，官方媒体的公共信息对网络公共参的影响是负向的（简称官方媒体的抑制效用）。

假设1b：相对于双重信息，非官方媒体的公共信息对网络公共参与的影响是正向的（简称非官方媒体的激发效应）。

（二）网络公共参与的组织调节

媒介信息对公共参与的影响已经得到广泛的证实[①]，但是不同群体对信息刺激的反应并不总是一致的。这主要是因为，信息接触对个体公共参与行为的影响受到某种外部因素的约束。其中，工作组织对两者的关系发挥着重要的调节作用。改革开放以来，尽管市场和社会逐渐获得了越来越多的独立性和自组织特征，但始终没有脱离国家控制的轨道。[②] 在国家对市场和社会的控制中，其中一个重要的方面是通过工作组织对组织成员的思想和行为进行引导和干预。在中国，所有的工作组织都具有这一使命。只不过不同性质的组织在程度和方式上有所差别。随着社会生活的日益网络化，互联网传播的政治、经济、社会领域的公共议题，直接影响到公众的政治态度并激发出相应的公共参与。[③] 对此，工作组织往往需要在重大政治活动、重要政治事件以及特定政治信息的传播中，对个体态度和行为进行引导和

[①] Garrett R. Kelly, "Protest in an Information Society: A Review of Literature on Social Movements and New ICTs", *Information Communication and Society*, 2006, 9（2）；杨国斌：《连线力——中国网民在行动》，邓燕华译，广西师范大学出版社2013年版；黄荣贵：《互联网与抗争行动：理论模型、中国经验及研究进展》，《社会》2010年第2期；陈云松：《互联网使用是否扩大非制度化公共参与——基于CGSS2006的工具变量分析》，《社会》2013年第5期。

[②] 刘精明：《市场化与国家规制——转型期城镇劳动力市场中的收入分配》，《中国社会科学》2006年第5期。

[③] 张兆曙、王朝阳：《信息接触与政府信任——基于网民社会意识调查的实证分析》，《杭州市委党校学报》2023年第5期。

干预。中国是一个"讲政治"的国家,任何组织都不希望组织成员的公共参与触犯政治禁忌,而危及组织生存和发展。正是在这个意义上,组织能够削弱信息接触所激发的网络公共参与。但是,组织的调节效应与其社会控制职能的强弱有直接关系。比如体制内的工作组织(如传统的单位组织),其调节能力较强;而体制外的工作组织,其调节能力往往较弱。本文据此提出:

假设2:体制内的工作组织能够减弱信息接触对网络公共参与的正向影响。

(三) 网络公共参与的心态调节

信息接触影响网络公共参与的心理学路径认为,信息接触对个体公共参与的影响并不是等效的,这种影响受信息接收者的人格特质和心理特征的约束。比如,个体的不公平感越强,越有可能激发潜在的社会冲突意识,从而引起一般化的、没有特别指向的公共参与。[1] 正是在这个意义上,公平感以及由此产生的怨恨与不满情绪等心态特征构成媒体与运动关系的心理基础。信息接收者并不是完全被动地接收任何信息,而是具有自己的主观能动性,他们会选择性地、有目的地过滤一些信息,而选择他们感兴趣的或是能够与其产生共鸣的信息。当媒介信息与用户之间产生了共鸣时,媒介信息才有可能影响用户在现实中的思想态度或行为方式。这种个体的人格特质和心理特征就是个体心态,而影响网络公共参与的个体心态主要是个体的社会心态。即便是长期接触以批判性和负面新闻为基本特质的自媒体,也并不必然强化个体的网络公共参与行为。[2] 同理,即便

---

[1] 翁定军:《阶级或阶层意识中的心理因素:公平感和态度倾向》,《社会学研究》2010年第1期;孟天广:《转型期中国公众的分配公平感:结果公平与机会公平》,《社会》2012年第6期;李路路、唐丽娜、秦广强:《"患不均,更患不公"——转型期的"公平感"与"冲突感"》,《中国人民大学学报》2012年第4期。

[2] 刘学、耿曙:《互联网与公共参与——基于工具变量的因果推论》,《社会发展研究》2016年第3期。

是地位相同或相似（比如隶属于同一就业组织或工作单位）的个体，信息接触所激发的网络公共参与也可能是不一样的。这就是个体社会心态自我调节的结果。社会心态最重要的表征是对社会环境的满意度。如果满意度越高，表明社会心态越积极，将会抑制或削弱信息接触所激发的情绪化的网络参与；满意度越低，则社会心态越消极，更容易助推互联网信息刺激出来的非理性的网络参与。因此，本文提出：

假设3：积极社会心态能够减弱信息接触对网络公共参与的正向影响。

三 变量与操作化

本文所使用的数据来自2017年中国人民大学马得勇教授组织实施的网民社会意识调查。该调查通过网络问卷的方式，收集到有效问卷2379份。2017年网民社会意识调查数据除了测量网民的意识形态、价值观、社会认同、信息接触等议题外，还测量了网民不同形式的公共参与问题。在数据分析之前，首先对数据进行了清理，主要是从整体上剔除了自评问卷真实程度低于6分（满分10分）的128个样本，以及居住在农村、乡镇和海外的167个样本，只关注居住在中国大陆的城市网民。经过对数据的处理和筛选，最终获得2066个分析样本。

（一）因变量

本文的因变量是网络公共参与，即通过互联网技术手段或者在虚拟空间中进行的公共参与活动。网络公共参与既包括在互联网上发表涉及公共议题的言论，也包括通过互联网讨论公共议题或其他公共参与行为。2017年网民社会意识调查询问了"您平时通过哪些方式表达自己对政治、经济、社会问题的看法"。经过对不同方式的含义进行甄别，筛选出 4 种方式测量网络公共参与。具体包括"在网上发帖回帖""在自己的微博、微信、博客上发言""参加网络 QQ 群、微信群的讨论""通过邮件、聊天工具私下交流"。问卷对上述问题分别给出了"从来不参加""基本不参加""有时候参加""经常参加"4 个选项。然后，采用主成分因子法对上述 4 个变量进行处理，通过斜交旋转提取 1 个公共因子——网络公共参与因子。网络公共参与因子的得分越高代表网络公共参与的程度越高。结果显示，网络公共参与因子的信度系数为 0.824，可以分别解释上述 4 个指标信息的 65.50%，表明信息丢失相对较少，提取的因子较为理想。

由于因变量的获取，是通过将上述 4 个指标变量标准化为平均数为 0、方差为 1，并以因子分系数加权合计而成的一个连续变量，因此，本文使用最小二乘法（OLS）来建立多元线性回归模型。多元线性回归模型的公式为：

$$y_i = \beta_0 + \beta_1\chi_{i1} + \beta_2\chi_{i2} + \beta_3\chi_{i3}\cdots + \beta_{(p-1)}\chi_{i(p-1)} + \varepsilon_i$$

OLS 模型采用普通最小二乘法对数据进行拟估，其中，y_i 表示第 i 个受访对象的网络公共参与程度，β_0 为截距的总体参数，χ_{i1} 为自变量（信息接触），χ_{i2} 为自变量（组织属性），χ_{i3} 为自变量（社会心态），$\chi_{i(p-1)}$ 为其他自变量，β_1、β_2、β_3…β_{p-1} 为斜率的总体参数，表示在控制了其他自变量的情况下，自变量对因变量的影响程度，ε_i 为随机误差项。

（二）自变量

1. 信息接触。网民社会意识调查询问了被访者主要通过哪些渠道来获取信息。本文根据信息传播的审查和控制程度，将"电视""广播""报纸""杂志""新浪网、腾讯网等商业门户网站"归入官方控制媒体（简称"官方媒体"）；而将"微信朋友圈、QQ 群等熟人圈子""非官方的微信公众号、新浪微博等自媒体平台""天涯社区、凯迪社区等专业论坛或网站""twitter、facebook、BBC等翻墙所得信息或外媒渠道"归为非官方媒体。在此基础上,构建一个三分类的虚拟变量。其中,1代表只接触官方媒体;2代表同时接触官方媒体和非官方媒体;3代表只接触非官方媒体。

2. 组织属性。本文根据受访者的职业建构一个二分类(体制内和体制外)组织属性的虚拟变量。具体操作化如下:将"党政、事业机关领导干部""国企中高层管理者""党政司法机关一般职员""中、小、幼教师""在校学生(大学或高中)"①"大学教师或研究机构学者""医疗工作者""新闻媒体工作者""工、青、妇、团等群众组织"归入"体制内",取值为1;将"农、林、牧、渔等行业劳动者工人""工厂打工""企业、公司职员""个体户或自营""私企老板、中高层管理者""自由职业者""律师及相关行业""文化演艺类行业""非政府组织(NGO)""无业和其他"归入"体制外",取值为0。

3. 社会心态。社会心态是个体基于其对社会环境的认知和评价而形成的一种综合心理状态。本文根据受访者对我国目前社会现状的满意程度,建构一个二分类虚拟变量来测量个体的社会心态。具体操作如下:将"非常不满意""比较不满意"和"一般"三个选项整体上定义为"不太满意",代表消极的社会心态,取值为0;将"比较满意"和"非常满意"两个选项整体上定义为"相对满意",代表积极的社会心态,取值为1。

除此之外,本文还将体现性别、年龄段、教育程度、家庭收入等人口学特征的因素作为控制变量纳入模型。所有变量的描述性统计结果见表3:

---

① 考虑到中国教育在政治价值观方面的强调与有意识塑造,本文将在校学生归为体制内。

表3　　　　　　　基于政治表达的变量描述性统计

变量名称	均值/百分比（%）	标准差	样本数
因变量			
网络公共参与	0.020	0.993	2066
自变量			
信息接触			
只接触官方媒体	25.07	—	518
双重信息接触	69.07	—	1427
只接触非官方媒体	5.86	—	121
组织属性			
体制外	54.07	—	1117
体制内	45.93	—	949
社会心态			
不太满意（消极社会心态）	41.00	—	847
相对满意（积极社会心态）	59.00	—	1219
控制变量			
性别			
女	48.02	—	992
男	51.98	—	1074
家庭收入（元）	133190.3	166847.5	2066
家庭收入对数	11.447	0.874	2066
受教育程度			
硕士及以上	21.10	—	436
大学本科	56.10	—	1159
本科以下	22.80	—	471
年龄段			
30岁以下	42.59	—	880
30—39岁	28.90	—	597
40—49岁	21.20	—	438
50岁以上	7.31	—	151
合计	100		2066

四　数据与模型

根据前文的研究设计，本文的数据分析将对假设1、假设2、假设3进行检验，考察信息接触对网络公共参与的影响以及组织属性和

虚拟整合:互联网时代社会结合方式的革命性变化

个体心态(社会心态)对这种影响的调节。表4展示了信息接触影响网络公共参与的基准模型以及交互模型。

表4   网络公共参与的多元线性回归模型

变量	基准模型	模型1	模型2
信息接触(只接触官方媒体)#	-0.308*** (0.050)	-0.401*** (0.064)	-0.415*** (0.084)
信息接触(只接触非官方媒体)	0.014 (0.093)	-0.223 (0.139)	0.186* (0.109)
组织属性(体制内)	-0.120** (0.047)	0.451** (0.204)	-0.123*** (0.047)
积极社会心态(相对满意)#	0.196*** (0.044)	0.196*** (0.044)	-0.340 (0.227)
性别(男)	0.122*** (0.043)	0.124*** (0.043)	0.119*** (0.043)
家庭收入	-1.031 (1.682)	-9.883 (1.672)	4.957 (1.672)
家庭收入对数	0.112*** (0.033)	0.111*** (0.033)	0.110*** (0.033)
受教育程度(本科)	0.261*** (0.056)	0.265*** (0.056)	0.268*** (0.056)
受教育程度(本科以下)	0.126* (0.072)	0.120* (0.072)	0.134* (0.072)
年龄段(30—39岁)#	0.186*** (0.053)	0.181*** (0.053)	0.186*** (0.053)
年龄段(40—49岁)	-0.126** (0.059)	-0.127** (0.059)	-0.132** (0.059)
年龄段(50岁以上)	-0.165* (0.087)	-0.177** (0.087)	-0.182** (0.087)
只接触官方媒体×体制内		-0.227** (0.101)	
只接触非官方媒体×体制内		-0.426** (0.184)	
只接触官方媒体×积极社会心态(相对满意)			-0.159 (0.103)
只接触非官方媒体×积极社会心态(相对满意)			0.689*** (0.208)

续表

变量	基准模型	模型1	模型2
常数项	-1.501*** (0.369)	-1.443*** (0.369)	-1.469*** (0.368)
R-squared	0.075	0.079	0.082
样本量	2066	2066	2066

注：(1) #处参照项分布：双重信息接触、不太满意、硕士及以上、18—29 岁；(2) 括号内为标准误；(3) * $p<0.1$, ** $p<0.05$, *** $p<0.01$。

从基准模型可以看出，所有控制变量（性别、受教育程度、家庭收入对数和年龄段）对网络公共参与均产生了显著性影响。其中，男性网民的网络公共参与高于女性；在受教育程度和年龄上，本科学历和在 30—39 岁之间的网络公共参与程度最高；在收入方面，家庭年收入越高网络公共参与也越高。就组织属性和个体心态的影响来看，体制内网民的网络公共参与低于体制外网民；持积极社会心态（对社会政治环境评价相对满意）的网民，其网络公共参与程度高于持消极社会心态者。

从信息接触对网络公共参与的影响来看，接触不同类型的信息对网络公共参与的影响存在显著差异。在控制其他变量的条件下，相较于双重信息接触者，如果只接触官方媒体信息，其网络公共参与程度将会降低 0.308 个单位；而只接触非官方媒体与双重信息接触的系数不显著，说明只接触非官方媒体与双重信息接触在网络公共参与上没有显著差异。上述数据表明了信息接触对网络公共参与的具体影响，即只接触官方媒体的公共信息能够降低网民的网络公共参与，从而证实了官方媒体的抑制效应；只接触非官方媒体或双重信息接触能够激发网民的网络公共参与，其中包括非官方媒体的激发效应。因此，假设1在整体上通过了检验。

虚拟整合：互联网时代社会结合方式的革命性变化

信息接触与组织属性的交互模型显示，在体制外的组织环境中，只接触官方媒体信息对网络公共参与程度的影响，比双重信息接触的影响低 0.401 个单位；只接触非官方媒体的主效应系数不显著，意味着只接触非官方媒体与双重信息接触对网络公共参与的影响，在体制外网民中没有显著差异。这表明体制外的工作组织能够进一步削弱官方媒体的抑制效应，但是无法对非官方媒体的激发效应进行削弱。而在体制内的组织环境中，只接触官方媒体对网络公共参与程度的影响，比双重信息接触的影响低 0.628 个单位；只接触非官方媒体对网络公共参与程度的影响，比双重信息接触的影响低 0.426 个单位。也就是说，体制内的工作组织不仅能够削弱官方媒体的抑制效应，而且能够削弱非官方媒体的激发效应。从上述数据可以观察到，信息接触对网络公共参与的影响，在不同的组织环境中具有明显的差异。假设 2 得到证实。

在信息接触与社会心态的交互模型中，持消极社会心态的网民，只接触官方媒体对网络公共参与程度的影响，比双重信息接触的影响低 0.415 个单位；只接触非官方媒体对网络公共参与程度的影响，比双重信息接触的影响高 0.186 个单位。从数据可见，非官方媒体的激发效应在消极社会心态者当中进一步被强化，这与假设 3 的逻辑是一致的。但是，官方媒体的抑制效应在消极社会心态者当中反而更进一步，表明官方媒体强大的抑制效应，消极社会心态也无法改变其对网络公共参与的调节作用。在持积极社会心态的网民中，只接触官方媒体与双重信息接触的系数不显著，表明只接触官方媒体与双重信息接触对网络公共参与程度的影响没有显著差异；只接触非官方媒体对网络公共参与程度的影响，比双重信息接触的影响高 0.875 个单位。数据表明，积极社会心态对官方媒体抑制效应的作用趋于消失，既不会削弱也不会强化；同时，积极社会心态不仅未能削弱非官方媒体的激发效应,反而进一步提高了非官方媒体所激发的网络公共参与,与假设3的逻辑相反。总体上看,假设3仅有少部分得到证实。

表5　信息接触影响网络公共参与的组织调节与心态调节

组织调节	信息接触对网络公共参与的影响	调节作用	信息接触对网络公共参与的影响	调节作用	调节心态
体制外组织	官方媒体的抑制效应↓	显著降低√	官方媒体的抑制效应↓	显著降低	消极社会心态
	非官方媒体的激发效应↑	不显著	非官方媒体的激发效应↑	显著提高√	
体制内组织	官方媒体的抑制效应↓	显著降低√	官方媒体的抑制效应↓	不显著	积极社会心态
	非官方媒体的激发效应↑	显著降低√	非官方媒体的激发效应↑	显著提高	

注:表中↑↓表示信息接触影响网络公共参与的方向或趋势,√表示相应的假设关系通过了检验。

五　结论

本节借助2017年网民社会意识调查数据,考察了信息接触对网络公共参与的影响以及组织属性和个体心态对这种影响的调节作用。具体的研究发现如下:第一,不同类型的信息接触对网络公共参与的影响存在显著差异,即只接触官方媒体的信息能够降低网民的网络公共参与;只接触非官方媒体或双重信息接触能够激发网民的网络公共参与。官方媒体的抑制效应和非官方媒体的激发效应得到证实;第二,信息接触对网络公共参与的影响,明显受组织属性的调节。体制内的工作组织,能够同时削弱官方媒体和自媒体对网络公共参与的影响,尤其对非官方媒体激发效应的削弱更甚;而体制外的工作组织,则只能削弱官方媒体对网络公共参与的影响,对于非官方媒体的影响则无能为力。第三,个体社会心态的调节作用,或者信息接触影响网络公共参与的心理学路径是一个需要谨慎对待和进一步检验的命题。

相对于以往研究，本文的贡献有二：第一，围绕信息接触或互联网使用的社会影响，既有研究往往将互联网理解为一种无差别传播媒介，在操作方法上仅仅以"是否使用互联网""上网时间""上网次数"等为测量依据，考察信息接触对政府信任、政治态度以及公共参与的影响[①]，较少对互联网使用过程中信息接触的内容进行区分。本文将信息接触进一步区分为官方媒体和非官方媒体，从信息接触的内容差异上推进了该领域的研究。第二，本研究发现或证实了工作组织和官方媒体在网络治理中的作用，也就是组织的调节作用和官方媒体的抑制效应，在以规范和引导网络公共参与为主要形式的网络治理中，具有工具性的作用。但是，组织的调节作用和官方媒体的抑制效应，是否存在差异和边界效度，则有待进一步考察。

---

① 张兆曙、王朝阳：《信息接触与政府信任——基于网民社会意识调查的实证分析》，《杭州市委党校学报》2023 年第 5 期。

参考文献

一 中文文献

《马克思恩格斯全集》第 4、7 卷，人民出版社 1958、1959 年版。

《毛泽东选集》第 3 卷，人民出版社 1991 年版。

《邓小平文选》第 3 卷，人民出版社 1993 年版。

边燕杰：《市场转型与社会分层——美国社会学者分析中国》，生活·读书·新知三联书店 2002 年版。

郭良：《网络创世纪——从阿帕网到互联网》，中国人民大学出版社 1998 年版。

杨国斌：《连线力——中国网民在行动》，邓燕华译，广西师范大学出版社 2013 年版。

张兆曙：《非常规行动及其后果——一种社会变迁理论的新视域》，中国人民大学出版社 2009 年版。

郑保卫：《当代新闻理论》，新华出版社 2003 年版。

周晓虹：《西方社会学历史与体系》，上海人民出版社 2002 年版。

白贵、王秋菊：《微博意见领袖影响力与其构成要素间的关系》，《河北学刊》2013 年第 2 期。

陈本皓：《大数据与监视型资本主义》，《开放时代》2020年第1期。

陈联俊：《虚拟社会中的制度失范与治理路径——基于社会管理的视角》，《首都师范大学学报》（社会科学版）2013年第1期。

陈龙：《"数字控制"下的劳动秩序——外卖骑手的劳动控制研究》，《社会学研究》2020年第6期。

陈永伟：《平台反垄断问题再思考："企业—市场二重性"视角的分析》，《竞争政策研究》2018年第5期。

陈云松：《互联网使用是否扩大非制度化政治参与——基于CGSS2006的工具变量分析》，《社会》2013年第5期。

陈兆誉、余军：《平台"炒信"治理模式的转型重构：走向多元共治》，《学术交流》2018年第5期。

程贵孙、杨冬梅：《双边市场：企业竞争性策略性行为的新视角》，《管理评论》2008年第2期。

程啸：《论大数据时代的个人数据权利》，《中国社会科学》2018年第3期。

代玉梅：《自媒体的传播学解读》，《新闻与传播研究》2011年第5期。

丁柏铨：《自媒体时代的舆论格局与舆情研判》，《天津社会科学》2013年第6期。

董玉芝：《自媒体时代微博意见领袖的舆论效应及其引导》，《中州学刊》2014年第4期。

符平、段新星：《国际市场上中国企业的地位危机及其化解——以鞋企抗辩欧盟"反倾销"为个案》，《社会学研究》2015年第1期。

傅瑜、隋广军、赵子乐：《单寡头竞争性垄断：新型市场结构理论构建——基于互联网平台企业的考察》，《中国工业经济》2014年第1期。

甘绍平：《非常态下的道德抉择》，《哲学研究》2016 年第 10 期。

高柏：《中国经济发展模式转型与经济社会学制度学派》，《社会学研究》2008 年第 4 期。

高宪春：《新媒介环境下议程设置理论研究新进路的分析》，《新闻与传播研究》2011 年第 1 期。

高勇：《重读〈社会冲突的功能〉》，《中国社会科学报》2014 年 2 月 14 日。

何明升：《中国网络治理的定位及现实路径》，《中国社会科学》2016 年第 6 期。

胡凌：《"非法兴起"：理解中国互联网演进的一个视角》，《文化纵横》2016 年第 5 期。

胡荣、池上新：《社会资本、政府绩效与农村居民的政府信任》，《中共天津市委党校学报》2016 年第 2 期。

胡荣、庄思薇：《媒介使用对中国城乡居民政府信任的影响》，《东南学术》2017 年第 1 期。

黄荣贵：《多渠道强干预、框架与抗争结果——对 40 个拆迁抗争案例的模糊集定性比较分析》，《社会》2015 年第 5 期。

黄荣贵：《互联网与抗争行动：理论模型、中国经验及研究进展》，《社会》2010 年第 2 期。

纪汉霖、管锡展：《双边市场及其定价策略研究》，《外国经济与管理》2006 年第 3 期。

康晓光、韩恒：《分类控制：当前中国大陆国家与社会关系研究》，《社会学研究》2005 年第 6 期。

黎相宜：《精英型与草根型框架借用》，《社会》2009 年第 6 期。

李存厚：《新闻真实是新闻媒体生存与发展的基础》，《中国广播》2011 年第 4 期。

李佳桧：《新媒体时代下媒介接触、社会信任与政府质量感知的中介效应分析——基于"网民社会意识调查"的实证分析》，《北京邮电大学学报》（社会科学版）2017年第5期。

李良荣、张莹：《新意见领袖论——"新传播革命"研究之四》，《现代传播（中国传媒大学学报）》2012年第6期。

李路路、唐丽娜、秦广强：《"患不均，更患不公"——转型期的"公平感"与"冲突感"》，《中国人民大学学报》2012年第4期。

李艳红：《大众传媒、社会表达与商议民主——两个个案分析》，《开放时代》2006年第6期。

李一：《网络行为失范的生成机制与应对策略》，《浙江社会科学》2007年第3期。

刘春荣：《选举动员的框架整合——银杏居委会换届选举个案研究》，《社会》2010年第1期。

刘精明：《市场化与国家规制——转型期城镇劳动力市场中的收入分配》，《中国社会科学》2006年第5期。

刘少杰：《网络化时代的社会结构变迁》，《学术月刊》2012年第10期。

刘少杰、王春锦：《网络外卖的时空压缩与时空扩展》，《学术界》2017年第3期。

刘守芬、孙晓芳：《论网络犯罪》，《北京大学学报》（哲学社会科学版）2001年第3期。

刘学、耿曙：《互联网与公共参与——基于工具变量的因果推论》，《社会发展研究》2016年第3期。

龙小农、舒凌云：《自媒体时代舆论聚变的非理性与信息公开滞后性的互构——以"PX项目咒魔"的建构为例》，《浙江学刊》2013年第3期。

卢春天、权小娟：《媒介使用对政府信任的影响——基于 CGSS2010 数据的实证研究》，《传播学研究》2015 年第 5 期。

罗家德、帅满、杨鲲昊、李光辉：《"央强地弱"政府信任格局的社会学分析——基于汶川震后三期追踪数据》，《中国社会科学》（英文版）2018 年第 3 期。

马得勇：《政治信任及其起源——对亚洲 8 个国家和地区的比较研究》，《经济社会体制比较》2007 年第 5 期。

马得勇、王丽娜：《公共舆论倾向如何形成？——对网民政治支持的实证分析》，《探索》2016 年第 6 期。

马得勇、王丽娜：《中国网民的意识形态立场及其形成——一个实证的分析》，《社会》2015 年第 5 期。

马露、刘利才：《社会正能量传播现状评析》，《三峡大学学报》（社会科学版）2014 年第 4 期。

孟天广：《转型期中国公众的分配公平感：结果公平与机会公平》，《社会》2012 年第 6 期。

孟天广、季程远：《重访数字民主：互联网介入与网络政治参与——基于列举实验的发现》，《清华大学学报》（哲学社会科学版）2016 年第 4 期。

齐杏发、郝宇青：《大学生政治信任状况实证研究》，《江淮论坛》2012 年第 3 期。

邱泽奇、张樹沁、刘世定：《从数字鸿沟到红利差异——互联网资本的视角》，《中国社会科学》2016 年第 10 期。

渠敬东：《涂尔干的遗产：现代社会及其可能》，《社会学研究》1999 年第 1 期。

人民日报评论员：《不断提高新闻舆论工作的能力和水平》，《人民日报》2016 年 2 月 23 日第 1 版。

人民日报评论员：《从全局出发把握新闻舆论工作》，《人民日报》2016年2月21日第1版。

人民日报评论员：《书写党的新闻舆论工作新篇章》，《人民日报》2016年2月18日第1版。

孙兰英、陈嘉楠：《网络新媒体对政府信任的影响——文化主义与制度主义的多重中介作用》，《预测》2019年第3期。

孙立平：《利益关系形成与社会结构变迁》，《社会》2008年第3期。

孙伟平：《人工智能与人的新异化》，《中国社会科学》2020年第12期。

田华、何楚红：《新闻记者在正能量传播中的社会责任——以唐湘岳的新闻作品为例析》，《湘潭大学学报》（哲学社会科学版）2014年第5期。

汪旭晖、张其林：《平台型电商声誉的构建：平台企业和平台卖家价值共创视角》，《中国工业经济》2017年第11期。

王道勇：《构建秩序与活力并存的网络空间》，《光明日报》2018年2月12日第11版。

王衡、季程远：《互联网、政治态度与非制度化政治参与——基于1953名网民样本的实证分析》，《经济社会体制比较》2017年第4期。

王建民：《数字社会是"监视社会"吗——数字社会的多维效应及机遇》，《新视野》2022年第1期。

王俐、周向红：《结构主义视阈下的互联网平台经济治理困境研究——以网约车为例》，《江苏社会科学》2019年第4期。

王诗宗、罗凤鹏：《寻求依附还是面向市场：社会组织的策略组合及调适》，《学海》2019年第6期。

王水雄：《"过程分化"在改变社会》，《中国社会科学报》2012年5

月 21 日。

王勇、冯骅：《平台经济的双重监管：私人监管与公共监管》，《经济学家》2017 年第 11 期。

翁定军：《阶级或阶层意识中的心理因素：公平感和态度倾向》，《社会学研究》2010 年第 1 期。

吴德胜：《网上交易中的私人秩序——社区、声誉与第三方中介》，《经济学季刊》2007 年第 6 卷第 3 期。

吴汉洪、孟剑：《双边市场理论与应用述评》，《中国人民大学学报》2014 年第 2 期。

徐林枫、张恒宇：《"人气游戏"：网络直播行业的薪资制度与劳动控制》，《社会》2019 年第 4 期。

薛可、余来辉、王宇澄：《媒介接触对新社会阶层政治态度的影响研究——基于政治社会化的视角》，《新闻大学》2019 年第 3 期。

薛可、余来辉、余明阳：《媒体使用、政治信任与腐败感知——以中国网民为对象的实证研究》，《吉首大学学报》（社会科学版）2018 年第 6 期。

杨典：《国家、资本市场与多元化战略在中国的兴衰——一个新制度主义的公司战略解释框架》，《社会学研究》2011 年第 6 期。

杨国斌：《悲情与戏谑：网络事件中的情感动员》，《传播与社会学刊》2009 年第 9 期。

杨宏星、赵鼎新：《绩效合法性与中国经济奇迹》，《学海》2013 年第 3 期。

姚君喜：《媒介使用、媒介依赖对信任评价的影响——基于不同媒介的比较研究》，《当代传播》2014 年第 2 期。

叶杰：《非官方媒体使用对制度自信的影响机制——以网民为分析对象的实证研究》，《经济社会体制比较》2019 年第 1 期。

于志刚：《网络犯罪与中国刑法应对》，《中国社会科学》2010年第3期。

曾繁旭、黄广生：《网络意见领袖社区的构成、联动及其政策影响：以微博为例》，《开放时代》2012年第4期。

翟学伟：《信任的本质及其文化》，《社会》2014年第1期。

张明新、刘伟：《互联网的政治性使用与我国公众的政治信任——一项经验性研究》，《公共管理学报》2014年第1期。

张威：《中西比较：正面报道和负面报道》，《国际新闻界》1999年第1页。

张兆曙：《"互联网+"的技术红利与非预期后果》，《天津社会科学》2017年第5期。

张兆曙：《从在场整合到虚拟整合——兼论网络社会中的个体行动与集体意识》，《天津社会科学》2021年第1期。

张兆曙：《非常规行动与社会变迁：一个社会学的新概念和新论题》，《社会学研究》2008年第3期。

张兆曙：《互联网技术的社会向度与网络社会的核心逻辑》，《学术研究》2018年第3期。

张兆曙：《网络舆论的反转何以可能——基于发生结构的视角》，《学海》2018年第4期。

张兆曙：《虚拟整合与平台社会的来临》，《社会科学》2021年第10期。

张兆曙：《虚拟整合与时空交织——一个网络失范的理论框架》，《新视野》2021年第4期。

张兆曙、段君：《网络平台的治理困境与数据使用权创新——走向基于网络公民权的数据权益共享机制》，《浙江学刊》2020年第6期。

章秀英、戴春林：《网络使用对政治信任的影响及其路径——基于9

省18个县（市）的问卷调查》，《浙江社会科学》2014年第12期。

赵璐、刘能：《超视距管理下的"男性责任"劳动——基于O2O技术影响的外卖行业用工模式研究》，《社会学评论》2018年第4期。

郑丹丹：《互联网企业社会信任生产的动力机制研究》，《社会学研究》2019年第6期。

郑杭生、洪大用：《现代化进程中的中国国家与社会》，《云南社会科学》1997年第5期。

郑泽善：《网络犯罪与刑法的空间效力原则》，《法学研究》2006年第5期。

郑中玉、何明升：《网络社会的概念辨析》，《社会学研究》2004年第1期。

周立民：《"双重文化路径"：媒体使用影响政治信任的中介机制》，《中国研究》2017年第1期。

周巍、申永丰：《论互联网对公民非制度化参与的影响及对策》，《湖北社会科学》2006年第1期。

［德］哈贝马斯：《作为"意识形态"的技术与科学》，郭官义、李黎译，学林出版社1999年版。

［德］齐美尔：《社会是如何可能的——齐美尔社会学文选》，林荣远编译，广西师范大学出版社2002年版。

［法］埃米尔·涂尔干：《社会分工论》，渠东译，生活·读书·新知三联书店2000年版。

［美］阿尔弗雷德·D.钱德勒、［瑞］彼得·哈格斯特龙、［瑞］厄尔扬·瑟尔韦：《透视动态企业：技术、战略、组织和区域的作用》，吴晓波、耿帅译，机械工业出版社2005年版。

［美］阿尔弗雷德·韦伯：《工业区位论》，李刚剑、陈志人、张英保译，商务印书馆2009年版。

[美]爱德华·张伯伦：《垄断竞争理论》，周文译，华夏出版社2013年版。

[美]丹尼尔·F.史普博：《管制与市场》，余晖、何帆、钱家骏、周维富译，格致出版社、上海人民出版社2017年版。

[美]菲利普·帕特森、李·威尔金斯：《媒介伦理学：问题与案例》，李青藜译，中国人民大学出版社2006年版。

[美]福柯：《规训与惩罚》，刘北成、杨远婴译，生活·读书·新知三联书店2003年版。

[美]杰伊·B.巴尼、[新西兰]德文·N.克拉克：《资源基础理论——创建并保持竞争优势》，张文军、苏晓华译，格致出版社、上海人民出版社2011年版。

[美]科塞：《社会冲突的功能》，孙立平等译，华夏出版社1989年版。

[美]雷切尔·博茨曼、路·罗杰斯：《共享经济时代：互联网思维下的协同消费商业模式》，唐朝文译，上海交通大学出版社2015年版。

[美]杰里米·里夫金：《零边际成本社会》，赛迪研究院专家组译，中信出版社2014年版。

[美]罗纳德·伯特：《结构洞：竞争的社会结构》，任敏、李璐、林虹译，格致出版社、上海人民出版社2008年版。

[美]迈克尔·波特：《竞争优势》，陈小悦译，华夏出版社2005年版。

[美]曼纽尔·卡斯特：《认同的力量》，曹荣湘译，社会科学文献出版社2006年版。

[美]曼纽尔·卡斯特：《网络社会的崛起》，夏铸九、王志弘等译，社会科学文献出版社2006年版。

[美] 曼纽尔·卡斯特:《网络星河:对互联网、商业和社会的反思》,郑波、武炜译,社会科学文献出版社2007年版。

[美] 尼尔·弗雷格斯坦:《市场的结构:21世纪资本主义社会的经济社会学》,甄志宏译,上海人民出版社2008年版。

[美] 乔·S. 贝恩:《新竞争者的壁垒》,徐国兴、邱中虎、张明、曹云立译,人民出版社2012年版。

[美] 乔尔·波多尼:《地位的信号:对市场竞争的社会学研究》,张翔、艾云、张惠强译,格致出版社、上海人民出版社2011年版。

[美] 乔纳森·特纳:《社会学理论的结构》(上卷),周艳娟译,华夏出版社2001年版。

[美] 小艾尔弗雷德·D. 钱德勒:《看得见的手——美国企业的管理革命》,重武译,商务印书馆1987年版。

[美] 小艾尔弗雷德·D. 钱德勒:《企业规模经济与范围经济:工业资本主义的原动力》,张逸人等译,中国社会科学出版社1999年版。

[美] 约翰·H. 米勒、[美] 斯科特·E. 佩奇:《复杂适应系统——社会生活计算模型导论》,隆云滔译,上海人民出版社2012年版。

[美] 约翰·霍兰:《涌现——从混沌到有序》,陈禹等译,上海科学技术出版社2006年版。

[美] 约瑟夫·熊彼特:《经济发展理论——对于利润、资本、信贷、利息和经济周期的考察》,何畏、易家详译,商务印书馆2009年版。

[印] 阿鲁·萨丹拉彻:《分享经济的爆发》,周恂译,文汇出版社2017年版。

[英] 吉登斯:《社会的构成》,李康、李猛译,生活·读书·新知三联书店1998年版。

［英］吉登斯：《社会理论与现代社会学》，文军译，社会科学文献出版社 2003 年版。

［英］吉登斯：《现代性的后果》，田禾译，译林出版社 2000 年版。

［英］吉登斯：《现代性与自我认同》，赵旭东、方文、王铭铭译，生活·读书·新知三联书店 1998 年版。

［英］卡伦·桑德斯：《道德与新闻》，洪伟等译，复旦大学出版社 2007 年版。

［英］马歇尔：《经济学原理》（上卷），朱志泰译，商务印书馆 1964 年版。

［英］玛丽·道格拉斯：《制度如何思考》，张晨曲译，经济管理出版社 2013 年版。

［英］亚当·斯密：《国民财富的性质和原因的研究》（上卷），郭大力、王亚南译，商务印书馆 1983 年版。

［英］约翰·穆勒：《政治经济学原理及其在社会哲学上的若干运用》（上卷），赵荣潜等译，商务印书馆 1991 年版。

二 英文文献

Tucker J. A., Theocharis Y, Roberts M E, et al., "From Liberation to Turmoil: Social Media and Democracy", *Journal of Democracy*, 2017, Vol. 28, No. 4.

Acquisti A., Taylor C., Wagman L., "The Economics of Privacy", *Journal of Economic Literature*, 2016, Vol. 54, No. 2.

Bolton G., Greiner B, Ockenfels A., "Engineering Trust: Reciprocity in The Production of Reputation Information", *Management Science*, 2013, Vol. 59, No. 2.

Bruce Bimber, "Information and Political Engagement in America: The

Search for Effects of Information Technology at the Individual Level", *Political Research Quarterly*, 2001, 54(1).

Bruce Bimber, "The Study of Information Technology and Civic Engagement", *Political Communication*, 2000, 17(4).

Cate F. H., Mayer-Schönberger V., "Notice and Consent in A World of Big Data", *International Data Privacy Law*, 2013, Vol. 3, No. 2.

Charles Tilly, "Contentious Conversation", *Social Research*, Vol. 65, No. 3, 1998.

Dellarocas C., Wood C. A., "The Sound of Silence in Online Feedback: Estimating Trading Risks in The Presence of Reporting Bias", *Management Science*, 2008, Vol. 54, No. 3.

Dhavan V. Shah, et. al., "Information and Expression in a Digital Age: Modeling Internet Effects on Civic Participation", *Communication Research*, 2005, 32(5).

Edelman B. G., Geradin D., "Efficiencies and Regulatory Shortcuts: How Should We Regulate Companies like Airbnb and Uber", *Stan. Tech. L. Rev.*, 2015, Vol. 19.

E. Goffman, *Frame Analysis: An Essay on the Organization of Experience*, Cambridge: Harvard University Press, 1974.

Fei Shen & Zhongshi Steve Guo, "The Last Refuge of Media Persuasion: News Use, National Pride and Political trust in China", *Asian Journal of Communication*, 2013, 23(2).

Fukuyama F., "What is Governance?", *Governance*, 2013, Vol. 26, No. 3.

Garrett R. Kelly, "Protest in an Information Society: A Review of Literature on Social Movements and New ICTs", *Information, Communication & Society*, 2006, 9(2).

Garrett R. Kelly, "Protest in an Information Society: A Review of Literature on Social Movements and New ICTs", *Information, Communication & Society*, 2006, 9(2).

Gawer A., Cusumano M. A., "How Companies Become Platform Leaders", *MIT Sloan Management Review*, 2008, No. 4.

Gorwa R., "What is Platform Governance?", *Information Communication & Society*, 2019, Vol. 22, No. 6.

G. Bateson, "A Theory of Play and Fantasy", *Psychiatric Research Reports*, 1955, Vol. 39, No. 2.

Hyunseo Hwang, et. al., "Media Dissociation, Internet Use, and Antiwar Political Participation: A Case Study of Political Dissent and Action Against the War in Iraq", *Mass Communication & Society*, 2006, 9(4).

Jeffrey Goldstein, "Emergence as a Construct: History and Issues, Emergence", *Complexity and Management*, 1999, Vol. 1.

Jie L., "Acquiring Political Information in Contemporary China: Various Media Channels and Their Respective Correlates", *Journal of Contemporary China*, 2013, 22(83).

John W. Meyer, Brian Rowan, "Institutionalized Organizations: Formal Structure as Myth and Ceremony", *American Journal of Sociology*, 1977, Vol. 83, No. 2.

John W. Meyer, Brian Rowan, "Institutionalized Organizations: Formal Structure as Myth and Ceremony", *American Journal of Sociology*, 1977, Vol. 83, No. 2.

Keith Neil Hampton, "Grieving for a Lost Network: Collective Action in a Wired Suburb", *Information Society*, 2003, 19(5).

Kiousis S., "Public Trust or Mistrust? Perceptions of Media Credibility in the Information Age", *Mass Communication & Society*, 2001, 4(4).

Lindberg, Leon N. and John L. Campbell, *The State and the Organization of Economic Activity*, New York: Cambridge University Press,1991.

Mccombs M. E., Shaw D. L., "The Agenda-Setting Function of Mass Media", *Public Opinion Quarterly*, 1972, 36(2).

McDonald A. M., Cranor L. F., "The Cost of Reading Privacy Policies", *I/S: A Journal of Law and Policy for The Information Society*, 2008, No. 4.

Michael A. Xenos, Patricia Moy, "Direct and Differential Effects of the Internet on Political and Civic Engagement", *Journal of Communication*, 2007,57(4).

Pamela S. Tolbert, Lynne G. Zucker, "Institutional Sources of Change in the Formal Structure of Organizations: The Diffusion of Civil Service Reform", *Administrative Science Quarterly*, 1983, Vol. 28, No. 1.

Patterson, Thomas E., *Out of Order*, New York, Vintage Books,1994.

Paul J. DiMaggio, Walter W. Powell, "The Iron Cage Revisited: Institutional Isomorphism and Collective Rationality in Organizational Fields", *American Sociological Review*, 1983,Vol. 42, No. 2.

Rachel K. Gibson, et. al., "Online Participation in the UK: Testing a 'Contextualised' Model of Internet Effects", *The British Journal of Politics & International Relations*,2005,7(4).

Rhys H. Williams and Timothy J. Kubal, "Movement Frames and the Cultural Environment: Resonance, failure, and the boundaries of the legitimate", *Research in Social Movements, Conflict, and Change*,1999,21.

Rieder B., Sire G., "Conflicts of Interest and Incentives to Bias: A Microeconomic Critique of Google's Tangled Position on The Web", *New Media*

& Society, 2014, Vol. 16, No. 2.

Robert D. Benford and David A. Snow, "Framing Processes and Social Movements: An Overview and Assessment", *Annual Review of Sociology*, 2000, 26(1).

Robinson, Michael J., "Public Affairs Television and the Growth of Political Malaise: The Case of 'The Selling of the Pentagon'", *American Political Science Review*, 1976, 70 (2).

Rochet J. C., Tirole J., "Platform Competition in Two-Sided Markets", *Journal of the European Economic Association*, 2003, Vol. 4, No. 1.

Seungahn Nah, et. al., "The Internet and Anti-War Activism: A Case Study of Information, Expression, and Action", *Journal of Computer-Mediated Communication*, 2006, 12(1).

Shin-Kap Han, "Mimetic Isomorphism and Its Effect on the Audit Services Market", *Social Forces*, 1994, Vol. 73, No. 2.

Stockmann D., "Who Believes Propaganda? Media Effects during the Anti-Japanese Protests in Beijing", *China Quarterly*, 2010, 202(202).

Thomas J. Johnson, Barbara K. Kaye, "Cruising is Believing?: Comparing Internet and Traditional Sources on Media Credibility Measures", *Journalism & Mass Communication Quarterly*, 1998, 75(2).

Toshio Yamagishi, Masafumi Matsuda, Noriaki Yoshikai, Hiroyuki Takahashi, and Yukihiro Usui, "Solving the Lemons Problem with Reputation", In eTrust: Forming Relationships in the Online World, edited by Karen S. Cook, Chris Snijders, Vincent Buskens, and Coye Cheshire, New York: Russell Sage Foudation, 2009.

van Dijck José, Poell Thomas and de Waal Martijn, *The Platform Society: Public Values in a Connective World*, Oxford University Press, 2018.

Weiss, Linda, *Creating Capitalism: The State and Small Business since 1945*, New York: Basil Blackwell, 1988.

Zheng, Yongnian and Wu Guoguang, "Information Technology, Public Space, and Collective Action in China", *Comparative Political Studies*, 2005. 38(5).